国家社会科学基金项目（结项证书号：20203498）

冯巧根◎著

CPTPP对企业利益的影响及会计对策研究

CPTPP DUI QIYE LIYI DE YINGXIANG
JI KUAIJI DUICE YANJIU

中国财经出版传媒集团

经济科学出版社
Economic Science Press

图书在版编目（CIP）数据

CPTPP 对企业利益的影响及会计对策研究／冯巧根著.
—北京：经济科学出版社，2020.11
ISBN 978－7－5218－2117－8

Ⅰ.①C… Ⅱ.①冯… Ⅲ.①自由贸易－国际贸易－
贸易协定－影响－企业管理－研究－中国 Ⅳ.
①F279.23

中国版本图书馆 CIP 数据核字（2020）第 234946 号

责任编辑：杜　鹏　郭　威
责任校对：王苗苗
责任印制：王世伟

CPTPP 对企业利益的影响及会计对策研究
冯巧根　著
经济科学出版社出版、发行　新华书店经销
社址：北京市海淀区阜成路甲 28 号　邮编：100142
编辑部电话：010-88191441　发行部电话：010-88191522
网址：www.esp.com.cn
电子邮箱：esp@esp.com.cn
天猫网店：经济科学出版社旗舰店
网址：http://jjkxcbs.tmall.com
固安华明印业有限公司印装
710×1000　16 开　16.75 印张　270000 字
2021 年 8 月第 1 版　2021 年 8 月第 1 次印刷
ISBN 978－7－5218－2117－8　定价：88.00 元
（图书出现印装问题，本社负责调换。电话：010－88191510）
（版权所有　侵权必究　打击盗版　举报热线：010－88191661
QQ：2242791300　营销中心电话：010－88191537
电子邮箱：dbts@esp.com.cn）

前　言

....

　　备受关注的《全面与进步跨太平洋伙伴关系协定》（CPTPP）已经于 2018
年 12 月 30 日正式生效。与原先以美国为主导的《跨太平洋伙伴关系协定》
（TPP）相比，这次由日本牵头完成的 CPTPP 采取搁置若干有争议规则、更改
生效条件等技术手段来促成该协定的达成①。此前包含美国在内的 12 个成员国
达成的生效条件（TPP12）要求符合"批准协定的国家的国内生产总值
（GDP）应占全体 TPP 国家 GDP 之和的 85% 以上"②。修改后的生效条件
（TPP11）是："只要 11 国中任意 6 国批准，就可在此后的 60 天内生效"。
CPTPP 尽管在经济规模和战略影响力等方面弱于 TPP，但其在国际贸易的规则
设定上，仍然是自由贸易协定（FTA）中的最高标准。例如，首次将有关电
子商务、电信中的数据流通、国有企业和指定垄断等条款写入国际贸易协
定，这将对以后制定全球贸易新规则产生积极影响。而且，从发展角度讲，
CPTPP 进一步扩容空间也相当大，许多国家已开始谋求加盟 CPTPP。目前，
CPTPP 作为全球高标准的自贸协议，正在成为引领 21 世纪国际贸易规则的
典范。

　　2019 年 2 月 1 日，日本与欧盟签署的经济合作协定（EPA）开始生效。EPA

---

　　① CPTPP 对原 TPP 中的 22 项内容进行了搁置，大都属于当时美方谈判团队提出的诉求。例如，
22 项中的一半，即其中的 11 项是与知识产权条款有关的内容，再就是"生物制剂"等对药物的特殊保
护等。此外，CPTPP 中的劳工、环境等方面的诉求虽然保留在协议中，但实际上其要求已大大降低。
　　② 这个标准参考的是 2013 年 12 个国家的 GDP，因美国在原 TPP 成员国的 GDP 总和中占 60%，它
的退出使 TPP 迅速陷入僵局。

的总人口数量超过 6 个亿，是目前全球最大规模的自由贸易区。CPTPP 与 EPA 的联合效应，使日本在国际贸易规则制定中的影响力和话语权得到提升，并且 CPTPP 的扩容机制还使得美国重返这一自贸协定的可能性增大。基于动态及权变的视角，考察 CPTPP 对世界贸易版图、战略布局产生的冲击和影响，还需要结合中美经贸摩擦、美欧日谋联合制定经贸规则的动机加以思考和认识。中美贸易战是围绕争夺高科技主导权的大国博弈，它不仅涉及经济利益问题，还与地缘政治相关，中美经贸摩擦已表现出常态化、长期化的倾向。美国学者佩特里和普卢默认为，"CPTPP 是美中贸易战的'解药'。中国加入 CPTPP 或将有助于展现中国开放的形象，释放中国希望改进自身的真实、可信的信号"（Petri and Plummer，2019）。中美经贸摩擦不断升级的一个重要原因也许就是缺乏共同认可的贸易制度，中美如果都能够按 CPTPP 规则的高标准、严要求来规范自身经贸活动的话，双方的可理解性就会增强。

面对国际经贸环境的不确定性与不稳定性，我国进入"以国内大循环为主体、国内国际双循环相互促进的新发展格局"。当前，中国主导的 RCEP 已正式签署，为"双循环"战略的有序推进提供了动力。并且，中国政府明确表示愿意择机加入 CPTPP。这一系列举措传递出的是反对单边主义和贸易保护主义，积极支持自由贸易和维护多边贸易体制的坚定信念。RCEP 与 CPTPP 的协同将释放出巨大的市场潜能，促进区域内贸易和投资活动的提升，并使我国对外贸易和投资布局更趋合理。

重塑国际贸易规则将是未来一个时期国际贸易问题研究的重点，面对国际贸易组织（WTO）改革进程加速，以及全球价值链需要重构的情境特征，研究 CPTPP 对我国经济的影响，努力维护企业的会计权益成为一项现实的选题。本书是作者主持的国家社科基金"TPP 对企业利益的影响及会计对策研究"（16BJY017）的最终成果之一。本书结合 CPTPP 的规则特征，通过 TPP 与 CPTPP 的文本比较，阐述了新一代全球经贸规则的形成规律与特征。同时，针对 CPTPP 的核心条款，如原产地规则、国有企业与服务贸易等条款，分析该 FTA 对我国企业利益的影响。此外，结合对企业利益的维护，力图从会计准则的视角衔接 CPTPP 的具体规则，通过会计规则（准则）与经贸规则的比较提出具有创新性的应对措施或策略。本书的创新点在于结合 CPTPP 的演进规律，合理设计经贸规则变迁下的会计保护机制，并以渐进与激进的方式探讨会计准则体系形成与发展的自然进程。为了增加企业对全球价值链重构的认知，本书融合财务会计与管理会计的信息支持和管理控制功能，在会计规则与 CPTPP 等经贸规则之间进行动态博弈。同时，突出会计嵌入模式在 CPTPP 情境下的重要性，借助于会计的相关性与可靠性质量特征，有效开展 CPTPP 条件下的会计权益维护的战略选择。

本书认为，财务会计是解决国际贸易争端的基础，财务会计向管理会计转型不是否定财务会计的重要性，而是更突出财务会计与管理会计融合的必要性与可能性。必须结合国际贸易规则形成与发展的内在规律，借助于"互联网＋"和"智能＋"推进贸易与会计的融合及其国际化。当前，尤其是需要结合 CPTPP 的扩容机制，加强 CPTPP 与区域全面经济伙伴关系协定（RCEP）和"一带一路"中的会计问题研究。RCEP 是对中国具有重要意义的 FTA，它具有三个特点：一是这些成员国累计的国内生产总值（GDP）约占全球的 31%；二是贸易总额占到全球贸易总额的 28% 左右；三是人口规模大，成员国总人数占全球人口的一半（沈铭辉，2018）。目前，RCEP 成员国的会计规范尚未统一，一个共同认可的会计保护机制的形成与完善对亚太地区的经济具有积极影响，毕竟 RCEP 是亚太地区规模最大的一个 FTA。RCEP 谈判由东盟发起并主导，谈判成员包括东盟十国以及澳大利亚、新西兰、中国、日本、韩国和印度（正式签署时，印度退出）。其中，一些参加 RCEP 谈判的国家同时也是 CPTPP 成员，包括日本、澳大利亚、新西兰、文莱、马来西亚、新加坡和越南。我国倡议的"一带一路"是以沿线国家的基础设施建设和互联互通为基础的经贸协议，本质是互利共赢，秉持的是"共商共建共享"的基本原则，通过连接各国经济政策和发展战略，与 80 多个国家和组织签署合作协议，得到了沿线国家的广泛支持和国际社会的好评。

全球价值链攀升路径的合理选择与行为优化，是本书研究的重点之一。本书设计了会计嵌入 CPTPP 的价值链模式，并就其形成机理，从经济、战略、规则等视角重新反思 CPTPP 对企业利益的冲击，引导企业由原来的改道、借道与绕道等短期思维向宏观与微观经济利益统一的方向寻求路径的创新。全球贸易体系正身处重塑的新时期，CPTPP 通过各种方式扩大其规则的影响力，即将规则拓展到该项 FTA 之外，使之适用于非成员国，并对进入自贸区的货物、服务、投资均按这些要求进行衡量。CPTPP 新规则会对全球贸易规则的制定产生引领作用，进而对中国参与国际贸易规则制定及其主导权的取得带来严峻挑战。我们要在坚持多边贸易体制，高举公平、自由贸易大旗的同时，努力搞好国内自由贸易试验区的建设，加快 RCEP 的推进力度。同时，结合我国的供给侧结构性改革与需求侧管理，积极维护中国企业的会计权益。对此，本书提出如下建议：一是提高中国会计在 RCEP 和"一带一路"情境下注册会计师的执业能力；二是积极参与全球经贸体系改革的规则制定，通过会计嵌入机制协调并探索会计制度与经贸制度之间的关联性，提高中国会计在全球会计体系中的话语权；三是认真解读 CPTPP 的文本要点，把握 CPTPP 的精髓，制定出具有针对性的会计操作规范指引。

冯巧根

2021 年 3 月

目　录

第一章
绪　论

经济全球化是机遇也是挑战，繁荣、发展与贫困、冲突，以及分配不公、环境污染等总是相伴而生。2008 年的全球金融危机是这些矛盾的一次集中释放，10 多年来，尽管全球经济在不断地修复这种创伤，但是理想的复苏仍然遥遥无期。加之近年来贸易保护主义的不断升级，区域或全球化的贸易规则遭受冲击，经贸活动中的持续结构性低迷以及贸易投资协定的碎片化等亟须以贸易自由化为基础的《自由贸易协定》（Free Trade Agreement，FTA）来加以提振。从《跨太平洋伙伴关系协定》（Trans-Pacific Partnership Agreement，TPP）发展到《全面与进步跨太平洋伙伴关系协定》（Comprehensive Progressive Trans-Pacific Partnership，CPTPP）体现出的就是这种多边机制的振动，改革国际贸易规则和重塑全球价值链迫在眉睫。

第一节　研究背景

当学者们还沉浸在 TPP 对企业利益影响，以及我国企业如何冲破全球价值链低端束缚，向高端价值链迈进的争论中时，全球经贸环境已发生巨大的变化。英国脱欧，意大利公投失利，以及美国新一届总统产生（指特朗普政府）。尤其是美国特朗普总统在 2017 年 1 月就任以后，立即签署退出 TPP 的行政命令。TPP

（Trans-Pacific Partnership Agreement）是"跨太平洋伙伴关系协定"的英文缩写，它是一种"高标准、严要求"的 FTA（Free Trade Area）。TPP 成员国的贸易总额约占世界贸易总额的 25%，国内生产总值约占世界生产总值的 40%（苏庆义，2016）。2016 年 2 月 4 日，以美国为首的 12 个国家在奥克兰正式签署了 TPP，后期待各国审议并批准后（满足 TPP 的最终条款）即可生效。TPP 的实施势必对未来全球经贸关系和区域经济合作产生影响，并对亚太地区现有的贸易格局和多边贸易体系构成冲击。在美国退出 TPP 的形势下，日本担当起了重构 TPP 的重任，并将其命名为 CPTPP（Comprehensive and Progressive for Trans-Pacific Partnership），译成汉语就是"全面与进步跨太平洋伙伴关系协定"。2018 年 12 月 30 日，CPT-PP 开始生效①。

经济全球化已经步入一个转折点，加强对诸如亚太经合组织（APEC）、世界贸易组织（WTO）等的变迁管理已成为一项重要课题，或者说已经进入"关键期"。可以说，CPTPP 是因为日本的积极作为而获得的成功与开始的生效，这项对日本而言"利益"不很相关的 FTA，为何有这么大的动力被加以推动呢？日本的初衷是想借助于 CPTPP 换回一个在地缘经济与政治格局中真正有作为的国家地位，通过 CPTPP 独立引领亚太地区的经贸发展，提升其在美国与中国之间的区域贸易谈判地位。2019 年 9 月，日美贸易协定在联合国正式签署，日本的真正意图并没有得到实现，尤其是在农产品贸易上日本完全屈服于美国。也许这并不影响日本成为亚太地区的支柱和代言人的角色定位，通过加快构建日中韩一体化的东亚政治经济新秩序，可能会促进日本以及亚洲经济的繁荣与发展。总之，CPTPP 的生效使国际经贸区域化、集团化趋势进一步加剧；基于全球经济博弈的CPTPP 是一种制度性的安排。即大型自贸协定成为发达国家重塑全球多边贸易体制、抢夺制定国际贸易新规则主导权的重要平台和路径。

特朗普就任美国总统以来，中美贸易摩擦不断加剧。在"美国利益至上"

---

① CPTPP 覆盖约 5 亿人口，GDP 的全球占比为 13%，而原来的 TPP 则是世界上规模最庞大的区域性自由贸易协定，其 12 个成员国总人口为 8.1 亿人，GDP 总量则高达 28 万亿美元，约占全球 GDP 的36.4%，贸易总额全球占比 26%（该标准是根据 2013 年 12 个国家的 GDP 等数据，调减美国份额后计算得出的）。因此，美国"缺席"以后，CPTPP 区域内的人口和经济总量以及对全球经济和贸易的影响力都有很大程度的下降。

的驱使下，以美国为代表的逆全球化倾向席卷全球，给我国经贸体制改革与发展带来深刻影响。贸易保护主义的再次抬头使自由贸易理念边缘化。一是多边贸易体制短期内难以获得实质性的突破。进入 21 世纪后，越来越多的大型区域贸易协定达成，许多国家或地区参与其中，由于这些国家或地区在经济全球化和贸易自由化进程中的地位不同，发达国家往往更多地将自身的利益诉求体现其中，发展中国家相对处于被动地位，这使得原来设想的世界贸易组织框架下的全体成员意见一致成为渺茫。同时，贸易自由化标准更高，涵盖范围更广，排他性更强。二是贸易保护主义引发的关税上涨将拖累全球贸易和投资增长，导致全球经济下行风险增加。全球贸易体系可分为三个层次：第一是以 WTO 为代表的全球体系；第二是以几百个区域贸易协定组成的区域贸易合作体系，第三是由几百个双边贸易协定组成的双边贸易体制。当今世界，随着民族主义、民粹主义与贸易保护主义的抬头，全球贸易体系的恶化使贸易交往不得不付出更高的成本。发达国家依靠先发优势，获得超额垄断利润。同时，内部的结构性矛盾难以化解，各个不同阶层在经济发展中的利益分配无法实现均衡（范黎波、施屹舟，2017）。作为致力于维护多边贸易体系的国家，中国面临严峻考验：一是美国特朗普政府为维持美国优先地位而强势推进的双边自贸谈判；二是 CPTPP 仍然是迄今为止高标准、严要求的一项自由贸易协定。前者以贸易保护主义为前提，后者虽然对中国贸易规则带来挑战，但它毕竟是一种全球化的 FTA。中国如何在上述两者中获得平衡，是全球经济能否强劲复苏的重要驱动选项，它既关系到中国自身的发展，更是世界经济不确定性条件下国际社会的内在期待。

中国经济已经从要素开放向制度型开放的全方位开放转变，中国经济的全球化步伐不可阻挡。全方位的经济开放将促进对海外资金、先进技术和智力的大量引进，使中国企业借助于全球产业链、供应链、价值链向中高端产业攀升。面对中美贸易战，中国的开放边界从沿海延伸到内陆，在推出 16 个新区、18 个自贸区后，又推出了 6 个示范区，即深圳、青岛、上海、海南岛、横琴、重庆①。这

---

① 黄奇帆. 新时代，中国开放新格局、新特征和中美贸易摩擦. 南开金融（广东）首席经济学家论坛，2019 - 9 - 10.

2020 年 9 月 21 日，中国又新设 3 个自贸区，包括北京、湖南、安徽。数量已经达到了 21 个。自贸试验区累计已经形成了 260 多项制度创新成果，面向全国复制推广，工作取得的成效是显著的。

种开放以准入前国民待遇加负面清单管理制度为标准，实施内外资企业公平竞争，使我国的对外开放达到了新的高度、广度和深度。"一带一路"倡议与全球经济治理相结合，不断提升我国经济在全球制度性建设中的话语权，形成改革开放的新格局。结合 CPTPP 的新情境，我们一方面要敢于承担与我国国际地位相匹配的大国责任，另一方面应看到规则制定与我国市场开放的重点和改革的长期目标具有一致性。因此，我们要以更加积极、开放的态度参与全球治理和国际贸易规则制定，既要坚持"以开放促改革"，更要努力推进国内改革，为更高水平的对外开放提供必要条件。

在 CPTPP 等的经贸新情境下，贸易规则与政策的变化将会引起与之相配套的微观领域贸易核算标准、进出口程序等方面的重大变革。作为微观领域的"根基"——会计核算与控制将会成为最终的"践行者"与"守护者"，发挥贸易规则与会计规则的"协同效应"，迎接新贸易形式下的冲击、挑战，积极应对和寻求方向需要加深贸易协定与会计准则、会计实务的关联性研究。在新的国际经贸环境下，高标准的贸易协定可能使得会计核算及其操作流程发生改变，传统以出口为导向的会计权益维护模式需要向进口与出口并重的会计要素变化方向转变，具体的会计准则与会计实务如何与国际贸易规则有机衔接与融合值得我们深入地思考与研究。

第二节 研究内容

全球化和信息化导致资源转移和力量分散，使得具有全球和区域影响力的行为主体数量越来越多，但供给和需求矛盾依旧尖锐。区域贸易协定正在由多边谈判转向双边谈判，全球价值链也将发生变迁。这些新的经贸环境使企业利益博弈发生了质的变化，加强逆全球化下的经贸环境研究，基于利益博弈视角探讨 CPTPP 下的会计对策就成了一项重要的新课题。

一、CPTPP 对全球价值链的影响

CPTPP 作为一种区域贸易协定，虽然其范围与效用弱于 TPP，但在亚太地区

的影响则不可小觑。CPTPP 通过其先进性与全面性为未来 FTA 的标准设定提供蓝本，进而给全球价值链的发展带来影响。

1. CPTPP 下的区域价值链特征。CPTPP 的 11 个成员国主要面向"亚太"地区，各国的多样性、复杂性程度差异较大，其中既有以日本为代表的发达国家，也有马来西亚等发展中国家；各国的经济结构存在明显的区别，地理分布的不同使产业发展呈现出多样化的特征，但东南亚各国的共同特点是农业现代化程度不高，尤其是对越南等发展中国家来说，其农业的发展程度不如日本等国，然而，农业仍然是日本等发达国家希望保护的重点。2019 年 9 月日美贸易协定的签署，使日本被迫放弃了对本国农业的保护，这对 CPTPP 其他成员国来说是一个挑战，日本农业有可能将以更加激进的政策向其他 CPTPP 国家进行价值链延伸和寻求利益，可能会加剧 CPTPP 运行中的各种矛盾。由于种种原因，CPTPP 下全球价值链的走向仍然受美国经贸政策的影响。近年来，美国开展的双边谈判已取得重大成果，2018 年重新启动的北美自贸区谈判已经达成，中美贸易战的结果会对中国贸易政策的走向以及国际经贸活动的关系产生重要影响。从中美贸易摩擦到中美经贸摩擦，前后已历经 1 年多时间，征税金额也从起初的 500 亿美元、600 亿美元的加税，再到 2000 亿美元的加税，现在进一步追加 3000 亿美元的加税，即中方输美的 5500 亿美元商品都被加征了关税。并且还出现了 2500 亿美元在二次加税的基础上，又想再加 30% 的关税等（黄奇帆，2019）。美国试图以主导者的身份重塑全球价值链，以达到实现向全球价值链高端获取最大利益的目的，并在"美国利益优先"的幌子下遏制中国高科技产业的发展。面对全球价值链的新特征，我国经济必须通过内生性增长，消化不断递增的要素成本，生产出性价比更高的产品，向附加值更高的方向发展。随着"中国制造 2025"目标的深入，我国产业政策将全面、全方位对外开放。其中，加强与亚太国家的技术经济合作是一项重要战略，它能够提升中国在该区域乃至全球价值链中的地位。亦即中国将会在顺应全球贸易自由化趋势下积极参与全球经贸秩序的构建，加快"一带一路"和 RCEP 的步伐，以及不断提高自身在区域价值链乃至全球经济中的话语地位。

2. CPTPP 扩容与全球价值链升级。CPTPP 的形成与发展可以分为两个阶段：一是从 TPP 到 CPTPP；二是 CPTPP 的扩容与升级。无论是早期的 TPP，还是现在的 CPTPP，其涉及的内容不仅仅是经济与贸易活动，地缘政治的倾向也很明显。

美国退出 TPP 后，全球化被蒙上阴影，CPTPP 以全球化贸易协定的形象发挥着标杆的作用，使区域贸易协定成为许多国家的希望。如前所述，CPTPP 在保留废除关税约定的同时，搁置了知识产权保护、劳工标准等"最 TPP 的元素" 22 项条款，这些多是美国坚持而其他国家反对的内容。可以说，CPTPP 现已成为亚太地区"巨型多边贸易协定"。同时，CPTPP 放宽了扩容的条件，形成一个由日本主导的区域贸易规则体系，增强了日本在亚太地区的影响力。并且 CPTPP 在跨领域的新问题方面，设计的弹性幅度更大。例如，与 CPTPP 扩容相配套，借助于价值链的升级使成员国关税取消，并且给各非成员国带来不同程度的负面影响，必须以法规调和的形式加以应对。迄今为止，我国已签署并实施了 14 个自贸协定（包括中澳、中韩等），涉及 22 个国家和地区。① 由于各种原因，我国暂未加入 CPTPP 组织，如何衡量 CPTPP 对我国企业的影响，维护企业的利益，成为现阶段的一项重要课题。同时，结合 CPTPP 规则的"高标准、高质量、严要求"，为我国的上海自贸实验区，以及后续不断扩容的国内自贸区（港）提供了可资借鉴的经验。作为迄今亚太地区最全面、最高标准协定的 CPTPP，增加了包容性，其贸易行为涵盖几乎所有的商品。在贸易协定的内容上，不仅是对普通商品，还对贸易相关的服务产业等议题进行了规范。CPTPP 不仅是更富弹性和开放性的贸易协定，也是高标准的 FTA。尽管 CPTPP 对知识产权等 22 项内容作了暂缓措施，但其在贸易协定质量上仍处于世界前列。同时，从早期的 TPP 倡导国（智利、新加坡和新西兰等）到后来多国加入形成跨太平洋的区域贸易组织，核心的内容就是开放包容。同时，CPTPP 放宽了国家之间 FTA 存在的协议谈判的差异性问题，鼓励各国参与对感兴趣领域的贸易行为谈判，这为 CPTPP 扩容提供了更大的弹性空间。

二、CPTPP 下的利益博弈

国际贸易规则已经进入大国博弈的阶段，日本主导并成功实施 CPTPP，成就了日本在全球贸易体系中的中高端地位，使其可以在中美两个大国的贸易摩擦中

---

① 中国已签署实施 14 个自贸协定 涉及 22 个国家地区 [OL]. 人民网，http：// world. people. com. cn/ n1/2016/0106/c157278 - 28020441. html.

获得最大利益。无论是中方加入 CPTPP，还是美方加入 CPTPP，对日本而言，其都是最大的获利方。当前，无论是政治学者，还是经济学者或者管理学者，他们对 CPTPP 的看法有一个共同点，就是 CPTPP 在客观上存在着国与国之间的利益博弈。

1. CPTPP 成员国的利益博弈。对于这一区域经济发展较快的国家而言，CPTPP 提供了降低彼此间贸易壁垒的平台，巩固或新建贸易联系，帮助这些经济体强化和巩固贸易伙伴网络。对于区域内经济欠发达的国家而言，CPTPP 提供了经济与贸易发展的巨大机遇。首先，对日本而言，CPTPP 协议的实施，一方面使日本的战略主动权与规则主导权得到巩固；另一方面，有利于日本适应和运用高水平贸易自由化规则的优势，助推日本经济的发展。同时，通过扩容提高日本经济在亚太经济中的吸引力，使"亚太化"的趋势更加明显。其次，对其他成员国而言，CPTPP 成员覆盖四大洲 11 个国家，包括 4 个发达国家、7 个发展中国家，总人口达 5 亿人，GDP 占世界经济规模的 13%，超过 10 万亿美元，介于欧盟和中国之间；进出口占世界贸易总额的 15%，超过中国并与北美自贸区（NAFTA）规模相当。根据 CPTPP 的规定，各成员国将逐步废除几乎所有的关税，具体分两步走：一是先排除日本，因为日本经济体占 CPTPP 成员国的份额大，其余 10 国先废除几乎所有关税；二是日本将 100% 的工业产品和 82.3% 的农林水产品的关税予以废除。有学者测算，日本出口产品的关税额仅加拿大、澳大利亚等五国在第一年就将减免 20 亿美元，从其他 10 国进口商品的关税在第一年也将减少约 10 亿美元。由于日本与欧盟之间已经达成贸易协定，日本对 94% 的产品免除关税，欧盟则对 99% 的产品免除关税（高桥，2017）。2019 年 9 月日美贸易协定则规定在农产品上完全免除双方的关税，在汽车等工业品上还有进一步降低的空间。由于日本与欧盟、美国的贸易协定几乎完全放开了农产品关税，原先 CPTPP 中分两步走的计划将会并为一步。因此，从总体上看，CPTPP 对整个亚太经济发展具有积极的促进作用。

2. 成员国与拟扩容国家的利益博弈。对于拟加入的国家而言，CPTPP 提供了进入全球价值链的平台，使经济与贸易发展的空间提到提升。对于 CPTPP 规则本身而言，拟扩容国家的加入可以提高 CPTPP 规则的影响力，并在更大的范围内倡导和推行高标准、严要求的 FTA。对于未加入 CPTPP 的区域外国家而言，原先的贸易国或组织可能会受到一定程度的利益冲击或影响。例如，我国面对 CPTPP 的影响，一些跨国经营企业可能会因为中国不是 CPTPP 成员国，受到关税等的影响，并且还会面对原产地规则等的冲击。随着泰国、韩国等的积极加入，由中国倡导的全球价值链（如"一带一路"倡议等）也将受到影响。在服装领域，不仅是成衣厂家，布料等原料厂家也将会更多地转移到越南等国家。当然，这些拟加盟的国家与现有的成员国之间也存在某种利益博弈。例如，泰国与马来西亚、越南在农水产品上是竞争关系，日本和韩国的汽车也是竞争关系。马来西亚要求在特定领域有豁免权，目的是使国内各民族公平分配财富。围绕会计权益，如何保证在地域扩张的同时还能达成更深层次的经贸规则承诺，这对区域多边化来说是一种挑战，因此以复杂谈判为代表的 CPTPP 利益博弈将成为一种"常态"。

3. CPTPP 与 WTO 的利益博弈。伴随着 WTO 多边体系的发展，发达国家与发展中国家都获得了较大的收益。传统的贸易壁垒减让水平和标准，开始出现阻碍发展的倾向，难以满足部分外向型国家对国际自由贸易的需求。CPTPP 以 WTO 规则和其他双边、多边自贸区协定为基准，但其贸易投资自由化水平却高于既有的 WTO 以及其他双边、多边自贸区规则。具体的博弈体现在以下几个方面：博弈之一，扩容对 WTO 的影响。随着成员数量的不断增加，CPTPP 成员国绕开 WTO 成为可能，至少对于这些成员国来说，WTO 名存实亡。博弈之二，CPTPP 标准设定对 WTO 的影响。作为秉承高标准、严要求的 CPTPP，无法实现 WTO 要求的各国平等的利益诉求权，即多边体制下利益平衡的义务性制度遭到了破坏，使 WTO 中非 CPTPP 缔约国的国家利益受到侵害。博弈之三，制度的先进性对 WTO 的影响。CPTPP 不仅具有"贸易投资等部门壁垒水平更低，环境劳动保护规则更严"的法律规范特征。而且，其内容除了 WTO 有关货物贸易、服务贸易以及知识产权的基本内容外，还包括近年来不断发展的跨境电子商务、互联网信息、电子信息通信等诸多新兴、非传统部门。客观地讲，CPTPP 和 WTO 的大方向是一致的，WTO 是全球贸易体系中的一个重要层次，在国际经贸活动中具有重要的影响力。作为一种区域贸易协定，CPTPP 的规模及其实施过程中的各种相互牵制能力和影响因素，使其尚难以发挥全球化经济的领导作用，在亚太地区的引领效果也存在变量，因而更无法取代 WTO 的功能作用，放长时间边界，从博弈的角度观察，CPTPP 最终仍将融合于 WTO 之中。

4. CPTPP 与 RCEP 的利益博弈。不可否认的是，CPTPP 通过率先对各种非传统领域相关贸易规则的设计与安排，为新兴行业贸易规则的形成树立了榜样，提高了其在国际贸易规则中的话语权。虽然，RCEP 在 2017 年达成的协定框架中也引入了非传统贸易部门，如电信、电商等，但尚属意向框架，并未形成一定标准水平的贸易规则，而且非传统贸易部门的数量较之 CPTPP 而言有一定差距。相比之下，CPTPP 包含了电信、电商、电子采购、劳工、国企竞争、反腐败等一系列非传统领域的新规则。CPTPP 与 RCEP 的利益博弈有三种思路：一是用新FTA 协议（如改革后的 WTO）取代现存的各种协定，包括 CPTPP 和 RCEP。二是 CPTPP 与 RCEP 等效性，共同适用。即增加各种备选条款，使包容两种协定的成员国企业进行自由选择，达成各自最理想的协定实施效果。三是将 RCEP 变成一个混合体，赋予其高标准与严要求，并采取普遍适用的原则，现行的 CPTPP作为例外原则加以应用。随着中美贸易摩擦问题的缓和，美国有可能要求中日两国采用第一种思路，即美国成为 FTA 的主导国。对于中国来说，第三种方案可能更有意义，RCEP 涉及的国家较多，几乎包含了所有的 CPTPP 成员国，且市场规模、经济总量、成员数量等均远大于 CPTPP 等。

由于国际贸易规则已演变为一种大国博弈，短期内形成第一种思路，或者实施第三种思路，可能都不具有现实可行性。因为，基于 CPTPP 的情境特征，构建一个新的多边贸易规则，以"兼顾"发展中国家利益，这种过于宽容的 FTA对于目前处于不同规则体系下的经贸主体而言，均是利益递减的行为。即使抛开亚太国家与中国竞争关系的政治因素不谈，仅从经济视角思考，其难度也是十分具有挑战性的。可能最便捷的方案还是第二种思路，在 CPTPP 和 RCEP 并行一段时间后再加以解决。这样重点就聚焦在了 CPTPP 与 RCEP 规则的博弈上，由于两个规则存在不同的制度剩余空间，在寻求有利于本国企业利益的方案时，就会存在矛盾。从长远来看，这种并存的结局，要么变得统一，即融合为一种共同的FTA 规则；要么分道扬镳，最终寻求其他新的 FTA。从新制度经济学的角度来看，从维护企业利益的需求出发，可以在会计权益的制度安排上加以设计，使CPTPP 与 RCEP 逐步趋近，但不并线，通过一些可选择性规则，使各成员国各取所需，和谐共生。

三、CPTPP 下会计权益维护的战略选择

CPTPP 的实践表明，以日本为首的 11 国积极推进区域自由贸易安排，推动贸易投资自由化、便利化，说明经济全球化的大趋势没有改变。维护多边贸易体制，建设符合世贸组织原则、开放透明、互利共赢的区域自由贸易安排，有助于推进经济全球化和区域经济一体化向更高层次、更宽领域发展，共同构建人类命运共同体。CPTPP 下的企业利益维护通过利益约束与利益冲击来体现权益博弈。

1. 利益约束视角下的财务战略。 利益约束主要体现在 CPTPP 的一系列规定会对我国当前以及未来的贸易带来冲击。首先，外部约束涉及 CPTPP 成员国之间的法律、外贸政策、税法、经济法与会计法律法规的关联性变化，以及各国特殊制度情景下的贸易制度变迁与贸易政策调整等。其次，一些非正式制度，如风俗、宗教、文化等也会对企业利益带来影响。CPTPP 对企业利益的影响可以集中表现在"成本"与"收益"两个方面，因此，加强 CPTPP 下的会计政策研究至关重要。嵌入在 CPTPP 中的会计法规制度主要有：（1）CPTPP 的原产地规则对企业的成本核算与税费带来的影响及其具体规范；（2）知识产权保护与会计研发费用、资本化处理相关的规范，产权保护与资产折旧政策的规范；（3）CPTPP 规则下的投资、融资、筹资等与企业会计要素的内在联系。CPTPP 一系列的条款还会对投资的制度安排与政策、资产的组合、资本的跨境流动等带来直接影响，事关企业利益。现阶段，大批的小微企业面临生存压力，必须合理制定财务战略，提高企业组织的行为能力。即借助于"改道、绕道和借道"等财务战略，扩展企业进入各种既有市场的活动空间，通过减税降费以及减少政府干预等措施减轻企业压力，这是维护 CPTPP 下企业权益博弈的当务之急。会计政策与财务机制等的灵活配合与应用，必然有助于提高企业的生存能力，创造鼓励企业创新的外贸环境。

2. 利益冲击下的权益结构配置战略。 从财务状况要素考察，最具代表性的是资产要素的变化。对此，会计政策的博弈是根据国际会计准则理事会（IASB）对资产要素的再定义，放宽资产确认的边界等。即 2018 年 3 月，IASB 发布的财务会计报告概念公告修正了"资产"定义。将资产表述为："主体因过去事项而

控制的当前经济资源，经济资源是有产生经济利益潜力的权利。"同时，对资产的确认标准也作了调整。即只要符合相关性、如实反映，以及遵循成本效益原则就应当确认为资产。从经营成果要素考察，随着产品市场准入（尤其是农产品）和原产地规则在成员国的实施，可能对我国企业的收入要素产生冲击或影响。对此，在国家政策允许的前提下，应放宽会计折旧的规范幅度，实施减税政策，减少投资与现金流等的政府管制，提高会计政策的权变性与有效性。CPTPP框架下企业利益面对的影响因素如图1-1所示。

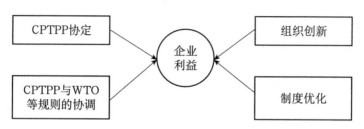

图1-1　CPTPP对企业利益的影响

图1-1表明，CPTPP的高标准、严要求会对我国企业利益产生一定的冲击与影响。由于CPTPP规则主张零关税，会直接降低缔约的成员国企业的出口成本与费用，因此我国企业参与国际竞争时其会对企业成本带来一系列冲击，对企业收益带来一定的波动。CPTPP的关税减让、原产地规则，以及贸易仲裁等规则可能与WTO规则存在不一致，这样CPTPP与WTO之间的协调状况也是企业利益维护中需要考虑的一个重要因素。例如，WTO规则对于CPTPP成员国与非成员国的倾销案件往往难以产生直接的效应，这样，CPTPP条款中的许多方面，如原产地规则与贸易争端的解决机制等将会对我国企业的成本与会计制度带来新的冲击与挑战。这些问题需要借助于组织创新与制度优化来加以化解。再例如，在外贸形势面临外部不确定性考验的情况下，制定什么样的财务政策来保证企业利益少受冲击或免受冲击；或者实施什么样的财务机制让中小企业在减税降费等政策的支持下拥有充分有效的持续发展动力；或者在财务政策上如何配置产业转移和投资转移政策，以及国有或民营大型外贸企业如何发挥经济引领作用，防范及避免CPTPP下的经营风险，等等。这些问题是CPTPP下维护企业利益的供给侧会计管理的重点问题，需要从更长远的战略思维出发综合施策，让会计政策下的制度因素与经贸活动的价值创造和价值增值实现可持续性的成功。

第三节　研究目的与意义

CPTPP 坚持贸易的多边主义与自由主义，是有效对抗全球经贸活动中"逆全球化"的重要手段，有助于扭转中美贸易摩擦中我方的被动局面，给全球价值链的重塑提供新动能。

一、研究目的

1. 提供全球贸易多边化和自由化的理论依据。近 20 年来，全球价值链的发展已经极大地改变了世界经贸格局。目前，以 WTO 为代表的多边体制面临无法跟上这些新要求与新发展的情境。以 CPTPP 为典型的大型区域协定（MEGA）正在试图重塑封闭的区域价值链和加强主导国家的控制。CPTPP 能够扩展多边贸易主义的理论边界，在一定程度上响应和满足全球价值链重塑的新需求。尽管 CPTPP 经济体量占比从 TPP 时代的 40% 降至现阶段的约 13%，但它仍然是全球最大、水平最高的自由贸易协定。贸易保护主义引发的关税上升将拖累全球贸易和投资增长，导致全球经济下行风险增加。目前，中美贸易摩擦已成为当前全球经济面临的一大不确定因素。已经有越来越多的迹象表明，保护主义不仅无助于美国经济繁荣，反而大大伤害了美国经济发展。

2. 探讨对全球供应链和企业价值链的影响。以美国为首的贸易保护主义使世界逆全球化势头上扬，国内则因经济下行压力和经济金融风险的增大而使矛盾与问题进一步突显。在不确定性与未知性因素增加的情况下，为避免企业利益受到影响，开展 CPTPP 条件下供应链或价值链的研究十分重要。逆全球化的经贸环境改变了传统的贸易规则，使国与国之间、贸易组织与贸易组织之间、国家与贸易组织之间的利益博弈加剧。CPTPP 可能从战略控制、优惠排他、规则溢出三个方面对全球供应链产生重大影响。例如，基于 CPTPP 情境，分析其对企业价值链的影响，并从全球供应链重塑与优化的视角探讨企业跨国经贸活动的路径安排，搭建 CPTPP 情境下的企业利益维护框架。中国已经成为全球货物贸易的第一大国，CPTPP 对中国的供应链产生怎样的冲击？或者说，从事外贸的企业必须积极调整自身的价值管理政策，通过与外贸政策的协调，以及把握会计准则的变化趋势，使财务战略置身于全球供应链和产业链之中，努力实现企业经贸活动的保值增值。

3. 明确 CPTPP 与会计准则的相关性影响。 基于 CPTPP 的新情境，可以为我国会计准则国际化和会计实务本国化操作提供良好的外部环境，给我国高质量 FTA 建设提供可资参考的"试验田"。对此，要求我国的会计准则与会计实务操作标准应更加具备包容性且与时俱进，以高标准为出发点和奋斗的目标。从近期来看，需要重点关注诸如会计准则与 CPTPP 最相关的准则有哪几项，准则以前修正的重点是什么，在 CPTPP 情境下可能会作出什么样的调整与变化。可以从"资产""成本"与"收益"要素变化的视角测试 CPTPP 对企业利益的影响，并就宏观会计制度建设与微观会计政策制定方面提出相应的对策、建议。从长远来看，我们采用何种会计嵌入方式实现会计制度与贸易制度的衔接与共生，关系到 CPTPP 情境下我国企业会计权益维护的具体思路及相关对策。

二、研究意义

CPTPP 不仅扩大了现有 WTO 贸易规则的范围，加深了贸易自由化的力度，还将许多新的议题和领域，如国有企业和指定垄断、中小企业以及监管一致性等纳入其中。CPTPP 的实施从表面上看主要涉及的是国际贸易和跨国投资等领域的企业利益问题，然而本质上是对企业会计要素内涵与外延的一种冲击，是有关会计权益的一场博弈与较量。

1. 理论意义。 本书的学术价值在于：依据"成本"和"收益"等会计要素开展 CPTPP 下企业利益影响及会计权益维护研究，有助于归纳和总结 CPTPP 下企业会计政策的选择倾向。同时，结合国际会计准则理事会（IASB）的会计制度变迁观察 CPTPP 与 WTO 等贸易规则的走向，可以促进政府宏观会计制度优化与企业会计政策选择行为的统一，维护跨国经营企业利益，加快组织创新，进而丰富基于全球贸易情境下的会计理论和方法体系。具体的理论意义如下。

第一，围绕 CPTPP 的内容与特征，从会计视角切入，寻找国际贸易协定与国际会计准则、国内会计规范（会计实务操作）之间的内在规律，以会计要素为中介与传导手段，提高了会计在参与 WTO 等国际贸易组织活动中的地位与治理作用。

第二，借助于 CPTPP 的文本内容，将这种高标准的国际贸易协定嵌入国际会计准则及我国会计政策等制度的设计与路径选择之中，结合经贸与会计规则的"供给侧"与"需求侧"改革，提供中国特色的会计准则理论与技术方法，并贡献于全球会计的知识体系之中。

第三，针对 CPTPP 中的主要条款，形成具体的外贸工作指引或指南。例如，应用案例来研究原产地规则，丰富我国企业在应对原产地规则方面的成功经验，通过"借道""改道""绕道"等路径，完善我国企业应对国际贸易协定的会计对策。

2. 实践意义。"会计技术方法与手段，有利于帮助大型国际组织实现制度创新，并影响它们的经营目标，通过会计政策嵌套于一系列的制度和流程之中，有助于弥补跨时间与空间监管和内控不足带来的各种问题"（Graham and Neu，2003）。随着 CPTPP 的推行，美国重新加入的可能性也是客观存在的，并且由于其扩容条件的相对宽松，以英美为代表的国家一旦加入，则 CPTPP 协议的组织团体就有可能利用其对 IASB 的影响力，迫使会计准则向有利于 CPTPP 规则的方向进行修订与调整。在这种动态的不确定条件下，围绕会计制度的权变性，促进政府会计制度优化与企业会计政策选择的协调与配合，能够为我国跨国经营企业和经贸部门提供相关的理论支持或对策措施。具有的实践意义还可以补充如下几点。

第一，在当前国际贸易争端频繁，我国企业参与高水平的国际贸易协定障碍重重的情况下，研究并充分利用 CPTPP，吸收其精华，是构建"一带一路"，实现我国会计制度与政策在国际经贸活动中发挥作用的重要途径。

第二，在新的国际经贸形势下，以高标准的 FTA 或其他大型区域协定的文本为参考，研究其对会计要素（资产、负债、权益等）的冲击与影响，能够加快中国会计与国际会计的接轨与趋同，将发展中国家的会计实践案例与经验方法和国际会计准则的要素结构进行对比分析，维护新兴发展国家的诉求与利益，进而提高中国会计准则在国际上的话语权与制定权。

第三，中美贸易摩擦的持续性与不稳定性，使经贸政策与格局面临重大冲击。全球化是大的趋势，是无法逆转的。因此，高标准、严要求、全覆盖的贸易协定或组织始终是主流，以会计嵌入为着力点，研究会计的对接、路径、应对方式，做到未雨绸缪，对于中国产业的供给侧结构性改革、企业在全球供应链与价值链上的重新定位具有重要的现实意义。

第四节　研究方法、技术路线与结构安排

一、研究方法

本书中的研究方法主要有以下几种。

1. 文献演绎法。围绕 CPTPP 的形成与发展，结合对大型区域协定的特征与规律的提炼与总结，尤其是对 WTO、IASB 等组织的协调与博弈分析，在文献阅读和理论知识梳理的前提下，针对单边主义与贸易保护主义，就企业利益的维护及相应会计对策的选择与应用提出自己的研究观点。

2. 比较研究法。围绕国内外大型 FTA 进行比较分析，通过对美国与日本经济的比较，探寻日本主导 CPTPP 的动因及未来扩展的策略，在具体研究中还采用 CPTPP 与"一带一路"、RCEP 等的规则的比较，就主要的贸易条款及其应用形成指引或指南。同时，开展相关国家或地区的供应链比较，结合全球价值链高端攀升的路径与方式进行对照，以丰富 CPTPP 的研究主题。

3. 理论归纳分析。本书应用经济学、管理学、社会学等相关理论，通过理论分析、逻辑推论等规范研究方法，归纳、提炼出适合国际贸易规则延展的概念框架，在此基础上探讨 CPTPP 扩容的可能性，以及我国面临 CPTPP 的机遇与挑战所应采取的措施与对策，并深入提炼会计准则及其政策制度演进的路径和优化的机理。

二、技术路线

本书的研究路线如图 1-2 所示。

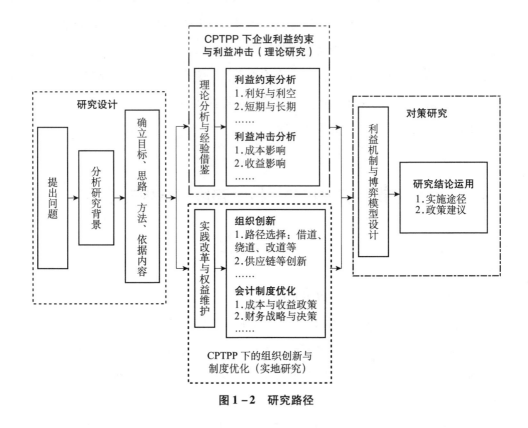

图 1 – 2　研究路径

三、结构安排

本书围绕"CPTPP—企业利益—会计对策"这条逻辑主线，针对 CPTPP 下企业利益约束与利益冲击，在组织创新与会计制度优化的理论指导下，结合"成本"与"收益"的会计要素特征，分析会计嵌入模式的创新动因，结合 CPTPP、国内自贸试验区和全球价值链的重塑等延展应用会计管理的技术与方法，为企业财务战略的选择、实现企业价值创造与价值增值提供持续发展的动力。主要结构安排如下所述。

第一章是绪论。论述本书的研究背景和研究意义，确立研究主题和研究思路，明确本书的内容梗概和创新点。

第二章是文献综述与理论基础。首先，在国内外文献中就 TPP 与 CPTPP、CPTPP 与"一带一路"倡议、逆全球化与企业利益维护、国际贸易规则重塑与会计对策选择等内容进行归纳与总结，其次，阐述有关 CPTPP 下经贸关系特征与规律形成的理论依据和知识基础。最后，对与本书相关的若干概念进行诠释或界定。

第三章是从 TPP 到 CPTPP：全球贸易环境的新特征。首先，分析 CPTPP 的形成与发展规律，通过对 TPP 与 CPTPP 文本的对比，提炼出 CPTPP 下价值链的新特征。其次，结合日本经济、政治的特点，探讨其主导 CPTPP 走完 FTA 行程的动因与规律，并在分析中国全球经贸战略的基础上，阐述中国对 CPTPP 的立场与态度。

第四章是 CPTPP 的核心条款及其对企业利益的影响。这一章主要是对 CPT-PP 内容及其应用的解读与分析。通过对 CPTPP "全面性"与"进步性"的表征与实质的分析，就 CPTPP 中的主要条款，如原产地规则、国有企业与劳工规则等加以解读。最后，就 CPTPP 核心条款对中国企业利益的影响进行了较为深入的分析。

第五章是 CPTPP 下的规则演进与会计制度博弈。首先，从 CPTPP 的变迁动因视角探索其影响因素，并从经济、投资、战略与制度四个方面提炼出 CPTPP 的演进规律。其次，探讨经贸规则对会计准则的影响。CPTPP 作为一种大型的国际经贸协定，如何结合该协定的特征服务于经贸活动并开展会计保护机制的研究，在全球价值链重塑战略下合理应对会计准则差异带来的利益冲突，是本章的重点之一。它体现了会计准则体系自身的客观发展规律，也是制度经济学中从渐进到激进的外在体现。

第六章是 CPTPP 下的会计权益维护及应对措施。会计权益主要体现在企业的财务状况与经营成果上，并且以会计要素的形式作出朴素的反应。通过对 CPTPP 下会计权益的思考，突出会计战略在 CPTPP 情境下的重要性，合理规划财务行为并有效开展会计活动。为了更深入地对本章内容进行分析，该章的第二、第三节着重基于 CPTPP 特征的会计权益维护质量，以及发挥财务会计与管理会计的融合效应进行了探讨。

第七章是 CPTPP 下的扩容机制与组织协同。本章从 RCEP 与"一带一路"的视角讨论 CPTPP 下的全球化协同与共生。首先，从经济、战略、规则层面探讨 CPTPP 与全球统一经贸规则构建的思路。其次，结合美国的经济与政治形势，以及我国未来加入 CPTPP 的可能性等探讨 CPTPP 的扩容及其发展趋势。

第八章是 CPTPP 下的价值链攀升路径与行为优化。这章明确提出了"会计嵌入"的概念，并就会计嵌入模式的形成机理及其演进过程进行了分析与探讨。从 CPTPP 角度考察全球价值链，重塑产业链与供应链的行为特征及其发展趋势。本章重点是讨论全球价值链的行为优化问题，从经济利益、战略路径和制度规则视角进行了研究。

第九章是国际贸易规则重塑下的 CPTPP 走向及其会计对策。这章结合全球价值链重构，在分析比较中国自由贸易试验区建设与 CPTPP 之类大型 FTA 发展战略的基础上，提出了理性思考和正确处理中美贸易摩擦、客观看待 CPTPP 下的中国企业权益维护等问题的观点与看法。最后，本章基于 RCEP、WTO 等机构的变迁，结合 CPTPP 提出了具体的会计对策建议。

第十章是结论与展望。本章系统梳理全书的主要成果，提出进一步研究的方向。

现将上述内容概括为表 1 - 1。

表 1 - 1　　　　　　　　　　　　　　研究框架

研究流程	本书的章节安排
确立研究主题，明确本书的内容梗概、研究意义与方法步骤	第一章　绪论
理论与文献回顾，凝练文献的研究视角与路径	第二章　文献综述与理论基础
阐明 CPTPP 形成规律，为后续章节研究奠定基础	第三章　从 TPP 到 CPTPP：全球贸易环境的新特征
在第三章基础上，介绍 CPTPP 的主要条款，提升对 CPTPP 内容的理解与认识，促进企业灵活掌握各条款的核心并采取相应的对策措施	第四章　CPTPP 的核心条款及其对企业利益的影响
结合 CPTPP 下的规则演进，在探讨会计准则自嵌入与他嵌入的基础上，强调财务会计制度与管理会计制度有机配合的重要性	第五章　CPTPP 下的规则演进与会计制度博弈
基于会计权益维护，提出了会计战略、价值创造、价值维护，以及会计相关性、可靠性匹配等会计应对措施	第六章　CPTPP 下的会计权益维护及应对措施
结合 RCEP 与"一带一路"，就 CPTPP 与全球经贸规则的统一，以及 CPTPP 的扩容等问题进行了探讨	第七章　CPTPP 下的扩容机制与组织协同
结合 FTA 的扩展，从"会计嵌入—全球价值链攀升"的视角看 CPTPP 下企业行为优化的积极意义	第八章　CPTPP 下的价值链攀升路径与行为优化

续表

研究流程	本书的章节安排
从"国际贸易规则重塑"入手，结合中美贸易摩擦、WTO 组织改革，以及 RCEP 建设和"一带一路"发展寻求 CPTPP 的走向和未来会计发展的对策	第九章 国际贸易规则重塑下的 CPTPP 走向及其会计对策
总结本书的主要内容，提出存在的不足，并对未来发展进行展望	第十章 结论与展望

第五节 研究创新与不足

本书主要关注 CPTPP 实施中的企业现实问题，并对新时代的会计管理提出权变发展的动态要求。创新之处在于构建了 CPTPP 下的会计维护机制，以及基于 CPTPP 框架的会计嵌入模式。

一、研究创新

具体可以概括为以下几点。

第一，在研究对象上，结合 CPTPP 通过聚焦于会计权益进行创新。例如，通过会计嵌入模式的选择与应用，提高企业应对 CPTPP 挑战与冲击的能力。围绕大型 FTA 的建设，强调会计规则与贸易规则沟通与衔接的重要性，并据此提出我国会计准则与会计实践发展的国际化之路。

第二，在研究目标上，通过宏观与微观结合、经济与政治结合、政府与企业配合等方面寻求理论与实践创新。现有文献局限于宏观贸易环境、大国关系、政治霸权、全球治理等方面展开单一逻辑性的实证检验，没有对 CPTPP 的规则供给与规则需求进行匹配性研究。本书试图从完整的分析框架与实现路径上进行探讨，现实性与可操作性较强。

第三，在研究价值上，本书结合"借道""改道""绕道"的路径选择，借助于权变性原则，提出"会计嵌入模式"选择的新理念。突出战略思维的重要性，认为"借道""改道""绕道"只是一种短期战略，应引导企业向宏观与微观经济利益统一的最优博弈均衡路径方向转变。

二、研究难点

CPTPP 将新的理念和设想，或以一种从来没有过的生产要素和生产条件的"新组合"嵌入会计的系统结构之中，并引起会计要素等的变迁与发展。例如，面临技术、规则上或竞争上的重大变迁，会计控制系统需要权变性地把握这种动荡，并有效地应对短期内不断提高的一致性需要及塑造目前贸易规则与会计政策的结合方式与对策配置。CPTPP 下的会计变迁管理要求企业的技术创新必须与管理创新相结合，一方面，借助于各种形式的自贸区建设，结合智能制造与"互联网 +"等手段扩展企业的应对手段；另一方面，通过会计要素的嵌入式扩展，调动企业创新贸易手段和方式的积极性，并在 CPTPP 的框架下重塑企业利益的维护模式。

会计权益维护要适应 CPTPP 要求，围绕"一带一路"倡议寻求新的平衡，即通过会计制度建设和会计政策优化实现对企业利益的保护，加快会计管理工具的开发与创新，主动将 CPTPP 条款嵌入会计的管理控制与信息支持系统之中。一方面，加快开发具有专用性特征的会计工具；另一方面，强化通用性工具的设计与应用。例如，针对 CPTPP 下的区域价值链，中国企业围绕产业优化升级，与 CPTPP 成员国共同构建集群式的区域经贸模式，并在转移定价、劳工工资、环境保护等方面加强合作。一个产业链的组建与成熟，往往需要若干年的时间。在 CPTPP 的新情境下，要基于产品生命周期加强对"成本"要素的管理，积极关注 CPTPP 成员国与我国企业在经贸环节所消耗资源的分布情况，优化区域供应链，增强中国企业在经贸活动中的主动性。同时，结合 CPTPP 下的"收益"战略，动态把握企业的成本结构，努力维护企业的会计权益。

三、研究不足

纵观整个研究，尽管本书具有一定的创新性，但由于主客观条件的限制，本书中不可避免地存在一些不足与局限，主要体现在：（1）本书是课题成果的主题报告部分，本报告没有列示 CPTPP 对企业会计权益影响情况的实证检验过程。

即由于课题报告的对策性研究特征，本书作为主题报告没有收纳已经发表的实证研究成果。课题组成员已经或将进一步以单独的论文形式（包括博士、硕士论文）对本书中的有关章节进行实证研究。（2）企业利益维护的延展应用涉及面较宽，本书只选择对规则制定、战略导向、投资与制度导向等方面进行了实地调研，由于这些问题尚处于起步阶段，相对的数据和信息还不够充分，相较于大样本研究，本报告只对长三角区域的部分企业进行了走访和实地调研，并分别就国有企业、民营企业和政府管理机构等进行专项和综合座谈，不足之处是与此相关的问题尚未展开深度研究，本书暂未列入。（3）由于财务会计与管理会计融合的定位与实践应用的复杂性，在书中没有刻意区分是基于会计的战略，还是财务的战略等研究视角，有些地方两者可能会存在交叉，因此会影响其对提升与总结CPTPP下会计对策范式的一致性，且在研究的深度与广度上没有作出具体的计量，等等。总之，本书在给出的结论或对策建议上可能存在一定主观性等问题。

第二章
文献综述与理论基础

文献综述是在对已有的相关成果认知的基础上，进行系统整理、总结和提炼的研究行为，目的是客观评价该领域的发展状况及未来的研究方向，同时针对前人的研究成果提出本书的创新思路与观点。理论基础则是为后续章节的研究提供理论支撑的学术手段，是研究方法和计量行为有效性的重要保障。

第一节　国内外文献综述

贸易规则的背后是利益，而利益的协调、平衡与优化离不开对会计权益的维护。美国特朗普政府退出 TPP 协议降低了实现全球自由化贸易目标的可能性，并试图通过单边主义和贸易保护主义，打造美国利益优先的亚洲经济新秩序。以日本为主导的 TPP11 的"复活"，提振了贸易自由化的信心，但也对我国企业利益产生一定的影响与冲击。

一、有关 TPP 与 CPTPP

2016 年 2 月 4 日，占全世界 GDP 40% 的美国等 12 个国家在奥克兰正式签署了《跨太平洋伙伴关系协定》（Trans-Pacific Partnership Agreement，TPP），后续只要待各国审议并批准后（满足 TPP 的最终条款）即可生效。TPP 作为一种

"高标准、严要求、零关税"的贸易规则，会影响未来全球的贸易格局和我国经济发展的竞争能力，并对企业的利益产生冲击。马泰奥·迪安（Matteo Dian，2017）认为，TPP 是再平衡战略的一个重要组成部分。通过 TPP，时任美国总统的奥巴马政府旨在实现以下战略目标：（1）"锁定"对美国友好形式的自由市场资本主义，并将其作为亚太地区经济一体化的主要规范平台；（2）重申华盛顿制定国际秩序规则和规范的能力；（3）保持美国对该地区的影响，并阻止中国在相关区域领导并建立国际贸易网络。

客观地讲，TPP 是由美国主导的一个具有雄心、全面、高标准、平衡的区域贸易协定，意在引领 21 世纪的国际贸易规则。美国奥巴马政府主导并且积极参与 TPP 谈判，一方面释放入围亚洲的信号；另一方面基于综合国力和自身利益的考虑，以此为跳板参与亚洲的一体化发展进程。经济利益背后有着强烈的政治意图，如 TPP 的国有企业、投资条款、知识产权条款等，对于我国加入 TPP 都是一个不小的挑战。或者说，限于经济发展水平，在技术、贸易规则、配套设施、制度等方面发展中国家依旧有很长的路要走，发展中国家加入 TPP 谈判将处于被动地位。正是由于 TPP 各方利益诉求不同，因此在涉及本国核心利益问题上依旧会出现"拉锯式"的谈判，TPP 成为美国实现新贸易议程和亚洲外交政策理想而有力的工具（盛斌，2010）。亦即以自由贸易区为主的地区合作制度成为美国霸权战略的重要工具（孔繁颖、李巍，2015）。作为一种制度安排，TPP 对企业利益影响程度的大小最终将体现在会计权益的配置和会计要素的扩展与应用上。从会计权益维护的视角出发，研究 TPP 情境下企业利益的博弈与应对策略是我国会计国际化进程中的内在要求，也是国际贸易协调发展和促进我国经济转型升级的客观需要（冯巧根，2016）。

然而，随着特朗普当选美国新一届总统，并表示不支持 TPP 协定，进而引起各方关注。日本已于 2016 年 11 月通过 TPP 的表决议案，新加坡等国也对美国施压，要求其尽快表决 TPP 协定。就在美国新总统就职典礼后的一天，特朗普将美国从跨太平洋伙伴关系（TPP）中撤出。孙忆（2018）认为，美国退出 TPP 的举动使得 TPP 发生转型。2018 年 3 月 TPP 其余 11 个成员国在智利签署协定就 CPTPP 协议达成了一致意见，即 2018 年 12 月 30 日升级版的"全面与进步跨太平洋伙伴关系协定（CPTPP）"正式生效。之所以命名为"全面与进步"，一方面，消除人们对 CPTPP 内容有所搁置的担忧（如对原 TPP 中的 22 项内容进行冻结）。并且，明确地告诉外界，CPTPP 是全面的自贸协定，不只是为了降低区域国家或地区的交易成本，而是在劳工和环境标准等条款上成为亚太地区最高标准。另一方面，CPTPP 是进步的自贸协定。因为其目标定位在为区域创造更多的对外贸易和就业机会等上面，重在提高成员国人民的生活水平。由于未来扩容的需要，CPTPP 在权力结构、规则标准、利益分配上留有空间，为将来更多的国家加入增强吸引力。周琦、李易珊（2018）认为，进入后 TPP 时代，围绕在非传统领域展开的大国博弈愈演愈烈，以重构全球价值链为目标，进而实现国家间区域合作协定的规划，成为国家间新一轮博弈的"竞技场"。通过综合分析国家间实现区域合作协定可知，合作协定的实现往往受到三重因素的影响：舆论表达与交易费用、实施意愿与行为方、博弈与潜规则。中国应该在构建开放透明的区域合作新常态、贡献互惠共赢的区域合作新思路、打造独立专业的区域合作新智囊、推进灵活高效的区域合作新实践上加强工作，为后 TPP 时代下中国更好地参与国际互动积累经验（樊莹，2018）。

CPTPP 的实施可能加剧我国经济面临的挑战。从我国的制造业现状来看，其成长的历程所表现出的特征是"双重嵌入"。即在产业组织形态上既嵌入国内（本地）的产业集群，同时又嵌入全球价值链（刘志彪等，2018）。换言之，我国产业过去加入的是全球价值链的中低端环节。据经济合作与发展组织的估算可知，中国出口总值中国内增加值为 67.8%，而同时期的日本、美国等成熟制造业发达国家分别达到了 85.3%、85%，以色列、印度也达到了 74.7%、75.9% 的高位（戴翔、张二震，2016；李迅雷，2017；迟福林，2017）。即使是制造业发达、产业集群密集的江苏省，目前其工业增加值率也只有 20% 多一些，不到美国、日本等发达国家的一半；居民收入占人均 GDP 的比重仅为 30% 多一些，低于美国、日本 70% 左右的水平。这两个指标反映了我国产业链的地位仍处于中低端这个不争的事实（洪银兴，2017；刘志彪，2018；徐凡，2019）。中美原来在制造领域为什么相处得比较好呢？因为各居两端，我们在底端，发达国家（如美国）在高端，相安无事。今天我们的制造业也需要做技术和品牌，然后就发生了对撞性的竞争，一定会受到西方巨大的狙击。约翰等（John Gilbert et al，2017）认为，特朗普退出跨太平洋伙伴关系（TPP）及其提出的"美国利益至上"的贸易议程，引发了各方对亚太地区大型自由贸易协定的广泛兴趣。作为亚太地区首个大型自贸协定，CPTPP 具有较全面的条款和较高的约束力、成员国经济总体投射力较强、生效条件相对宽松易行等几大特点（袁波，2018）。CPTPP 一旦生效，将进一步加剧国际经贸区域化、集团化趋势，并且成为发达国家抢夺制定国际贸易新规则主导权的重要平台和通道（白洁、苏庆义，2019）。与此同时，伴随着美日推行"印太战略"，CPTPP 或将对中国外贸环境产生负面冲击，扰乱既有的发展节奏和步伐，降低中国在国际贸易规则制定方面的话语权，进而影响我国在东亚及亚太经济一体化中的地位与作用。

二、有关 CPTPP 与 "一带一路" 倡议

向方宏（2018）采用全球贸易一般均衡模型（GTAP）分析了 CPTPP 和区域全面经济伙伴关系协定（RCEP）对中国经济的影响。研究发现 RCEP 可显著弥补 CPTPP 带来的负面经济影响，促进中国经济增长和提高社会经济福利。在 CPTPP 和 RCEP 均建立的情况下，中国实际 GDP 将提高 0.08%，社会经济福利提高 71 亿美元；同时，CPTPP 和 RCEP 可以显著提升其他国家的经济福利，其他国家经济总福利提高 72 亿美元，其中 CPTPP 和 RCEP 的重叠国家福利改善最为明显，美国和欧盟福利严重受损。如果中国能够参与到 CPTPP 的建设中，经济增长和社会经济福利将进一步显著增长。有学者经研究认为，在 CPTPP 对具体经济效应的影响上，采用一般均衡数值模型系统进行模拟，其结果表明，CPTPP 并不会对中国经济产生冲击，相反有一定的溢出效应，即促进中国社会福利增加 0.105%，GDP 提高 0.249%，制造业就业增长 0.378%，出口增加 0.092%，而进口增长 1.141%（李春顶，2019）。分析原因，可能是中国既有的产业链、供应链、价值链等对 CPTPP 成员国的影响大，部分缔约国对中国的贸易依赖性强，CPTPP 反而会对中国的贸易创新带来放大效应。进一步研究可知，中国加入 CPTPP，其正面效应可能更明显，社会福利能够提高 0.386%，GDP 将提高 0.735%，制造业就业增长 1.722%，出口贸易增加 4.69%，而进口贸易增加 5.339%（李春顶，2019）。这项研究的结论是，仅从直接的经济效益上考虑，中国也应该加入 CPTPP。张珺、展金永（2018）认为，近年来单边和区域自由贸

易协定谈判有增加的趋势，亚太地区已经达成了诸多高水平的区域自贸协定，尽管这些 FTA 相对零碎，但对促进全球经济一体化还是有助益的，其中 CPTPP 和正在谈判中的 RCEP 因参与国家众多、产生的影响巨大而备受人们关注。学者们还进一步采用全球贸易分析模型（GTAP）计量 CPTPP 和 RCEP 对主要经济体 GDP、贸易、产出的影响程度，围绕亚太区域自贸协定的发展特征提出具体的应对策略。例如，建议我国作为亚太地区的大国，应积极融入亚太一体化进程，借助"一带一路"倡议，通过 RCEP 达成包容性增长的亚太经济一体化。

王孝松（2018）认为，美国基于中美贸易谈判、遏制中国强国发展以及主导国际贸易规则等原因，极有可能重新回到 CPTPP 并在多方面对中国产生重要影响。为此，中国应当积极提升自身在国际贸易规则中"塑造者"地位，提升 CPTPP 等亚太规则对中国的开放度和包容度。李向阳（2018）认为，亚洲在中国周边战略中具有特殊意义，"一带一路"倡议是习近平总书记于 2013 年提出的，它是新时期中国周边战略的重要依托，如"六大经济走廊规划①"，体现的是一种"亲诚惠容"理念。赵灵翡、郎丽华（2018）构建 23 个国家、10 个产业部门的 GTAP 模型，设置关税冲击变量进行模拟，分析 TPP、CPTPP、中国和英国加入 CPTPP、RCEP 四种情景对各国经济增长、福利水平和我国制造业发展的影响。据此，学者们获得的研究结论是，CPTPP（TPP）会使我国 GDP 和社会福利受损，制造业产出和进出口降低，贸易环境恶化。若中国主动加入 CPTPP，或者加快推进 RCEP 的生效，有助于改善我国的外贸现状，促进我国中高端制造业产品的出口和产出的升级。并且建议，在暂时无法加入 CPTPP 的情况下，应对 RCEP 等区域一体化组织发挥引领作用；同时，加快中国制造业的结构升级，充分利用"一带一路"倡议的有利条件，全方位推动中国企业"走出去"战略，不断拓展新的外贸领域，扩大中国在国际贸易体系中的话语权。

崔连标等（2018）应用全球多区域 CGE 模型，对 CPTPP 和"一带一路"倡议的影响进行定量测算，对比分析不同政策的国际经济效应。研究显示：

---

① 指"中蒙俄经济走廊、中巴经济走廊、孟中印缅经济走廊、中国—中亚—西亚经济走廊、中国—中南半岛经济走廊、新欧亚大陆桥经济走廊"，除了新欧亚大陆桥经济走廊，其他五个走廊的辐射对象都是亚洲地区。

（1）从 GDP 和社会福利观察，不管美国是否重新加入该协定，都会在经济上对我国带来损害。（2）从贸易畅通视角推进"一带一路"倡议有助于沿线国家的经济增长和福利水平改善，能够大幅缓解 TPP 对中国经济的负面冲击。（3）"一带一路"倡议实施对韩国的负面影响较大，因此韩国若能加入该倡议，将使其获得显著的经济增长和福利改善。文章的研究结论既对促进"一带一路"倡议的发展和扩张有积极作用，也为化解中国高耗能行业的产能过剩提供了有益参考。苏庆义（2017）提出了"东察"与"南合"以及"北破"与"中推进"的应对策略。并且认为，"一带一路"倡议有利于发展中国家的经济发展，并且能够在WTO 框架内推进贸易自由化进程。这里的"东察"是指基于本国的经济利益，结合美国政治经济走向观察 CPTPP 的形势，并权变性地决定中国是否加入 CPT-PP。"南合"是指与东盟各国合作，尽快完成 RCEP 议程。"北破"是指联合中韩，在中日韩自贸协定上寻求突破。"中推进"是指以战略眼光推进中美双边经贸谈判，以全局的视野促进亚太自由贸易协定早日启动谈判，进一步扩大自贸试验区建设。

三、有关逆全球化与企业利益维护

逆全球化（De-globalization）与全球化是相对的。当全球化出现问题，例如助推全球通胀水平，利好全球福利，但同时带来资产价格虚高，贫富差距拉大等时，"逆全球化"就会出现。近年来，世界经济的持续低迷、全球部分地区经济不平等现象加剧、资源分配不公，以及移民问题所产生的被遗弃感和不安全感增强等是逆全球化加剧的动因（陈伟光，2017；范黎波、施屹舟，2017；田金方、刘晓晴，2019）。所谓"逆全球化"，即与全球化进程背道而驰，重新赋权于地方和国家层面的思潮（郑春荣，2017）。逆全球化的国际贸易特征表现在：FTA由多边向单边、双边转变，低端与高端的价值链会叠加成巨大的鸿沟，最明显的是会加剧对低端价值链的锁定，使差距进一步扩大（吴梦启，2016）。逆全球化使不同国家在利益上展开新的博弈，各种贸易争端与摩擦将推动会计准则与贸易规则发生进一步的变迁与重塑（Gwen and Wahid，2014）。当前，以美国为代表的贸易保护主义、本国利益至上的思潮是西方大国主动收缩全球化，对全球化进程中利益分配不满意的体现，这种全球化逆动反映出美国不愿主导全球治理或不积极作为的状况（陈伟光，2016）。"逆全球化"是现象而非本质（CCG，2016），"逆全球化"思潮使人们关注当今制度和政策的缺陷并开始反省，积极地处理已经或者将要形成的各种矛盾和冲突，把握新的机遇，探索更好的发展模式。在新的国际分工和全球价值链模式下，产业布局促进产品流动的全球化，尤其以中间产品的跨境流动为代表，各国的产品生产实质上仅是全球产业链中的一个过程或流转环节（张茱楠，2017）。

　　逆全球化使自由贸易理念被边缘化，贸易保护主义不断升级。国际货币基金组织的数据显示，2015 年，全球实施的限制性贸易措施多达 736 个，同比增加 50%，是自由贸易促进措施的三倍（范黎波、施屹舟，2017；崔日明、张玉兰，2019）。作为逆全球化的一个重要特征，贸易保护主义使中国企业面临的反倾销数量骤增，2016 年中国出口产品遭受 27 个国家和地区的贸易救济调查事件达 119 件（商务部，2017）。因此，必须在维护企业利益的前提下，积极应对反倾销调查等经贸活动，提高企业在国际贸易争端中的主动性与积极性（刘爱东，2012）。中国作为全球价值链的重要环节，以及全球最大的中间品贸易大国对全球贸易存在巨大的贸易创造效应，我们要利用好"一带一路"倡议等对外贸易的平台，尽快结束 RCEP 谈判（高虎成，2017）[①]。企业利益维护是指在 CPTPP 环境下，借助于资产、成本与收益等要素进行博弈的相关会计制度主张和权利诉求（冯巧根，2018）。现阶段，借助于会计手段测试美国贸易保护主义政策的实施后果，对于维护企业利益具有重要的现实意义（陈植，2017）。美国日益浓烈的贸易保护主义色彩，既不利于美国经济增长，又增加了世界经济的混乱和不确定性（于春海，2017）。

　　逆全球化与贸易保护主义，以及全球化与企业利益维护问题的探讨，是企业在全球化逆转的新经贸环境下寻求维护会计权益、应对各种风险的客观反映。陈伟光（2016）认为，西方发达国家对全球化的驱动已经进入一个转折点。未来全球化进程的担当将主要由新兴市场国家和发展中国家来承担，中国作为世界第二

[①] 2020 年 11 月 15 日，东盟 10 国和中日韩以及澳大利亚、新西兰等 15 国正式签署了区域全面经济伙伴关系协定（RCEP），之后 RCEP 各成员将各自履行国内法律审批程序，推动协定早日生效实施。

大经济体和全球最大的发展中国家，有能力、有必要在全球治理和寻求新型全球化路径上发挥积极主导作用。以"一带一路"倡议的"共商共建共享"原则为基础重构全球治理体系，以 G20 为平台打造实现全球治理的伙伴机制，通过亚太经济一体化推进 CPTPP、RCEP 与"一带一路"倡议、金砖国家合作机制等的结合，实现全球治理的转型与升级。同时，在运作方式上力促大国协调均衡下的全球秩序。张卓元（2017）认为我国经济转型是与世界经济深度互动、向世界不断开放市场的过程。通过"二次开放"，特别是包括服务业对外开放在内的对外开放，将对国内改革和转型起到很好的推动和促进作用。通过定期的上海进博会等形式将自由贸易转化为全方位开放，加快国有企业改革，实现我国市场结构转型，为经济全球化树立中国信心与自信，这将为我国赢得国际竞争力争取主动。

四、有关国际贸易规则重塑与会计对策选择

在新贸易形势下，国际贸易规则重塑将是一种客观趋势（Stephenson，2016）。传统区域贸易协定（包括 WTO 规则体系）大都是围绕出口或进口替代设计的，重点在于关税的降低、非关税壁垒的减少、便捷高效的通关和对自由贸易的保护等。随着全球产业链、供应链与价值链的转型，"贸易—投资—服务"的紧密度加强，传统贸易协定中成员国之间的"原产地规则、投资便利、知识产权保护、服务和人员的跨境流动、公平的竞争机会、更一致的标准和规则"等规范已成为全球化进程中的阻力。正是因此，各种碎片化的 FTA 大量涌现，重塑国际贸易规则势在必行（Draper，2012；王中美，2017）。在 WTO 多边谈判推行不利的情况下，大型区域贸易协定（MEGA）可能是响应全球供应链需求最可靠的路径（王中美，2017）。一般的区域性协定仍然是以关税减让为主要内容，这对全球价值链的形成，以及供应链的优化是负向的促进，因为各缔约国为了自身达成的优惠关税，必须严格遵守原产地规则的要求，尽管非成员国有更廉价的原料，但也只能购买缔约的成员国产品。这对全球供应链是一种伤害，区域协定的成员国范围小，无法覆盖供应链整体，这种由于 FTA 而引起的贸易转移会使全球价值链发生断裂，并导致全球贸易成本提高、效率下降。在各种 FTA 中，CPTPP 算是一种大型的 FTA，各成员国占有的贸易份额相对较大，通过统一的原

产地规则和各种便利化措施，对于促进亚太区域供应链的发展有一定的积极意义，但对全球价值链的发展难以发挥更大作用。相反，它会助长各国相互攀比，冲击现有的贸易格局，诱发资本低效率的跨境流动。即通过所谓的高标准、严要求来重新布局新的区域价值链与跨国贸易组织，进而引起成员国与非成员国的重大变化，加剧新的不平衡性。

随着中美贸易摩擦升级，中国在全球价值链中的位置发生改变，原先按比较优势分工的局面面临挑战，全球价值链重塑已成必然。因此，结合国内自贸区建设，优化"一带一路"格局，构建以我国为主的新型全球价值链是中国更加主动积极参与新一轮国际分工的明智之举（张远鹏，2017；刘志彪、吴福象，2018）。应进一步鼓励边际产业外移、优势服务业积极投资"一带一路"沿线国家，通过并购，寻求战略性资源；结合会计权益，在所有权优势上助推中国企业走向"一带一路"建设。同时，适度开放国内市场，推动扩大进口贸易，加大扶持境外经贸合作区建设，启动"丝路伙伴关系协议"，鼓励国际贸易摩擦概率大的行业布局"一带一路"倡议，主动应对中美等国的贸易争端。秦升（2017）认为，在经济全球化发展方向日益模糊，世界经济增长前景不确定的背景下，国际贸易规则重塑势在必行。"一带一路"倡议为全球价值链重构提供了一个重要的机遇和平台。即围绕全球价值链的实现基础、治理体系、动力机制和利益分配模式等，积极探寻互联互通和自贸区建设"双轮"驱动的实现路径，这将是中国贡献于全球经贸规则的一种重要方式。

在国际贸易规则重塑的情境下，中国从贸易大国向贸易强国的转变过程中，传统比较优势弱化而竞争优势尚未形成（吴杨伟、王胜，2017）。全球化要素显现新特征，即基于要素双向流动的要素升级优化与集聚促成的传统比较优势向贸易竞争优势转化。这种创新战略与国内的自贸实验区建设、"一带一路"倡议高度契合（即要素双向流动），并从企业、产业和国家三个层级重构贸易优势，进一步改善内外经贸环境，提升要素权益和集聚财务战略，将贸易竞争力作为微观主体的主攻目标，形成一种由若干点、线、片和面结合的贸易竞争优势交叉的立体贸易体系。这种高标准的贸易竞争格局必然会引起会计要素的结构与流程发生改变，高质量的会计准则体系和高标准的会计实务操作指引必须有机地嵌入国际贸易规则的重塑之中（冯巧根，2016）。对此，我国的会计准则体系与会计实务操作规范应该更具包容性且能够与时俱进地加以改革与调整。CPTPP 仍然是目前"高标准、严要求"的文本协定的代表之一，无疑会成为未来中国与相关国家经贸规则谈判的重要依据。因此，如何做到在国际贸易规则重塑的形势下，将会计规则嵌入高标准的国际贸易协定之中，实现国际贸易规则与我国会计准则及其会计实务的有效对接，是 CPTPP 条件下会计对策研究的重要课题之一。

我国自 2005 年起，在会计规范方面已逐步与国际会计准则的开展接轨与趋同，并制定了会计准则趋同的路线图，如结合中国的特殊制度情境对某些事项采取分层次、有步骤、循阶段的国际趋同与等效设计，我国会计准则国际趋同已经取得显著成果（杨敏，2011；石水平，2013；陆建桥、王文惠，2018）。但是，与高标准的贸易协定相比，在会计话语权、实施效果、隐含的制度成本（Zhang, Eagle, and Jane Andrew, 2016；Ho, LiChin Jennifer, Qunfeng Liao, and Martin Taylor, 2015；Kim, Jeong-Bon, Haina Shi, and Jing Zhou. 2014）等方面依旧存在差距。当前，可以从"成本"与"收益"两个视角寻求 CPTPP 对我国企业利益影响的会计对策。从企业收益角度观察，主要表现在贸易额的回落与进出口规模的下降等；从成本角度考察，主要反映在企业税赋等费用的增加。由会计的特性和地位、作用所决定，国与国之间的经济权益博弈最终都必然具体体现到会计方面，博弈的最终结果也必然由会计显示出来（郭道扬，2013）。从更广泛的国际背景来看，IOSCO 甚至 WTO，都是 IASC 制定核心准则的明确和幕后的支持者（葛家澍，2002）。会计准则具有经济后果，会计制度及其政策选择必然会对贸易和资本流动等资源配置产生影响，只有主导会计国际话语权的国家才能在会计准则国际化趋同中最大化本国利益（刘家松，2015）。它表明，会计技术方法与手段有利于在国际贸易规则重塑中实现制度创新，并影响 MEGA 的价值观，会计嵌入模式的选择与应用有助于弥补国际贸易规则跨时间与空间监管和内控不足带来的各种问题（王中美，2017）。随着 CPTPP 的推行与扩容，美国有可能重新加入 CPTPP，并借助于其对 IASB 的影响力，迫使会计准则向有利于 CPTPP 规则的方向进行修订与调整。在这种动态的不确定条件下，应提高会计制度规范的权变能力，促进会计准则国际化与会计实务操作本土化的协调与配合，为我国跨国经营企业和经贸部门提供相关的理论支持或对策措施，具有积极的现实意义。

第二节　理论基础

正确理解 CPTPP 下的经贸关系，积极利用 CPTPP 情境下的正向贸易效应，强化宏观与微观层面的贸易管控，寻求 CPTPP 下的企业利益维护对策等，均离不开相关理论的支撑。本书选择以下理论作为研究基础。

一、全球化理论

全球化（globalization）是 20 世纪 80 年代以来世界范围日益凸显的新现象，它的核心是各国市场和各地区性市场的一体化。全球化下的国际贸易特征主要表现为：自由贸易协定（FTA）由单边向多边转变，形成区域性的全球价值链，国际间经贸往来加快，全球范围内的资源实现有效配置，劳动效率得到提升（高波，2013）。世界主要经济体围绕全球化的经贸规则产生了两个结果：一是区域性贸易体制成为全球经贸治理的主导机制；二是所谓的"边境后"措施正在成为全球经贸的新规则（陶涛，2016）。全球化缩小了国家之间的不平等，却扩大了国家内部的不平等。为了缓解国内经济放缓带来的压力，西方发达国家政府开始在移民、投资和贸易等议题中作出倾向于保守的政策调整（宋国友，2017）。全球化是一个多维度、体现统一化和多样性并存的过程，在理论上呈现为一个单一世界。同时，全球化也是一个不平衡的发展过程，往往伴随冲突的形成与变化。此外，全球化还是一个观念更新和持续变迁的范式，在这个过程中不断涌现出新问题、新事物，同时传统的事物也受到冲击，甚至被淘汰。尤为重要的是，这种新旧更替不仅涉及物质层面，还影响到精神领域，因此可以说全球化进程是一个重新评价的过程，一个重新确立认知坐标的过程。全球化理论不断深化扩展，触及包括观念在内的社会各个层面。

基于 CPTPP 研究国际贸易规则的变迁与发展，需要关注"人类命运共同体"的中国全球化理念，其核心是强化全球治理。首先，是在全球范围内实现理想的目标，树立全球治理的普世价值观。其次，确立全球治理规制，维护国际社会正常秩序。具体包括：调节国际关系和规范国际秩序的所有跨国性的原则、规范、标准、政策、协议、程序等。再其次，明确全球治理的主体。即制定和实施国际贸易规则的组织机构，包括各国政府、政府部门及亚太国家的政府当局，以及WTO及相关的社会组织。最后，是全球治理的客体和治理效果。当前国际贸易规则中的全球治理也面临诸多困境与挑战。例如，中美贸易摩擦的持续扩展，中国经贸活动中的"市场经济地位"尚未被世界主要国家所认可，等等。加之，国际经贸组织（如WTO等）对全球治理机制的应对不充分，使其在国际经贸管制、利益分配的合理性，以及各国经贸活动的协调性、民主性等方面表现出缺陷或不足等。认识全球化过程中存在的机遇与挑战，能够为我们在分析和应对CPTPP规则问题时提供理论支持和实践帮助。

二、资源基础理论

20世纪80年代中期兴起的资源基础理论（the resource-based theory of the firm）认为微观主体的竞争优势需要从内部着手，企业是各种资源的集合体，如何有效集聚和利用资源，是战略要素市场上确立企业核心竞争力的关键，也是不同企业之间在可持续发展的能力和应用程度上存在差异的反应。企业资源基础理论认为企业的资源包括有形和无形的资源，企业之所以呈现出异质性是源于资源禀赋的不同。企业竞争优势的来源就是它所拥有的特殊异质资源，而这些异质资源大多是企业经营过程中积累的专门知识和商业能力。竞争优势能否具有持续性，取决于这些异质资源是否具有不可模仿性。资源基础理论也表明企业如果想要长远发展、基业长青，必须建立获取和积累给企业带来竞争优势的专门知识和商业能力的有效机制。

企业资源基础论将目标集中在资源的特性上，据此来解释企业的可持续优势和相互间的差异。即其理论有如下四个假设：一是有价值的资源。该资源是企业构建和实施企业战略、提高效能和效率的基础。二是稀缺资源。任何资源即便再有价值，一旦为大部分同类企业所拥有，也就不能带来竞争优势。三是很难仿制的资源。通常是具备历史条件独特、起因模糊，以及具有社会复杂性等特征的资源，例如创始团队。四是很难被替代的资源。资源基础理论为企业的长远发展指明了方向。即由于资源基础理论还处于发展之中，企业决策总是面临着诸多不确定性和复杂性，资源基础理论不可能给企业提供一套获取特殊资源的具体操作方法，仅能提供一些方向性的建议。这对国际贸易活动中的跨国经营企业来说具有重要的指引作用。例如，在 CPTPP 情境下，企业一方面要利用好现已拥有或控制的资源，另一方面需要进一步规范国际经贸活动中的运作机制，以提升自身的知识内涵和贸易能力，如组织学习和进行知识管理，对于不易获取的知识和能力可寻求向外部网络中的优势企业学习。

三、比较优势贸易理论

大卫·李嘉图（1817）在《政治经济学及赋税原理》一书中，以亚当·斯密（1776）的"绝对优势"理论为基础，提出了比较优势贸易理论（亦即"比较成本贸易理论"）。该理论认为，国际贸易优势与一国的生产技术与相对成本高低有密切关系。各个贸易参与国都会进行贸易成本的比较，即开展"成本/效益"的比较，尽可能地采取差异化战略，生产并出口具有"比较优势"的产品，进口具有"比较劣势"的产品，这样使整个社会的财富最大化。比较优势贸易理论在更普遍的基础上解释了贸易产生的基础和贸易利得，该理论虽然经过了不断演化，但其"合理内核"，即根据相对优势开展国际分工，通过国际贸易实现优势互补，促进全球经济发展仍然有现实的指导意义。

近年来，比较优势贸易理论的发展主要是基于对外生比较优势这一主流理论的完善和挑战。在诸多的研究中，一个比较突出的现象是，以克鲁格曼、赫尔普曼和格罗斯曼为代表，在引入规模经济、产品异质性等概念的基础上构建了新流派，对传统的比较优势贸易理论进行了拓展。赫尔普曼和克鲁格曼在规模经济的前提下提出了垄断竞争模型，将产品差异程度视为由规模报酬和市场规模之间的相互功能而内生决定的，使比较优势理论继续向更高层次发展，进而形成了动态比较优势理论。在弗农的产品生产周期理论中，不仅拓展了动态比较优势理论还拓展了传统的生产要素范畴，他指出不仅劳动和资本是生产要素，拥有的自然资源、生产技术持续改进等也应该是生产要素。比较优势贸易理论产生于生产要素及其动态变化的地区差异，因此动态比较优势理论的发展，使经济学的研究对象由给定的经济组织结构下最优资源配置问题转向技术与组织的互动关系及其演进过程中的研究。

该理论的积极意义在于，企业要针对 CPTPP 规则的要求，寻求自身的比较优势。虽然，CPTPP 成员国存在种族、文化、经济环境等差异，企业需要以动态的眼光观察和理解 CPTPP 规则，以及符合东道国和本国（地区）的贸易管制要求。比如，在符合中国经贸监管要求方面，需要关注企业内部控制应用指引、国有企业管理规范等。并且，随着"一带一路"倡议的不断推进，中国企业不仅使执业需要的会计准则与国际会计准则、国际审计准则进行加速趋同，且进一步体现等效原则。通过将会计嵌入国际贸易规则之中，中国企业的比较优势越来越明显。当然，中国企业也需要遵循 CPTPP 规则及其执行尺度、经营规则、财务制度等方面的要求，并且在借道、改道与绕道等跨国经营活动中考虑东道国会计制度的比较优势。

四、权变理论

20 世纪 60 ~ 70 年代，经验主义学派提出了权变理论。即随着企业内外部环境不确定性的增强，灵活、权变的思维应得到企业界的高度重视。以随机应变为指导思想的权变管理一度取代了战略管理理论，并占据学科研究的主导地位。权变理论认为，不存在适用于所有组织或不同环境的管理原则，企业在国际经贸活动中必须结合多因素分析，以权变性思维去发现和解决问题。这种嵌入权变理论的相关经贸管理行为使贸易制度与会计制度得到进一步融合。企业经贸活动要结合企业的情境特征灵活权变，不仅要发挥贸易规则在管理控制系统中的积极作用，还需要不断充实新内容，充分发挥会计制度的决策功效，管理者还要积极参与到跨国经营的管理行为之中，使经贸规则与会计规则得到统一。同时，权变性理论结合经济学"绿色"或"生态化"的研究动向，基于外部性视角考察国际经贸活动中的环境问题，要求环境成本内部化等。同时，围绕社会学中的社会成本和冲突问题，以及管理学中的战略导向和战略联盟等问题，在创新驱动的引领下开展网络结构、互联网新经济等问题的研究。国际经贸活动中的权变性特征表现在：（1）涉及的变量多，包括政治、经济、文化、社会心理、形势与政策的变化；（2）需要与时俱进，必须适时地调整企业的战略决策与管理行为，确保企业取得最大的经济效率与效益。

权变理论以系统性理论为依据，整体的、系统的观点是搞好国际经贸的理论基础。CPTPP 作为一种封闭的系统，必须强化协作，通过扩容等机制实现权变管理，以便满足和平衡不同国家的经贸利益。在全球化逆动的不确定环境下，企业需要主动地管理经贸活动中的差异性，同时加强组织间的整合，进一步将这些异质性要素连接起来。权变理论的相关研究主要集中在三个方面：一是组织结构的权变理论；二是人性的权变理论；三是领导的权变理论。权变理论被一些研究者誉为是未来管理的方向。它整合了管理学科某些方面的基本认识和方法，建立了多变量和动态化的新管理规定，它提倡实事求是、具体情况具体分析的精神，注重管理活动中各项因素的相互作用。结合权变理论，可以将 CPTPP 的应对划分为三个阶段：（1）选择性适应阶段。该阶段是假设组织环境（外部经贸环境、技术进步因素、成员国规模等）与组织结构（高标准、严要求等）是相关的，而不考虑组织环境与结构之间的关系是否会影响到组织的绩效。（2）交互性适应阶段。该阶段注重组织环境和结构之间的交互式影响与绩效的关系。它与前者都假设组织结构的各个因素是可分离的，可解剖出来独立检验。（3）系统性适应阶段。它强调各个变量是同时发生作用，从而需要同时观察组织结构的各个特征、环境的各个因素和绩效，这样才能完整地了解组织环境、组织结构和绩效的关系。

五、制度博弈理论

制度变迁理论为 CPTPP 下的企业利益维护和会计对策选择提供了研究基础。制度学派有许多代表人物，如科斯、诺斯、威廉姆斯等，这些学者基于不同的视角提出了制度及其变迁的行为与动因，建立了新制度经济学的制度博弈理论。国内学者应用较多的制度观点一般源自诺斯的制度理论，诺斯（North，2008）认为，"外部变化所产生的潜在变迁利润的存在是制度变迁或创新的动因，变迁是一种以高效的制度替代现有制度的过程"。在中美贸易战的制度背景下，WTO 改革与国际贸易规则的变迁使企业跨国经营的效率与效益发生了巨大的变化，尤其是在国际经贸平衡重构的过程中，原有的制度体系将被迫变迁或放弃，新的全球贸易制度或将逐步取而代之。在经济学说史上，对制度的产生有两种不同的理解，一种解释认为"制度是集体行动控制个人行动"，可称为制度研究的康芒斯—诺斯传统；另一种解释认为制度是自发演化形成的，可称为制度研究的门格尔—哈耶克传统。如果将制度视为个体参与人从各自动机出发相互作用的状态，就可以在现代博弈论的框架内讨论问题，将制度分别看作博弈规则和博弈参与人的策略均衡。博弈规则论遇到了博弈的实施性问题，难以给出令人信服的解释。CPTPP 情境下的制度形成可以理解为是在重复博弈的条件下博弈参与人的策略均衡，原先 12 个国家的 TPP 通过反复博弈最终达成 11 国的 CPTPP。寻求 CPTPP 下的会计权益维护措施，需要建立了一个会计制度与贸易制度博弈的分析框架，表明会计嵌入贸易制度的自发性与有效性，以及制度变迁的路径依赖和行为优化过程。

　　制度博弈理论告诉我们，制度运行最终趋向必然是一种博弈均衡。CPTPP 情境下会计管理制度的设计，需要建立博弈分析模型去寻找均衡点，改变均衡点，促成均衡点转向制度设计目标。主流观点认为，制度是博弈过程中参与人的均衡策略，但通过对避免相向碰撞的行进规则的考察发现，现实中经济行为者采纳的惯例化规则远较制度的均衡策略论揭示得更复杂多样。制度博弈均衡策略论的这种不充足解释力不仅仅是因为现有的制度博弈模型忽略了一些现实的基本行为策略，也因为博弈论框架只是一个有关社会交互问题的部分性分析框架，并不能覆盖所有解决社会交互问题的方法。一个统一的制度解释框架宜放弃博弈论的分析思路，更多地考虑制度的互补性问题。这也是本书提出会计嵌入模式重要的原因之一。例如，面对中美贸易摩擦的持续与僵化，我们可以通过扩大进口来改变这种均衡，使传统的出口型会计制度安排转向进口主导的会计制度安排。制度博弈理论表明，无论国际贸易规则发生怎样的变化，全球化仍将是大势所趋。我们必须积极把握制度变迁的时机，防止时滞、负向和路径依赖的无效等连锁效应的出现。

第三节　相关概念界定

在本书的研究中，除 TPP、CPTPP 等概念外，理解和认识以下这些概念，对于寻求 CPTPP 下企业利益维护的会计对策具有积极的意义。

一、全球价值链与会计嵌入模式

传统的国际分工模式主要是产业间分工、产业内分工，在这两种分工模式下，生产都在一个经济体内完成。但是，自 20 世纪 90 年代以来，得益于科技进步以及贸易成本的大幅下降，产品内分工开始盛行。这种分工模式的特点是生产的链条分布在不同的经济体中，因此也被称为"全球价值链"。全球价值链（global value chain，GVC）是依据全球性的网络式组织，围绕商品的生产及服务的提供，将价值链连接到全球的生产、销售、回收处理等网络系统之中，既涉及传统的基于原料采购和运输，半成品和成品的生产和分销，直至最终消费和回收处理的整个过程，也包括产品内分工后实施整合的价值链管理活动。全球价值链概念由价值链治理、价值链升级和价值实现等环节构成。其中，价值链治理居于核心地位，它决定了价值链中的升级和租金的分配。自 20 世纪 90 年代以来，随着全球经济一体化趋势的不断加深以及信息技术产业的不断发展，全球价值链已经逐步发展成为世界经济的主要特征以及重要的发展趋势。一个国家能否通过参与全球化的过程获益，已经日益取决于自身能否深入地参与到全球价值链当中，能否在价值链的某一个环节当中具备一定的竞争优势（程健、王奎倩，2018）。在过去的近 20 年时间里，与全球价值链相关的贸易带来了收入的成倍增长。

当前，全球经济格局变化一个较为明显的趋势是全球价值链的结构变迁与重构。在新的国际经贸环境下，催生了 CPTPP，会计制度嵌入全球价值链成为一个新的重要课题。如何构建 CPTPP 下的会计嵌入模式，需要结合国内外环境以及企业的具体特征加以甄别与决策。会计嵌入模式是指将某种会计制度应用于国际经贸协定之中，使会计话语权更好地在全球价值链体系中发挥积极作用的表现形式。会计嵌入模式可以分为与 CPTPP 情境相关的会计嵌入以及与 CPTPP 无关的会计嵌入。会计嵌入主要是一种制度嵌入，这种制度主要涉及国际会计准则、各国的会计准则或制度以及企业内部的会计制度等。会计嵌入模式涉及会计保护机制的应用以及财务战略等的有效实施。从 CPTPP 情境特征考察，"情境无关"是受不确定性影响较小的场景设计，由此提炼总结会计嵌入模式的理论范式，是一种普适性较强的研究方案，它对于会计嵌入模式的推广应用具有更好的延展性与有效性。研究全球价值链下的会计嵌入模式还可以结合国际经贸活动的具体情况，配置更多的应用场景，按需要设定嵌入变量，以实现"贸会融合"的既定应用目标。

二、FTA 与自贸区建设

FTA 是英文缩写，有两种指向：一种是指自由贸易区（free trade area，FTA）；另一种是指自由贸易协定（free trade agreement，FTA）。前者特指经济区域，在该区内允许外国船舶自由进出，对外国货物实施免税进口，没有进口货物的配额管制，它是自由港的进一步延伸，是一个国家对外开放的一种特殊的功能区域。我国打造的海南自由贸易港就是指这种 FTA。后者的自由贸易协定是一种制度安排，是各个国家或地区（独立关税主体）之间以自愿方式形成的贸易协议，就贸易自由化及其相关问题达成的制度安排，是国际经贸安排的最主要形式。本书中的 FTA 偏向于制度安排，主要指的是"自由贸易协定"，即是两国或多国之间达成的自贸协定。自由贸易试验区（free trade zone，FTZ）是指在贸易和投资等方面对比世贸组织有关规定而实施的更加优惠的贸易安排。即在我国的特定区域，按照国际贸易规则的要求，实施自由贸易的制度安排，如准许外国商品豁免关税的自由进出等。同时，从主体运行的空间范围来看，它是自由港的延伸，是一种关税隔离区。狭义的 FTZ 仅指提供区内加工出口所需原料等货物的进口豁免关税的地区，类似出口加工区。广义的 FTZ 还包括自由港和转口贸易区。

我国开展的自贸区建设，又称"自由贸易试验区"建设。国务院最早出台的文件是于 2013 年 9 月发布的《中国（上海）自由贸易试验区总体方案》，它拉开了自由贸易试验区建设的序幕。在上海自由贸易试验区试点获得成功之后，

2016 年 4 月，广东、福建和天津作为第二批自由贸易试验区正式获得批准；2016
年 9 月，国务院决定将自由贸易试验区的沿海布局向内陆纵深推进，大连、舟
山、郑州等七个新自由贸易试验区跻身中国自由贸易试验区方阵。2017 年 10 月，
党的十九大报告赋予自由贸易试验区更大的改革自主权，探索建设自由贸易港。
2018 年 4 月，将海南全岛建设成自由贸易试验区，并分步骤、分阶段建立中国特
色的自由贸易港政策和制度体系。2018 年 11 月，国务院颁布《关于支持自由贸
易试验区深化改革创新若干措施的通知》。2019 年 6 月 28 日，国家主席习近平
在 20 国集团领导人峰会上就世界经济形势和贸易问题发表重要讲话，宣布中国
将加快形成对外开放新局面，努力实现高质量发展。同时新设 6 个自由贸易试验
区，增设上海自由贸易试验区临港新片区，2020 年 9 月 21 日，中国新设 3 个自
贸区，包括北京、湖南、安徽，至此中国的自由贸易试验区已经达到 21 个。自
贸区建设将在新经济格局下全面接轨国际市场，更加侧重高质量经济体系下的贸
易机制改革，更进一步强化制度的创新驱动。

三、贸易自由化与贸易摩擦

贸易自由化（trade liberalization）可以从两个层面加以认识，狭义的贸易自
由化是指一国或地区对其他国家或地区的商品和服务的进口采取更少的限制，为
进口的商品和服务提供贸易的最优惠待遇。广义的贸易自由化是经济全球化的另
一种表述，它强调以市场为主体，无论是以往的关贸总协定，还是现在的世贸组
织，都是以贸易自由化为宗旨。中国通过开发区、自贸试验区等多层次的贸易自
由化安排，将贸易自由化战略贯彻到每一个微观主体（如企业等）。这是与中国
的国情相适应的制度安排，体现了不同区域、不同阶段经济发展的内在要求，这
种多层次的贸易自由化安排循序渐进、层层紧扣，它以多边、逐步提升质量为特
征，体现了中国全面开放的决心与信心。

贸易摩擦（trade friction）是一种常态，它是指国际经贸活动中国与国之间
在经贸往来中产生的矛盾，主要体现在贸易平衡问题上。产生贸易摩擦的一般情
境是：一国持续顺差，另一国则常年逆差，或者一国的贸易活动触及或伤害另一
国的产业。贸易摩擦是难以避免的，问题是如何有效地加以解决，WTO 借助于

经贸活动中双边和多边谈判，通过提供争端解决机制，在承认贸易保护必要性的前提下，对各国利益冲突持包容态度，使贸易摩擦在国际贸易中成为制度不断完善的驱动力。贸易摩擦被认为是近年来中国经济发展的重大干扰项，也被认为是未来影响中国经济发展的重要不确定性因素之一。中美贸易摩擦早期主要以贸易为主，现在已经扩展成为金融、财政、投资、税收、技术、能源等经贸活动所有方面的摩擦。中美贸易摩擦已上升为中美经贸摩擦，贸易摩擦不符合贸易双方的经济利益，[①] 美国单方面发起的贸易战缺乏存在的政治经济基础，中美合作共赢是各方的最优抉择。CPTPP 在贸易自由化方面是具有积极的价值，它对于各国间加强经济合作、减少贸易摩擦有一定的示范意义。

第四节　本章小结

通过对 TPP 与 CPTPP 等研究文献的系统回顾，并围绕国际经贸发展等的新形势，在全球化、资源配置、权变性等理论基础的辅助下，借助于对相关概念的界定，为 CPTPP 对企业利益的影响及会计对策的探讨提供了有效的支撑。国内外文献回顾给我们的启示是：（1）CPTPP 传承了 TPP "高标准""严要求""零关税"等的理念，将成为未来贸易协定与贸易规则的重要参考依据。（2）限于国内发展水平、技术等因素，我国的贸易谈判自主权与主导权仍需加强。站在中国的角度来看，需要对美国重返 CPTPP 做好充分应对准备，在维护自身的发展和稳定、深化改革的同时，在全球经济治理中扮演更为重要的角色，推动建立国际经济新秩序，推动世界经济朝着普惠共赢的方向发展。CPTPP 给我国企业带来的影响可归结为两个主要问题：一是企业收益问题，集中表现在贸易额与进出口规模的变化；二是成本问题，集中在会增加企业的相关成本与费用，CPTPP 中的某规则可能对于成本会产生显性与隐形的不同影响。已有的大量文献聚焦于宏观

---

① 在中美关系方面，美国新任总统乔·拜登似乎和美国前总统唐纳德·特朗普立场一致。拜登声称"经济安全就是国家安全"，承诺要创造数百万制造业就业机会，减少美国对中国的依赖。相比特朗普的关税等直接手段，拜登政府将会采取更加丰富的手段以限制或阻碍中国经济的发展。

视角下 CPTPP 给企业收益带来的挑战与冲击，但对于微观层面的收益与成本间的钩稽关系，以及辩证、动态的联动机制尚缺乏深入的研究，对企业收益"幕后"会计准则及其会计政策与制度变迁的规律研究不足。

随着全球化进程的加快，中国会计准则的国际化也不断加速。2006 年 2 月财政部发布了 39 项企业会计准则，我国会计准则实现了与国际会计准则的持续趋同（王军，2006）。会计的理念与当前国际贸易规则的理念一致，都关注经济资源、经济资源的主权、经济资源主权的变动。在信息化经济下，会计更加强调原则导向、关注经济利益、关注经济事件的实质（Shortridge，R. T & Smith，P. A，2009）。会计准则制定机构也在逐步体现国际资本市场的诉求。2018 年 3 月，国际会计准则理事会（IASB）发布了财务报告概念框架，其中之一是对"资产"概念进行了再定义。即将资产表述为"主体因过去事项而控制的当前经济资源，经济资源是有产生经济利益潜力的权利"。此外，对资产的确认标准等也作了调整。虽然这些调整表面上并非针对 CPTPP，但它是以美国为首的国际组织的利益诉求，未来势必对我国企业产生影响。必须在会计准则国际化中体现中国声音，积极维护企业的权益（刘峰，2015），会计政策在国际贸易实践中可以借助于转移定价、减税降费等措施维护企业的合法权益。

第三章
从 TPP 到 CPTPP：全球贸易环境的新特征

在当今世界经济体系中，TPP、RCEP 和 TTIP①被并称为三大巨型 FTA 谈判。目前，TPP 谈判可以说是"曲线"成功。换言之，尽管现行的 CPTPP 无论在内容上或是深度上均不如 TPP 的涉及范围广，但因规则条款的要求比 WTO 更严格，加之 CPTPP 各缔约国之间包容与开放程度更高，关税减让幅度更大，甚至零关税，同时对跨境服务与金融服务等提供更有效的制度安排等。从这个角度思考，CPTPP 不失为一种代表未来自由贸易规则的典范。因此，CPTPP 的生效及运行对国际经贸环境及全球产业链的协作产生重要影响。

第一节　TPP、CPTPP 及其特征

长期以来，中国居于全球价值链的低端，经济的增长主要依靠劳动密集型产业和资源密集型产业的拉动。近年来，理论界一直在寻求突破的方案，以改变中国在全球价值链中的定位。CPTPP 的达成与生效给中国向价值链高端攀升之路设置了一道门槛，并对中国经济的转型带来更大挑战。中国政府的经贸政策制定以及企业会计权益维护，不得不思考 CPTPP 可能带来的影响。

---

① TTIP 即跨大西洋贸易与投资伙伴协议。

一、TPP 情境及其对企业利益的影响

"情境"的用意很宽泛，人文、环境、组织、行为等都可以包含其中。TPP 情境是指以美国为主导，各成员国在内部经贸往来以及与外部非成员国之间进行贸易、投资等活动中表现出的总体特征。对我国企业来说，TPP 的实施必将影响现有的会计管理体系，并对企业的利益产生冲击[①]。

TPP 是美国在北美自由贸易协定之后建立的第二代高标准自由贸易协定（FTA）模板。美国在双边 FTA 的规则制定中一直发挥着引领作用。自 20 世纪 70 年代以来，美国主要推行公平贸易理念，将"美国企业在同国外企业进行竞争时，能有平等、公平的竞争机会"作为其基本内涵。TPP 在界定政府与市场的关系、国别之间的协调规则、自然环境保护等方面有较大创新。

1. TPP 的特征。与 WTO 规则相比，TPP 不仅要受到贸易机制的制约，还需要关注法律法规、社会团体、生态环境、商业模式和公众评价等因素，它是一种整体、多层次发展的自由贸易新模式。TPP 情境可以归结出四个特点：一是深化传统贸易问题的议案；二是突出议案中深度一体化的重要性；三是从横向视角规范新的议案；四是建构其他方面的制度性框架。从企业利益角度考察，传统议题仍为最紧迫的情境内容。就货物贸易而言，TPP 实施后，大部分成员国零关税的比重都将高达 80% 以上（白洁、苏庆义，2019）。在纺织服装方面，突出原产地规则，特别是规定了"累积原则"[②]。对此，需要关注税收制度与相关会计、法律、经济环境的协调，注重执行的效果与效率性（Bird，2014）。对企业利益影响的另一个重要的问题是"投资"，TPP 中的投资条款力求在投资协定（bilateral investment treaty，BIT）条款的基础上增加附加条款，强化对投资者权利的保护。在服务贸易方面，涉及跨境服务贸易、金融服务、商务人员临时入境、电信及电子商务等，并且在推进贸易自由化的前提下，致力于新经济的发展，为电子商务等领域构建了新的规则框架，尤其是结合不同国家的发展差异进行了相关的制度

---

① TPP 曾被美国视为对付中国最强有力的武器之一，并准备从贸易惯例、知识产权保护、产品安全性等法律和制度层面来系统地压制中国。

② 即在某一 TPP 缔约方生产产品时，任一 TPP 缔约方提供的原材料将与其他 TPP 缔约方的原材料同等看待。

安排。总体上看，TPP 是一种大型的区域贸易协定，它以区域内贸易自由化为重点，该协定中的规则条款具有明显的排他性。并且，TPP 以缔约国成员内部的区域价值链为目标，是 21 世纪贸易规则发展的客观体现。同时，TPP 立足于中小企业发展，具有发展多样性的特征，尤其是在边界内规则等方面涉及内容较多，是一份高标准、严要求的 FTA。TPP 的情境特征可概括如下，详见表 3 - 1。

表 3 - 1   TPP 下的情境特征

TPP 情境	主要内容	代表性文献
1	TPP 是以美国为主导的，包含 12 个国家（澳大利亚、文莱、加拿大、智利、日本、马来西亚、墨西哥、新西兰、秘鲁、新加坡、越南和美国）的贸易协定。TPP 有助于提高美国参与亚太地区的商业机会与竞争能力，以及维持美国的长期经济影响力	苏庆义，2016
2	TPP 共 30 章，它以国与国之间贸易规范为目的，不仅拓宽贸易渠道，且明确成员国之间利益冲突的协调处理。其内容主要包括：货物贸易、服务贸易、知识产权、投资争端、其他方面（如竞争政策、电子商务和劳工标准、环境标准等）	研究室，2016
3	TPP 实施后，我国中低端出口企业将直接面对来自 TPP 成员国的不平等竞争，TPP 一些特殊规则将极大限制中国企业的利益	陆建人等，2014 Li & Whalley，2014
4	我国应以扩大内需作为应对的长期目标，以制度与政策配置作为战术目标。例如，通过与 TPP 成员国签署双边 FTA 来消除部分贸易转移效应；通过在 TPP 部分成员国投资设厂，规避 TPP 的关税等条款。同时，加快与有关国家的双边或区域贸易协定，如在 10 + 6 范围内推动区域全面经济伙伴关系（RCEP）的谈判，在境内的上海、天津等以外地区扩大自贸区试点，并逐步使国内经贸活动适应高标准的贸易、投资新规则	朱立群等，2014； 高虎成，2016

2. TPP 对企业利益的影响。针对 TPP 情境下的市场环境特点，主动围绕 TPP 中的各项规则和条款进行研判及压力测试，是会计权益维护的前提保障。

（1）TPP 对企业利益影响的内容。进入 20 世纪末，全球价值链分工模式开始在国际分工中占据主导地位，客观上有了制定 TPP 的内在诉求，包括基于全球价值链分工将货物贸易关税降为零，边境间规则延伸至边境内规则，制定全球价值链分工的统一标准，以及关注跨国公司和中小企业利益，限制政府对国有企业的特殊扶持等。考察 TPP 对我国企业利益的影响，可以以国有与民营两类不同企业为对象开展探讨。其中，重点以国内已经与 TPP 成员国存在经贸往来的上市公司为研究对象。同时，选择综合类与外贸专业类两类不同企业进行分类研究，结合 TPP 成员国特征及相应的经贸规则对企业利益约束与利益冲击进行影响测试。并且从组织创新与会计政策应用视角对 TPP 下会计权益维护与制度博弈加以总结并提炼出具体规律，以增强企业在国际经贸中的比较优势。换言之，TPP 对企业利益的影响，可以借助于利益约束与利益冲击加以体现。利益约束包括外部的TPP 成员国之间法律法规等制度变迁与政策调整，以及一些非正式制度（如风俗、宗教、文化）等对会计权益带来的影响；内部约束体现在 TPP 对企业"成本"与"收益"的相关影响上。利益冲击则表现为 TPP 条款对企业收益（销量、利润等）产生的直接影响。

从宏观的会计制度视角考察，TPP 对企业利益影响的测试内容主要有：①TPP 的原产地规则对企业的成本核算与税费制度的变化情况；②知识产权保护与会计研发费用、资本化处理的相关制度，以及产权保护与资产折旧政策的变化情况；③TPP 规则下的投资、融资、筹资等对企业会计制度变迁产生的影响等相关情况。从微观的会计政策观察，TPP 对企业利益的影响测试包括：①以"资产"为代表的财务状况考察。其中，直接受到影响的是知识资产（如制药业知识产权保护等）。可以考虑根据国际会计准则委员会的征求意见稿（ED）规范主动进行资产要素的再定义，放宽知识资产确认的边界等。②从"成本"与"收益"的经营成果视角考察。最具代表性的是收益（收入）要素。随着产品市场准入（尤其是农产品）和原产地规则在成员国的实施，势必对我国企业的收入要素产生冲击或影响。对此，在国家政策允许的前提下，可以考虑放宽企业折旧权限，深化减税改革，减少投资与现金流等的政府管制，提高会计政策的权变性与针对性等。

（2）TPP 下的企业利益影响因素及理论模型构建。影响企业利益的因素，除了 TPP 本身外，还有组织结构变迁、TPP 与 WTO 规则的协调，以及会计制度与会计政策的选择等。具体如图 3－1 所示。

图 3－1 也是 TPP 下企业利益影响因素的理论模型框架。它表明，结合 TPP协定的相关条款，考虑 WTO 等国际贸易规则可能发生的变化，在组织管理的路径创新和会计制度安排的协同配合下，借助于已有的 TPP 相关研究成果，可以选取影响企业利益的因素进行变量测度与设定，同时利用沪深两市中与 TPP 成员国开展跨国经营的样本企业进行影响因素的测度和变量的评价，据此获得企业利益的主要影响因子，进而构建企业利益维护与会计权益博弈的理论模型。此外，图

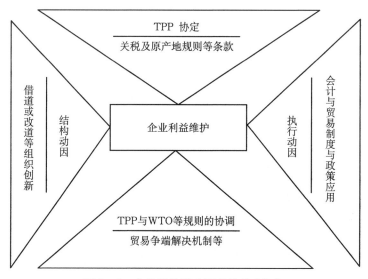

图 3-1　企业利益影响因素的基本框架

3-1 中强调 TPP 与 WTO 等规则协调的原因是：TPP 的关税减让、原产地规则，以及贸易仲裁等规则可能与 WTO 规则存在不一致，这样 TPP 与 WTO 之间的协调状况也是企业利益维护中需要考虑的一个重要因素。如，WTO 规则对于 TPP 成员国与非成员国的倾销案件往往难以产生直接的效应，这样，TPP 条款中的许多方面，如原产地规则与贸易争端的解决机制等将对我国企业的会计政策选择产生影响和冲击。

　　目前，WTO 仍然是参与国家最多的全球性多边贸易机制，而且是唯一能够包容全球各种不同发展阶段国家或地区的多边贸易机制。美国参与 TPP 的目的之一就是要将这种国际贸易规则推广至 WTO 范围。对于我国企业的利益维护而言，当前的工作重点是在 TPP 规则与 WTO 规则之间寻求平衡点。根据 2001 年我国加入 WTO 协定时欧盟的承诺，中国到 2016 年 12 月可自动获得市场经济地位。然而，出于对大量工作岗位流失等的担忧，欧盟如今不想履行承诺。这导致 WTO 内部浮现出潜在的争端和更大范围的贸易摩擦①。这一问题在会计权益的研究中

---

　　①　与美国相比，欧盟的弹性应该更大一些，欧洲自身的经济状况会让它们作出更理性的选择。如果欧盟拒不执行相关规定，中国可向世贸组织争端解决机制提出起诉，从法律角度而言，中国的位置更加强势。但是该解决机制将为期两年。该资料出自《参考消息》内《欧盟说话不算数，德媒担忧中欧可能开打贸易战》，2020 年 5 月 24 日。

必须加以充分考虑。

二、从 TPP 到 CPTPP 的形成过程

CPTPP 尽管没有美国参与，从而使该协定的地缘政治影响和战略影响明显减弱；然而，对于务实的国家来说，入盟 CPTPP 仍然可以获得实实在在的经济利益。

1. 美国加入 TPP 的背景分析。TPP 最初产生于 2000 年，当时四个发起国（以下简称 P4），即文莱、智利、新西兰、新加坡商讨构建一种结盟的经济伙伴协定，协定文本类似于 2001 年 1 月生效的新西兰—新加坡双边经济伙伴协定。2008 年，全球金融危机，尤其是 2007 年的次贷风波，使美国本土经济萧条，实体经济呈现明显的下滑趋势，资本市场的上涨势头也开始下滑。美国政府意识到传统的经济全球化政策红利已经释放殆尽，必须加快制度的创新。为了重振美国经济，并保持美国在经济全球化中的引领作用，美国开始着手修改全球自由贸易规则。在此背景下，美国提出了加入 TPP 的意向，P4 也乐意美国的加入。于是，2008 年 2 月将美国引入有关 TPP 的谈判之中，通过多轮涉及金融服务和投资的贸易谈判。同年 9 月，秘鲁和澳大利亚在美国的邀请下加入 TPP 谈判。当时的奥巴马政府试图在维护既有制度框架下，寻求美国在国际贸易规则制定中的主导权，美国加入 TPP，并将一些亲信国家也拉入 TPP，进而自然获得了 TPP 制定的主导权，随后不断扩大队伍。可以说，美国主导 TPP，其目的不在于传统的经济利益，而更多地出于政治目的，即掌握区域经贸的控制力，以获得区域合作的外部效应。受美国影响，2011 年 11 月 10 日日本也决定加入 TPP 谈判[①]。紧接着，墨西哥和加拿大也于 2012 年 10 月相继加入 TPP 谈判。此时，包括美国在内已经有了 12 个国家。TPP 从 2000 年提出，到 2015 年 10 月 12 国结束基本框架的协议谈判，并且达成协定，耗时 15 年。这从侧面表明，TPP 是一个严谨的、认真的、

---

① 日本追随美国宣布参加 TPP，是其政治意图和经济意图综合反映的结果。最直接的效应是有助于迫使中国以更积极的态度进行中日韩 FTA 谈判，进而帮助日本获得非传统经济利益，即决定东亚区域内规则的能力。从经济角度来看，日本的最佳谈判策略应该是同时参与 TPP 和东亚合作，根据美国或中国的妥协情况，优先选择加入成本较小的 FTA。当然，如果再纳入非传统经济利益的考虑，日本应更倾向于选择参与东亚合作。

多方参与的贸易协定，它为高标准、严要求的 FTA 搭建了一个共同认知的平台。12 国于 2016 年 2 月在新西兰正式签署了具有共识的 TPP，由此，TPP 进入国内审批程序。

2. 从美国退出 TPP 看 CPTPP 的形成过程。围绕 TPP，美国的两大政党，即共和党和民主党一直持有不同的看法。特朗普在竞选美国总统期间就多次强调 TPP 损害美国的利益并主张废除 TPP 的观点。2017 年 1 月特朗普当选美国新一届总统，第二天就宣布正式退出 TPP。离开了美国的 TPP 一度被认为已经名存实亡，因为从程序上看，根据 TPP 规定，其生效条件是必须由 6 个成员国获得批准，并且这 6 国的国民生产总值（GDP）要大于 12 国总体的 85%（因美国占了 12 国 GDP 的 60%，显然没有了美国参与，TPP 肯定无法生效）。亦即美国的退出，似乎标志着 TPP 的失败。然而，TPP 并没有就此解散，作为 TPP 成员中第二经济大国的日本挑起了继续推进 TPP 程序的重担。经过多轮重新谈判与协商，剩下的 11 国于 2017 年 11 月 11 日发布了一份联合声明，突然宣布"已经就新的协议达成了基础性的重要共识"，并将 TPP 改名为 CPTPP。2018 年 12 月 30 日，CPTPP 正式宣告生效。结合日本的政治经济特征，考察其主导 CPTPP 的动机可能有以下几点：一是日本政府已经在参众两院通过了 TPP 议案，此时若停止 TPP，有点骑虎难下。二是安倍政府有更大的政治雄心，想借此提高其在东亚地区经贸合作框架的地位，并在条件具备时说服美国重新加入该协定。在对外关系上，日本可以借此在中美之间寻求博弈的最大利益，并在未来亚太经济一体化的进程中占据有利位置。三是通过 CPTPP 提升改进本国进出口结构，提高日本企业的贸易竞争力，推动国内农业产业和结构性改革，振兴日本经济。

无论是 TPP，还是现在的 CPTPP，中国政府都秉持积极的态度，并对这种贸易自由化、多边谈判的机制表示赞赏。限于各种原因，目前中国仍未加入该协定。就 TPP 的情境特征考察，尽管中国加入 TPP，可以获取货物贸易市场准入的利好条件，但 TPP 中规定的"21 世纪条款"对中国的损害更大，得不偿失①。

---

① TPP 宣称的"21 世纪条款"主要有以下内容：一是全面覆盖 FTA 谈判领域，除了货物贸易外，还应该包括服务、投资、科技等领域；二是不应仅限于关税削减，还要涉及非关税壁垒、国内规制等边界后措施；三是涉及一些非传统 FTA 条款，如劳工条款、环境条款、中小企业等。

CPTPP 相对于原来的 TPP 而言，其约 95% 内容得到了继承（袁波，2018），如"零关税"条款、投资自由化措施条款、数据跨境自由流动条款，以及国有企业、劳工与环保条款等得到保留，同时对加盟条件作了适当降低的调整，但从当前全球 FTA 的规则体系观察，其标准仍然是最先进的，所以该 FTA 加上了"全面与进步"的表述。现有的 11 国主要来自亚太地区，总体经济量相当于一个欧盟，且其经济辐射面更大一些。与 TPP 框架中的内容相比，CPTPP 还是有了一定程度的缩水。详见表 3 - 2。

表 3 - 2　　　　　　**TPP 和 CPTPP 在世界经济中地位比较**　　　　　单位：%

协定	GDP	贸易额	人口
TPP	37.5	25.7	11.3
CPTPP	12.9	14.9	6.9

资料来源：作者自行整理所得。

表 3 - 2 表明，随着 CPTPP 部分内容的搁置，虽然相关的规则条款也有所放宽，进而使加入门槛有所降低，但仍坚持"全面与进步"的标准。CPTPP 成员国横跨亚太地区，总体经济规模的放射力依然较强。CPTPP 生效条件的相对宽松、易行，使该协定的吸引力增强，未来扩容的前景较为乐观。表 3 - 3 进一步概括了 CPTPP 的特征。

表 3 - 3　　　　　　　　　　**CPTPP 下的情境特征**

对比项目	CPTPP 情境特征	代表性文献
主导地位	TPP 由美国主导，CPTPP 则由日本主导。2017 年 11 月，除美国外的 11 个原 TPP 成员国代表在越南岘港，在亚太经合组织（APEC）会议期间，宣布达成了"基础性重要共识"，并更名为 CPTPP。CPTPP 简化了协定谈判方式，运用"负面清单模式"倡导多边主义和经贸自由化，并在一些新兴行业树立话语地位，作出了规则条款的安排	王海龙、朱京安（2018）
协议内容	CPTPP 保留了 TPP 中 2/3 的原始文本，被搁置或修订最多的是与美国有关的 22 项条款，半数与知识产权保护相关。同时，门槛有所降低，但仍坚持"全面且进步"的标准；并且，生效条件相对宽松、易行，以及扩容前景较为乐观	白洁、苏庆义（2019）
影响程度	CPTPP 占据全球国内生产总值（GDP）13%、拥有超 5 亿人口的新经济规模，合理配置区域内生产要素，促进成员国的经济增长，并借助于引领国际贸易规则的有利时机寻求发展机遇。与此同时，伴随美日推行"印太战略"，CPTPP 或将对中国外贸环境产生消极影响，降低中国在国际贸易规则制定方面的话语权，降低中国在亚太经济一体化中的地位和影响力等	陈淑梅、高敬云（2017），樊莹（2018）

对比项目	CPTPP 情境特征	代表性文献
应对策略	以开放的心态看待 CPTPP，借鉴和参考其有益之处。以"一带一路"倡议和建设为指引，加强与贸易伙伴之间的互联互通，积极与贸易伙伴谈判、商签自贸协定。并且，努力构建高质量的自贸协定和面向全球的自贸协定网络。继续坚定推进 RCEP 谈判和 FTAAP 进程	张萍（2017），袁波（2018）

由表 3 - 3 可见，美国退出 TPP 后，以日本为主导国的 TPP11，改变了原有的生效条件等，使各种规则的运行更加宽松，且简便易行。在 CPTPP 最终版本中，完整地保留了"电子商务""政府采购"，以及"国有企业"等原 TPP 的核心章节。这也是"国企条款"首次被纳入国际贸易协议。最重要的修订是在投资和知识产权部分——在 CPTPP 的投资章节中，投资者根据投资协议提起诉讼的能力将比 TPP 更有限。同样，根据修订后的知识产权条款，创新药物的专利保护期限缩短，技术和信息保护范围缩小比例，取消了原有的知识产权条款（但是规定各成员国需要加入不包含贸易知识产权协定（TRIPS）的 12 个知识产权国际条约，并对 CPTPP 条约的实施产生制约作用）[①]。

三、TPP 与 CPTPP 的文本比较

以 TPP/CPTPP 为代表的大型贸易协定（MEGA）具有促进区域内贸易自由化，推动多样化发展的特征。同时，以具有一定排他性的价值链为目标，构建符合 21 世纪新经济发展需求的贸易规则。

1. TPP 的文本特征。 体现多边主义和贸易自由化的 TPP 协定，具有"高标准、高质量、高层次、面向 21 世纪"等表征，涉及政治、投资、金融、贸易、进出口、关税、劳工、环境等多方面议题，在货物贸易活动中进一步加快区域内商品的自由交易，完善区域内的价值链体系，维护区域内各成员的利益。并且通过适应性与灵活性的安排提高区域内的贸易自由化进程。TPP 协定在投资协定

[①] 这是因为，亚太地区大多数发展中国家的知识产权现有保护水平整体偏低。例如，越南未加入其中的《商标法新加坡条约》《专利合作条约》《专利法条约》《世界知识产权组织版权条约》《世界知识产权组织表演和录音制品条约》；就是日本也还不是《商标权新加坡条约》《专利法条约》的成员。而就这些条约而言，其内容既涉及成员国内实体法规则，也涉及国际合作的程序要求。

（bilateral investment treaty，BIT）条款的基础上，增加附加条款，强化对投资者权益的保护。在服务贸易方面，涉及跨境服务贸易、金融服务、商务人员临时入境、电信及电子商务等，在促进贸易自由化前提下，致力于新经济的发展，为电子商务等领域提出了新规则框架，并结合不同国家的发展差异进行了相关制度的安排。同时，增设对于国有企业控股、混合所有制、减少政府对市场干预、垄断等方面的规定，进一步触及政治体制等深层次议题，冲击现有制度安排下既得利益集团的利益。此外，在其他制度议题上，诸如争端解决机制等方面体现出开放性与多样性等特征。TPP 正文包括 30 章，共计 599 页，是缔约方共同遵守的一般条款；附件则有 5775 页，涉及各缔约方的具体承诺①。详见表 3 - 4。

表 3 - 4　　　　　　　　　　TPP 正文章节解读

章节目录	内容说明
1. 初始条款和总定义	FTA 标准范式，说明略
2. 货物贸易	大幅度削减关税，大部分国家80%以上的产品将达到零关税
3. 纺织品与服装	取消绝大部分纺织品与服装关税；提出促进区域内价值链和投资的融合；允许缔约方列出短缺清单，设置原产地规则过渡期
4. 原产地规则	兼及税目变更、价值增值和技术要求的复合标准更为严苛
5. 海关管理与贸易便利化	通关便利化和透明度
6. 卫生和植物检验检疫措施	通过允许第三方依据的采用和透明度的提高实现进一步便利化
7. 技术性贸易壁垒	对特定产品拟定了专门附件
8. 贸易救济	规定了过渡性保障措施
9. 投资	以美国 BIT2012 文本为基础，强化对投资者的保护；采用了投资者与东道国的争端解决机制
10. 服务贸易的跨境提供	采用了负面清单；专业服务附件；允许对国有企业的特殊排除
11. 金融服务	规定了跨境电子支付服务以及邮政保险等特殊服务业务
12. 商务人员临时入境	提高透明度、增进合作
13. 电信服务	促进网络接入，促进移动服务的公平竞争
14. 电子数据的跨境流动	高标准的便利化，减少国内限制，促进商业信息自由流动
15. 政府采购	采用混合清单，各国都作出实质承诺
16. 竞争政策	程序公正、法律体系完善等
17. 国有企业和指定垄断	非歧视对待、商业考量、非商业支持、透明度等原则

① 中国社会科学院世界经济与政治研究所国际贸易研究室. 跨太平洋伙伴关系协定文本解读 [M]. 北京：中国社会科学出版社，2016.

续表

章节目录	内容说明
18. 知识产权	对互联网服务、生物医药重点规定，全面提高保护标准，规定强有力的执行体系
19. 劳工	遵守国际劳工组织标准，可纳入争端解决机制
20. 环境	在禁止某些渔业补贴、提高透明度、禁止野生动物非法交易等方面提高标准，同时可纳入争端解决机制
21. 合作和能力建设	包括生产、服务、教育、文化、性别公平等各领域
22. 竞争力和商务便利化	成立专门委员会，推动区域内供应链发展
23. 发展	在 TPP 缔约方差异较大的情况下，表达了对发展意愿的关注，未设有约束性要求
24. 中小企业	促进中小企业受益
25. 监管一致性	推动缔约方建立有效的跨部门磋商和协作机制
26. 透明度和反腐败	要求遵守《联合国反腐败公约》等公约，规定了详细和具体的反腐败措施
27. 管理与机制条款	FTA 标准范式，说明略
28. 争端解决	建立磋商、专家组仲裁形式
29. 例外	FTA 标准范式，说明略
30. 最终条款	FTA 标准范式，说明略

资料来源：根据王中美（2017）文章中的表 1 进行整理而成。

在表 3-4 中，第 1 章初始条款和总定义、第 27 章管理与机制条款、第 29 章例外和第 30 章最终条款属于 FTA 标准范式，文本真正的核心内容共 26 章。

2. CPTPP 的文本特征。 CPTPP 的文本与 TPP 文本相比，差别较小。不仅在内容框架和规则条款上基本保持一致，如在市场准入、贸易便利化、电子商务和服务贸易等方面几乎相同，而且还在国有企业等条款上坚守以往的高标准。如前所述，与 TPP 相比，最大的差异是搁置了原 TPP 中的 22 项内容（其中 11 项与知识产权相关），这些被搁置的条款均是美国主导时为对成员国施压而写入 TPP 中的，既然美国已经退出 TPP，新的 CPTPP 就不再保留这些旧框架中的协议，这也是合情合理的。概括起来看，这些搁置的条款约占原 TPP 的 5%，这 22 项中有两项条款作出了修订，所以也有的学者认为是搁置了 20 项条款。不管怎么说，CPTPP 传承了 TPP 高标准的内在属性。作为一项制度设计，CPTPP 仍是区域贸易协定中迄今标准规格最高的一项自由贸易协定。与 TPP 不同的是，由于美国的退出，经济体量最大的国家变成了日本，为了方便各国达成协定，11 国代表一致同意对 CPTPP 的程序性规则进行修改，重点在协定生效、退出、加入的制度安排上。即 CPTPP 的生效条件是六个国家或不少于 50% 的协议签署国得到批准，随即便在 60 天后自动生效。从 CPTPP 的成员国权力结构来看，也只有日本相对强势，事实上，日本也在主动承担着引领 CPTPP 的功能作用，但由于日本毕竟无法具备美国那样的绝对优势，各项倡议的提出也不具有权威性。因此，CPTPP 具有很强的宽容性，日本的领导力往往需要与加拿大、澳大利亚等其他成员尤其是中等发达经济体进行博弈，只有得到这些国家的支持和同意，才能转化为正式的制度条款。这种强制力不够绝对垄断的行为特征，也是 CPTPP 的特色之一。换言之，CPTPP 的实际运行会增加制度的协调成本。CPTPP 文本的调整情况，详见表 3 - 5。

表 3 - 5　　　　　　　　相较于 TPP 的 CPTPP 调整情况

序号	领域	暂停条款
1	海关管理和贸易便利化（第 5 章）	5.7 快运货物：第一段的（f）的第二句
2	投资（第 9 章）	9.1 定义："投资协议"和"投资授权"及相关的脚注（5 - 11）
3		9.19 提交仲裁申请： 第一段的（a）(i)（B）（包括脚注 31）、（a）(i)（C）、（b）(i)（B）和（b）(i)（C），以及最后一句话。 第二段的所有内容（包括脚注 32）。 第三段（b）的"投资授权或投资协议"
4		9.22 仲裁员的选择第 5 段
5		9.25 准据法的第二段（包括脚注 35）
6		附件 9 - L 投资协议
7	跨境服务贸易（第 10 章）	附件 10 - B 快递服务 第 5 段（包括脚注 13）和第 6 段（包括脚注 14）
8	金融服务（第 11 章）	第 11.2 条范围的第 2 段的（b），删去"条款 9.6（最低待遇标准）"（包括脚注 3）
9		附件 11 - E，有关文莱、智利、秘鲁和墨西哥违反最低待遇的豁免时间
10	电信（第 13 章）	13.21 电信争端解决机制的第 1 段（d）条（包括复议和脚注 22）
11	政府采购（第 15 章）	15.8 参加条件第 5 段（包括脚注 1）
12		15.24 进一步谈判第 2 段，"不迟于本协议生效之日后三年内"

序号	领域	暂停条款
13	知识产权（第 18 章）	18.8 国民待遇，脚注 4 的最后两句话
14		18.37 可授予专利的客体，第 2 段、第 4 段的最后一句
15		18.46 因专利局的延迟而调整专利保护期（包括脚注 36~39）
16		18.48 因不合理缩短而调整专利期限（包括脚注 45~48）
17		18.50 保护未披露试验或其他数据（包括脚注 50~57）
18		18.51 生物制剂（包括脚注 58~60）
19		18.63 技术保护措施（包括脚注 74~77）
20		18.68 技术保护措施（包括脚注 82~95）
21		18.69 权利管理信息（包括脚注 96~99）
22		18.79 对载有加密节目的卫星和有线电视信号的保护（包括脚注 139~146）
23		18.82 责任和其他（包括脚注 149~159）
24		附件 18 - E（J 节的附件）
25		附件 18 - F（J 节的附件）
26	环境（第 20 章）	20.17 保护和贸易第 5 段"或其他适用法律"（包括脚注 26）
27	透明度和反腐败（第 26 章）	附件 26 - A 药品和医疗器械的透明度及其程序的公正性：第 3 条关于程序公正（包括脚注 11~16）
	附件二：投资和跨境服务贸易	文莱的承诺表第 14 项第 3 段的"本协议签署后"
	附件四：国有企业和指定垄断企业	马来西亚的承诺表的第 3 和 4 项，不符活动的范围："签署本协议后"的所有引用

资料来源：根据 CPTPP 的协议文本进行整理而成［转引自：袁波（2018）］。

表 3-5 显示，原 TPP 中的知识产权等象征高标准内容的条款在 CPTPP 中进行了标准的删除或降低。同时，CPTPP 不再仅限于市场、交易等，还包含投资等内容，它更注重全面平衡和完整性，确保所有参与方的商业利益和其他利益，积极保护固有的管理权，包括有关缔约方灵活制定立法和监管等重点内容。

四、CPTPP 下的全球价值链特征

由于产品生产多次跨越国境，全球价值链分工不仅加倍扩大了国际贸易总量，还使得跨国公司加强全球范围内的生产布局，从而引致跨国投资的增加。在这种背景下，全球经贸治理也变得更为复杂，不仅要协调边境规则，还要协调涉及生产的边境后规则。此时，拥有广泛代表性的世界贸易组织在协调规则方面越

发力不从心，导致多哈谈判停滞达十余年之久。CPTPP 通过"国境后"条款来协调各成员国内部经济管理水平（"国境内条款"），能够促进经济的便利化，加强各成员经济体之间的互利联系，通过贸易、投资与服务融合促进亚太地区的经济增长，以及更加重视服务的跨境交易等未来重要服务贸易模式。此外，基于松散的价值链管理对于加强公平竞争等的保护，限制使用传统的贸易救济方式等也有积极的促进作用。具体的特征可以概括为以下几个方面。

1. 推动区域价值链的发展。CPTPP 是一种封闭式的区域贸易协定，它借助于关税降低、通关便利化、区域内贸易保护等，推动成员国之间的贸易自由化。一个重要的规则就是"原产地规则"，它使这种区域封闭的价值链得以维系和发展。即促进区域缔约各方经济的发展。换言之，通过整合和创新区域价值链上各经济体的经贸规则，进一步深化区域一体化在促进区域内经贸活动的自由化、便利化、标准化和协调化方面的作用。未来借助于价值链分工格局的再造，以及扩容机制打破现有价值链的联盟体系，进而可以实现重构全球价值链的目的。

2. 提高贸易自由化的能力。毕竟 CPTPP 是高标准的 FTA，各缔约国达成这项协定也是经过了多年的努力才实现的。CPTPP 中的对外投资、服务贸易的跨境交易、电子数据的跨境流动等条款的改进，是以往的 FTA 无法超越的，这种区域的多边贸易框架符合全球经济一体化和国际贸易规则高标准化的发展趋势。CPTPP 各成员国通过共同遵守协定，能够加快本国的经贸制度优化速度，加快融入全球产业链、供应链，并主动嵌入全球价值链。它对于本国经济结构转型和产业升级、吸引外资和实现自由化贸易提供了最佳的制度安排。

3. 促进全球价值链的整合。CPTPP 跨越贸易活动的国境边界，通过本国自身的环境改善，使本国经济能够攀升到全球价值链的中高端。一般通过两个步骤加以实现：一是对国境后规则与经贸活动的管理标准和程序实现统一，将国内环境改善至符合全球价值链需要的标准，深化国内各种柔性的制度安排，按满足全球价值链相关程序的要求进行整合。二是通过公平的竞争环境和跨国公司的投资保护机制维护各成员国的利益，促进资源在缔约方之间高效率运行，收益分配公开透明。

4. 照顾区域经济体的发展需求。CPTPP 在保留有关条款，如第 21～26 章内容的基础上，更加注重区域缔约国家或经济体发展水平的差异性，允许更多地考虑发展中国家的发展需求。

第二节　CPTPP 与全球贸易环境变迁

美国退出 TPP，日本主导续推，并形成了"无美版"的 CPTPP。CPTPP 的形成与实施改变了全球经贸活动的既有格局，提高了日本在全球经贸规则制定中的影响力。我国要从世界制造中心发展为世界创造中心，也必须摆脱现有价值链分工中的困境，深化以"一带一路"倡议为中心的全球价值链建设，加快 RCEP 的形成与实施。

一、日本在 CPTPP 中的地位及其经贸特征

归泳涛（2017）认为，CPTPP 在以政治精英为标榜的日本获得胜利，首相官邸对日本政治的影响力得到了巩固，这是与日本国内的政治经济状况相适应的。

（一）从国内环境看日本主导 CPTPP 的客观性

日本经济从"二战"结束至今，可以划分为两个阶段：一是 20 世纪 50 ~ 70 年代。这一阶段是日本经济高速增长时期；二是 20 世纪 70 年代至今。这一阶段经济发展以中低速增长为特征。

1. 日本经济发展的教训与 CPTPP 的重要性。日本经济的演进表明，近年来日本经济的衰落，除了本国存在的结构性矛盾外，更大程度上讲，与国际因素的制约撇不开关系。这也是为什么日本愿意继续主导 CPTPP 的动因之一。从 20 世纪 50 年代到 70 年代后期，日本经济经历了 20 年的高速增长，80 年代末与 90 年代初转入中低速增长。这种经济的演进，除了外部条件的制约外，内部自身发展的战略更是其变迁的重要原因。分析 20 世纪 50 ~ 70 年代日本经济的高速增长时期，可以进一步将其划分为以下几个形成过程（崔岩，2018）：一是战略经济恢复期。时间大约为 50 年代中前期。二是经济高速增长期。时间大约为 70 年代中前期。前者正处于"二战"结束之后，日本百废待兴，日本国内开始确立经济

现代化的立国目标，将国家工作重心放在经济建设上来。经过 50 年代中前期的经济恢复，50 年代后期经济得到了迅速发展。下村（1972）认为，日本经济进入了振兴发展的时期，国民的创造力被充分地激发出来，为巩固这种积极性，学者提出了"历史勃兴期"的观点。在下村理论的影响下，日本政府提出了未来十年的规划，即国民生产总值提高一倍至两倍。1960 年 7 月，新的日本政府，即池田内阁成立，年底（12 月）政府会议上首次提出"国民收入倍增计划"①，其增长势头一直维持到 20 世纪 70 年代。进入 70 年代中期以后，经济的平衡发展以及之后的低增长阶段，给高速增长画上了句号。以 1973 年的第一次石油危机为导火索，日本经济进入了中低速发展的时期。之后的 1979 年第二次石油危机，使日本经济因过度依赖国外资源（能源）而受到惩罚。从第一次石油危机到第二次石油危机，这一期间（1974 年到 20 世纪 80 年代初）日本经济出现了战后的首次负增长，并出现了所谓的"三重困境"，即通货膨胀、经济衰退与国际收入赤字。

进入 20 世纪 80 年代，日本政府提出了"科学技术立国"的国家战略。即基于石油危机的教训大力调整产业结构，促进科学技术产业的发展。并且开始将过去"模仿和追随的文明开化时代"转向"首创和领先的文明开拓时代"（金明善，1996）。对此，高度重视能源与资源利用效率的创新研究，并且以微电子技术为中心实施创新驱动，吸引全球人才，沿着微电子高端价值链实施规模化扩张，迅速增强了日本经济的国际竞争力。经过近 10 年的努力，即到了 20 世纪 80 年代中后期，日本经济再次腾飞，成为仅次于美国的第二经济大国。此时，由于日美两国贸易不均衡问题突出，以美国为代表（包括欧洲一些国家）开始对日本进行施压。美国利用其政治与经济上的影响力，不仅要求日本减少贸易顺差，还要求日本扩大本国市场开放。由于日本为了照顾本国民众的利益，保护低端的一些产业，不停地迁就美国，并签署了"重视市场型的各领域协议（MOSS 协议）"。到了 1985 年，日美两国的贸易摩擦不仅没有得到解决，反而更加剧烈。

---

① "收入倍增计划"是综合性的社会经济长期发展计划，它确定了日本经济未来十余年间的发展战略。该计划的总目标是：在今后大约十年的时间内，实现国民经济规模按实际价值增加一倍。这项计划规定了五项任务：一是充实社会资本，加强基础设施建设；二是引导产业结构走向现代化；三是促进国际贸易和国际合作；四是培训人才和振兴科学技术；五是缓和双重结构和确保社会稳定。在这五项基本任务基础上，还就具体目标和具体发展内容进行了规范。

很快日美贸易摩擦进入到汇率战阶段，以美国为代表的五国在纽约签订了"广场协议"。为了规避外部经济对本国经济的影响，日本政府实施了积极的财政政策，并强化了以内需为主导的经济政策。在这一背景下，实体经济得到了快速发展，尤其是以不动产为代表的经济增长率不断提升，股票等资产也大幅度升值。但由于资产的价格远远超过了经济基本面所代表的内在价值，加之日本国内受到体量等因素的影响，到了 20 世纪 80 年代末和 90 年代初，为了稳定金融，日本政府被迫实施紧缩政策，导致经济泡沫崩溃，使日本经济蒙受长时期的巨大打击。

以 CPTPP 为代表的 FTA，是以多边主义为手段，推动区域范围贸易自由化为目的而形成与发展的多边贸易体制的产物。在日本经济发展受阻的情况下，政治与经济的合流促进贸易体制的转型。可以说，CPTPP 是日本政治精英们重振日本经济的一张可以利用的"好牌"。美国退出 TPP 后，日本一改常态，即没有紧跟美国的步伐，而是主动协调、穿针引线、极力撮合剩下的 11 国重新复苏 TPP。而且日本为了吸引这些成员国继续进行 TPP 谈判，主动开放国内农副产品市场和汽车市场，付出经济利益和国内市场的代价，辛勤的努力总算换来了回报，促成了 CPTPP 生效。从战略角度来讲，日本视 CPTPP 为国家战略，第一任 CPTPP 委员会主席国由日本担当，秘书处设在日本东京，日本也成为亚太经济一体化制度性框架建设的引领国。CPTPP 的重要性不仅停留在经济层面，在地缘政治以及贯彻"印太战略"上具有更大的雄心壮志。安倍政府试图以 CPTPP 为平台，实现其亚太经贸合作"印太化"的战略意图，这是我们面对 CPTPP 时必须加以正视并采取积极措施的重要考虑变量。

2. 日本经贸政策的转向：由"美国依赖"转向"政治考量"。日本主导 CPTPP 的一个重要考量因素是"地缘政治"。最近几十年来，随着中国经济的迅速崛起，日本经济明显滞后或停滞了。面对中国这个迅速崛起的第二大经济体，日本再继续奉行以往的"美国依赖"政策似乎已经行不通了，尤其是特朗普的"美国利益至上"理念使日本彻底抛弃了幻想，开始将中国视为地缘经济上的一个重要竞争对手。为了挽回亚洲经济的领导地位，日本经贸政策开始转向"地缘政治"与"美国政治"并重的发展环节，短期内仍以"地缘政治"为主（归泳涛，2017）。CPTPP 的生效和运转对于帮助日本确立其地缘经济中的引领者角色有重要价值。现实中，CPTPP 的实施加上日本与欧盟签署的经济伙伴关系协定

（EPA），已经为日本政府提供了极佳的经贸环境，并且能够在极短的时间里得到实施。

客观地讲，日本在很多领域进行的改革与调整都是被动的，这是因为其对成为世界经济大国后将会给世界经济秩序带来的冲击与影响认识不足，也没有注意国际社会可能对其带来制约的现实性，进而没有能够主动采取应对措施。换言之，日本作为"二战"后受益于美国主导的全球贸易体制的国家，经济由此短期内迅速得到发展，并一跃成为世界第二大经济体和亚洲经济领导者。正是上述的不足，在其经济强劲增长的同时，开始实施"买、买、买"战略，几乎要买下近半个的美国（实体经济等）。这种暴发户式的增长势头和购买行为使美国以及欧洲国家不满，美国率先开始实施打压政策，以前面在美国纽约广场饭店签署的"广场协议"为起点，美国不断地向日本实施货币战、汇率战等，从而使日本经济因此一蹶不振，影响了日本经济的长远发展。当前，面对全球自由贸易谈判的受阻，日本作为世界第三大经济体，有意想通过自身的积极努力来改变美国的消极态度。CPTPP 的成功复活，就是日本想利用其作为一种砝码，来说服美国扭转逆全球化的行径。从 TPP 到 CPTPP 体现了日美两国贸易政策既有谋求合作，又存在分歧的矛盾心理。事实上，日本总是难逃美国这个"如来佛祖的手掌"，日本与美国之间往往难有平等可言，2019 年 9 月达成的日美贸易协定就是一个最好的例证，CPTPP 同样发挥不了过大的作用或效果。

（二）从国际环境视角看日本主导 CPTPP 的必然性

日本主导 CPTPP，除了背后国内利益集团争斗外，很大程度是从国际上的大环境着眼，即将 CPTPP 看作是日本贸易政策的重心和外交战略的支柱，能够在与中国的经贸战中发挥制衡作用。

1. 日本经济的演进及其对 CPTPP 的认知。相较于美国，日本更加重视在地缘经济与地缘政治上与中国展开竞争。日本文化中深藏着的一种"服强但不同情弱"的理念。作为互为邻国的中日两国，在经济发展上开始争夺亚太区域的领导者角色。对于日本来说，经济的衰退需要加强与中国开展贸易和互相进行投资，但是又不服气被中国在经济上赶超，在地缘经济与政治上，日本仍在幻想"主导者"的角色定位。当初，美国退出 TPP，有学者认为，这是 RCEP 发展的大好时机，日本有可能转向 RCEP。事实上，RCEP 由中国"主导"，对于这种区域贸易协定，日本是不愿意投入更大精力的。安倍在 2016 年国会的一次演讲中就表明了这一观点，即认为，在没有美国加入的 RCEP 中，GDP 最大的成员国必定是中国（归泳涛，2017）。为了能够更快地"主导"其在亚太地区的贸易规则制定权，推进 TPP 前行是一种最恰当的选择，CPTPP 的生效与实施，印证了日本经济演进的发展规律，强化地缘经济的"核心"地位是日本国家发展的重要战略。

欲成为某一区域的引领者，必然需要付出相应的利益或代价。美国奥巴马政府的国际经贸主导力是以经济上的适当让步，换来全球贸易体制的制定权地位。日本主导 CPTPP 必然会面临同样的问题，无论是日本与欧盟之间的贸易协定，还是日美贸易协定，或者 CPTPP，它对促进缔约国经济的平等能够起到一定的作用，但是由于制度的剩余空间始终是存在的，国与国之间暂时实现了平衡，但国内有可能就会出现新的不平衡。亦即，CPTPP 专注于前者，却忽视了后者。日本国内民众面对 FTA 给自己带来的伤害就会发起抗议，进而引发摩擦成本或增加制度交易成本。CPTPP 成员国经济发展程度差异大，有日本、加拿大、澳大利亚等发达经济体，也有越南、马来西亚等新兴经济体，它们之间的竞争在 CPTPP 情境下暂时达到一个博弈均衡，但其会在非成员之间加深矛盾，扩大新的利益不平衡。因此，CPTPP 积极采取扩容机制是一种明智的选择。从根本上来说，CPTPP 是区域贸易联盟体之间资本推动的产物，逐利的资本本性不会甘愿局限于一个封闭的系统，盲目的扩容又会增加 CPTPP 的社会政治风险。从这个意义上讲，谁能在开放市场的同时实现社会协同，谁就能在竞争中真正胜出。基于这样的认识，CPTPP 就被看作是日本恢复经济大国地位的杠杆。事实表明，这一做法是正确的。首先，日本与欧盟 EPA 谈判获得成功；其次，中国也更积极地强化中日韩之间的自由贸易谈判。

2. 围绕区域性经济增长，推动 CPTPP 的外部扩张。客观地说，全球化缩小了国家之间的不平等，却扩大了国家内部的不平衡。以 CPTPP 为代表的大型区域贸易协定容易导致国家之间的不平衡，尤其以关税政策和原产地原则为代表。并且，有可能使一些国家在地缘经济与地缘政治中寻求选边站的可能，进而带来区域价值链的不稳定。如前所述，当年的日本经济之所以被动地应对外部冲击带来的经济困难，就是由于经济转型可能对自身经济结构变化的认识不足。近年来，日本经济增长的一个现象是：国际收支中的出口收益停滞不前，而投资收益却不断增长。其背后的原因是制造业的外流，以及国内产业的"空洞化"。日本近年来提出要"投资立国"，吸引高端制造业回流日本。这种战略安排对于 CPTPP 下的日本发展也许是正确的，它也是提升日本企业全球竞争力的一种现实选择。日本在推动 CPTPP 的发展过程中，必须协调好区域经济发展与国内经济增长的矛盾问题。从日本国内的政治经济势力来看 CPTPP，支持者主要来自经济产业省、外务省，以及以经团联为代表的企业界，与农业相关的"农政三角"，即农协（特别是其顶端组织 JA 全中）、农林水产省和农林族议员是不赞成这项协定的。安倍政府采取补贴政策以宽扶"农政三角"，使他们的态度从与政府对立转向与政府协调。例如，增加储备大米的收购，追加财政支持土地改良等公共工程开支。

日美贸易协定的签署使 CPTPP 的发展又有了新的动向，即日本加快了"去农业保护"的步伐。由于日美贸易协定迫使日美间农产品的全面开放，已经辐射到原来 CPTPP 中有关日本农业保护的条款，日本政府需要统筹日本与其他各国的 FTA，制定出一种新的农业发展战略。CPTPP 无疑会促进区域经济的增长，也会实现日本在亚太地区主导的心愿。现在是扩张 CPTPP 的最好时机，通过适时的扩容来提振亚太地区经济的发展，促进区域自由贸易的繁荣，为经济全球化作出积极的贡献。与此同时，日本农业具有丰富的生产与经营经验，以日本的稻米为例，其优质大米深受世界各国欢迎，亚太地区是食用大米的区域，日本输出诸如稻米产业，可能对亚太经济的增长带来积极的促进作用，也会使日本农业进入一个发展的新阶段。有人说，日本的 CPTPP 政策是对外主张自由贸易、对内坚持保护主义。这实际上是区域 FTA 的一个通病。我们要利用 CPTPP、RCEP 的进程，并在"一带一路"建设下推进贸易的全球化，使全球价值链向着社会整体利益最大化的方向发展，为日本政府主动以 CPTPP 连接 RCEP，以及构建中日韩自由贸易协定发挥引导作用，中国对 CPTPP 持包容态度，支持全球多边贸易体制的发展，赞赏日本为 CPTPP 发展作出的贡献。

二、中国全球贸易战略及其对 CPTPP 的态度

CPTPP 既是贸易全球化的产物，也是缔约国之间区域价值链下的利益再分

配。CPTPP 在带来成员国经济利益增加的同时，也会产生区域经贸发展过程中的成员国与非成员国之间经济利益的不平衡。采取这种将部分国家排除在受益范围之外的 FTA，不但无法实现国内治理，全球治理也容易进一步碎片化。因此，中国倡导的全球命运共同体理念是中国在全球经贸体制构建中确立的明智战略，深受世界各国，尤其是发展中国家的欢迎。

（一）中国的全球贸易战略

1. 国内外的贸易形势。 长期以来，世界经济与贸易的决策权被发达国家所掌握，国际货币基金组织、世界银行等重要国际经济组织也由这些经济实力强大的国家所垄断。目前，已有的一些大型自贸协定也往往由这些发达国家所主导，并且它们从既得利益出发，将发展中国家维持在它们所主导的国际分工体系之内，成为全球贸易战略的跟随者和服从者。从国际贸易形势来看，世界经济游戏规则正面临深度调整。自特朗普执政美国以来，一方面，对国内企业进行大幅减税，以鼓励投资；另一方面，对国外出口到美国的产品征收高额关税。这样的政策不仅吸引了美国跨国公司将囤积在海外的资金主动回流，而且使我国的出口商品被征以高额关税（冯圆，2019）。目前，全球经济环境依然不容乐观，由联合国贸易和发展组织（UNCTAD）发布的《2016 年世界投资报告》可知：从 2014～2016 年，世界货物贸易量伴随着世界经济连年放缓，世界经济增速从3.4% 下降到 3.1%，远低于危机前 7% 左右的平均水平。世界货物贸易量也从2.8% 下降到 1.7%。2014～2016 年，全球实际 GDP 增幅分别为 2.5%、2.6% 和2.4%。同时，国际分工出现了新的趋势。由于美国推行新经济战略后，一大批从事旧经济的工人失业后无法加入新经济的行业之中，导致这些人员长期失业，造成国内经济失衡以及结构与分配不平衡。在奥巴马就任总统之初，他力推"再工业化"战略，开始引导制造业资本、技术密集型高端环节向自己国家回流，试图实现美国经济的结构平衡，让失业者实现重新就业，但这种结构性矛盾已经在美国社会固化，短期内难以得到根本性解决。

近年来，以美国为代表的西方发达国家借助于自身先进的货币政策，大量举借债务，导致债务不断创出新高，以至于全球通胀持续低迷，国际货币基金组织（IMF）连续下调全球经济增长率预期。在这种背景下，我国企业除遭受美国贸易战的影响外，还受到人口成本更低的印度、越南等国家崛起的冲击。从全球贸易战角度来看，与发达国家相比，以越南为代表的发展中国家随着基础设施的逐步改善、劳动效率明显提高，国际产业资本正积极向这些国家转移，进而对我国企业的国际市场竞争能力和自信心造成动摇和冲击（冯圆，2019）。另外，在劳动密集型产品和生产领域，我国又面临发展中国家和地区的低成本竞争，进而使我国企业利益面临发达国家与发展中国家的双重挤压。虽然我国已经成为世界第二大经济体，但是就经济发展水平、科技实力、产业结构、国际分工地位、社会发展等方面来看，我国仍属于发展中国家。以购买力平价法计算，2012 年主要发达经济体占世界生产总值的比重为 44.2%，"金砖五国"占比为 26.8%。其中，欧盟和美国的占比分别为 20.3% 和 18.6%，两者之和超过了世界生产总值的 1/3（马野青等，2016）。同期，发展中国家只有中国在世界生产总值中的比重超过 10%。中国的全球贸易战略要积极配合国际上新技术革命和产业变革的时机，结合国内"互联网＋""智能制造"等新兴工业化战略，引导中国跨国经营企业在产业结构优化升级和全球价值链重塑的过程中设置合理的结构性动因与执行性动因。全球贸易新变化主要表现在两个方面：一是在信息化网络条件下，全球价值链由封闭转向开放，为我国企业在全球产业调整与再平衡的发展中提供新的契机；二是依靠创新驱动改变国内经贸的功能导向，为攀升全球价值链的高端提供积极的支持。

2. 中国贸易战略的变迁。在全球贸易战略的演进中，焦点集中在两个方面：一是国际贸易规则主导权的争夺；二是地缘经济与政治的地位之争。从中国的贸易战略考察，过去的中国贸易只是国际经济秩序中一个规则被动接受者（rule taker），没有系统的全球贸易制度安排，更没有具体的贸易制度设计。然而，近年来中国不仅成了世界第二大经济体，而且越来越有自信，愿意主动参与到国际贸易规则的讨论及制度的设计之中去，并且能够将自己的主张传达给国际社会，并将全球治理、构建全球命运共同体等理念向全世界分享。中国的贸易战略由被动转向主动，由积极参与到主动作为。具体而言，中国贸易战略最直接的体现在于以下两个方面：一是"一带一路"倡议，通过与沿线国家的经济合作，签订贸易协议，借助于亚洲基础设施投资银行等，助推道路等基础设施建设，为企业"走出去"提供技术与组织上的支持。二是"主导"并参与 RCEP 谈判。RCEP 是一个规模大于 CPTPP 的区域贸易协定，它致力于自由贸易并实现区域经济的一体化。由于 RCEP 成员国经济发展的差异度更大，协议的达成也较为困难。即 RCEP 强调履行发展中国家经济增长义务，并在关税消减、规则适用等方面向发展中国家倾斜，这样就使得各国在谈判时存在意见分歧，迟迟难以达成协定。

中国已经在 RCEP 上投入了极大的精力，由于受中美贸易战的影响，许多问题的处理变得力不从心。加之，CPTPP 已经实施，RCEP 中的许多成员已经能够在 CPTPP 规则中获得相应的利益，因而对 RCEP 的积极性与决心开始丧失。日本基于地缘经济与政治角度考虑，对协调 CPTPP 与 RCEP 的自觉性并不高，相反却为中国推进 RCEP 带来一定的阻力。从地缘政治的角度来看，日本、越南和菲律宾都是在亚太地区具有重要战略价值的国家，CPTPP 有助于这些国家减少对中国的经济依赖，使中国在亚太经济与政治中的地位受到影响。原来曾有学者认为，特朗普会通过重返 CPTPP 重新主导亚太经济的控制权，日本可以在中美之间寻求一个博弈的好价码。事实上，日美贸易协定的签署，以及中美贸易协定的谈判走向，都表现出美国短期内不会加入 CPTPP。但是，善于变化的特朗普为了挽回因中国崛起而造成的损失，未来中美贸易战缓解之后，重新加入 CPTPP 的可能还是很大，关键是 CPTPP 的价值能否增加美国的收益，是否符合美国利益至上及维持霸权地位的需要。依此逻辑，中国贸易战略的一个重要选项是尽快加入 CPTPP，为中国经济发展争取更加良好的外部环境。

（二）中国政府对 CPTPP 的态度

中国政府多次公开表态，"中国秉承支持自由贸易推动经济全球化的原则和立场，对 CPTPP 以及其前身都是持开放的态度"①。

1. 中国政府对 CPTPP 可能给本国企业带来的利益影响持谨慎态度。 CPTPP 奉行的是多边主义和贸易自由主义的原则，是与经济全球化一致的，也正因如此，中国政府对此是赞赏的，对该协定持包容的态度。从当前的国际经贸环境观察，中国加入 CPTPP 尚有一定的困难。但是经过努力也是能够实现的，现在的关键是如何平衡 RCEP 与 CPTPP 的关系问题，中国是负责任的大国，构建全球命

---

① 中国与全球化智库（CCG）．CPTPP，中国未来自由贸易发展的新机遇，CCG 报告 ［Y］．2019 - 1．

运共同体，维护发展中国家利益的使命，使我们不能只顾自己，自由贸易的红利只有为绝大多数发展中国家所享受，这种贸易体制才是符合全球化的。中国加入 CPTPP 是一个应该考虑的选项，尤其是面对中美经贸摩擦，CPTPP 的高标准与严要求也许能为解决中美经贸摩擦带来认知的平台，解决双方的分歧，推动全球范围内的自由贸易。王辉耀（2018）认为，目前是中国加入 CPTPP 的好时机，氛围、条件、共识都在形成阶段。首先，在美国退出 TPP 后尚未决定是否重新加入、CPTPP 将扩容提上日程的情况下，中国如能抓住这一窗口期先于美国加入，就能避免再与美国进行谈判，掌握对美主动权。其次，基于对中国市场的重视，目前的创始成员国对中国加入基本都持正面态度，至少不会特别反对。最后，从中国自身角度来看，现在国内共识也逐步在形成，政府、学术界、商业界继续开放的决心更大。中国当下的表态是积极支持经济全球化，中国要以开放促改革，寻找一个平台是更明智的选择，从目前来看 CPTPP 是可行性比较高的平台。

从全球贸易发展一般规律和我国经济发展及其结构性特征出发，在对外经贸政策的引导下，采取有效措施，积极攀升全球化价值链的高端是最迫切的选项。我国不能为了加入 CPTPP 而被动地适应该组织的情境要求，应主动寻求更有针对性的应对措施。当前，围绕 CPTPP 可能对企业利益影响的探讨，认真研究和解读 CPTPP 的条款及其具体内容，不仅要对贸易规则有清晰的认识，还需要将会计权益的维护嵌入其中，引导跨国经营企业重视 CPTPP 规则，政府应出台相应的 CPTPP 操作指引或会计指南。换言之，在全球价值链的攀升过程中，以及在国际贸易规则重塑的关键时期，寻求企业权益的维护，离不开会计的应对及其有效的制度安排。中国要谨防 CPTPP 形成新的技术壁垒，加强全球供应链、产业链建设，在科技投入和组织建设上进行制度安排，引导和促进民间科研体系和自主科研习惯的养成。

2. 中国政府对 CPTPP 下的区域价值链协调与发展高度重视。由于我国处于 CPTPP 的核心区位，周边国家的发展会直接和间接地影响到中国企业的利益。CPTPP 的实施，使得中国低端产业开始向越南等国家转移，而越南大量向美国等发达国家出口商品或服务，使中国通过产业链延伸的企业利益暴露在美国等零售端的风险敞口之下，越南与美国会同时挤压中国企业，这是中国政府在 CPTPP 下区域价值协调与发展过程中必须重视的问题。新兴市场国家经济周期发展过程中积累的经验与教训值得我们总结，同时，我国要结合自身的产业链优势，分析各种负面清单与正面清单，研究 CPTPP 成员价值链优化的路径与行为选择，并将其中的共性内容上升为规则体系，通过指引的方式为其他非成员国提供借鉴。

面对当前美国发起的针对中国的贸易战，要认清美国自身的贸易结构，借鉴 CPTPP 中的制度规则改进我国的全球贸易战略，充分认识美国自身存在的结构性矛盾，分析其经济出现需求不振的原因。同时，将 CPTPP 的高标准、严要求的规则与条款应用于国内的自由贸易试验区，帮助美国从中国经验中认清本国经济振兴、产业发展关键点的出路口。2019 年 1 月 26 日，耶鲁大学的经济学家斯蒂芬·罗奇在中国香港的《南华早报》网站上发表了一篇文章，提出："美国认为中国正在承受'痛苦'，并认为中国迫不及待地希望结束贸易战；而事实上，中国拥有足够的政策空间来应对当前的经济增速放缓，并没有必要放弃更为长远的战略。"贸易争端的解决不能离开本国的自身情境，中国要秉承贸易经济（产业）开放的适度规模和服务结构的合理化。同时，宣传中国对全球贸易发展的贡献，重视本国经济的国际地位及国际分工格局的变化，在全球贸易体制构建过程中创造良好的外部条件。近年来，中国的制度开放已经与 CPTPP 的要求有了相当程度的共振，并且在全球贸易战略中强调全球治理机制的完善与发展，重视20 国集团在发挥贸易全球化中的积极作用。"一带一路"倡议和 RCEP 也为中国在区域价值链的贡献上创造条件，并积极树立中国是亚太地区最关心发展中国家、最具责任心的一个大国形象。

第三节　本章小结

日本主导并"复活"TPP 所形成的 CPTPP，虽然在经济规模上有所缩减，但其在规则标准和内容结构上仍然较大程度地保留了原协定的一些内容与特点。虽然对 TPP 中的 22 项条款进行了搁置，并对有些条款进行了放松处理。但总体上看，CPTPP 仍是全球迄今为止标准规格最高的一项自由贸易协定。不可否认的是，CPTPP 的确增强了日本在国际经贸活动中的战略主动权与规则主导权，也给其他成员经济体带来新契机。例如，越南借助于 CPTPP，已经具备了掌握规则制定主动权的机会，未来对外经济辐射能力会更强，假以时日，越南融入全球经济的程度会显著提高，很可能成为亚太地区有一定影响力的新兴经济体。由于 CPTPP 成员结构中没有占绝对优势的成员国，因此在权力的行使上可能民主性更强，即便现在 CPTPP 由日本起主导作用，但加拿大、澳大利亚等国的意见也是日本政府必须重点考虑的因素。换言之，CPTPP 尚不具备一个强势主导者，这就为中国加入 CPTPP 提供了有利的条件。

CPTPP 形成的规则压力将对中国产生较大的影响，对中国的"一带一路"倡议和 RCEP 早日生效形成阻力，同时 CPTPP 对中国企业产品出口与投资活动产生影响，使国际经贸环境发生改变。事实上，中国当前面临的经贸形势已经呈现出一种比较严峻的态势。当前与中国相关的贸易争端持续不断，究其原因，除了有美国的单边主义、保护主义政策的负面影响外，很重要的一个因素就在于中国尚未能适应并实施更高标准的经贸规则。目前，日本仍积极游说美国重返 TPP（即加入 CPTPP），这与日本一直以来追随美国的策略相符。RCEP 的正式签署使 CPTPP 的影响得到一定程度上的缓解，但生效尚需时日。我国必须加快区域 FTA 的构建步伐，如加快中日韩自贸协定的签署。这是东亚经济稳定健康发展的必要保障，必须从战略高度认真看待。

第四章
CPTPP 的核心条款及其对企业利益的影响

中国已与 CPTPP 缔约国中的大多数国家签署了双边自贸协定，这对 CPTPP 可能产生的贸易转移效应起到了一定的对冲作用。因此，从短期来看，CPTPP 对我国企业利益的影响是可控制的。从已公布文本来看，CPTPP 实施后成员国之间的关税削减是分步骤进行的，最终将实施零关税。随着 CPTPP 的实施，东南亚各国投资环境将得到改善，未来对我国经济会产生一定的投资转移效应，但仍然处于可控的范围内。其中，尤以传统产业和劳动密集型产业更为突出，这些产业会向成本更低的国家转移。或者说，这是企业基于"成本/效益"原则的市场行为，是符合中国产业升级发展方向的，也是一种客观规律。长远来看，随着 CPTPP 扩容的推进，可能会使区域价值链失衡，激烈的国际市场竞争会左右中国企业的经贸行为，并对企业跨国经营的效率与效益产生影响。

第一节　CPTPP 条款的表征与实质

CPTPP 通过对 TPP 进行必要修改，增强了其全面性的特征；通过对富有争议的条款进行搁置来体现其进步性的特征。

一、CPTPP 的"全面性"

CPTPP 通过对 TPP 中有关协定生效条件的进一步放松，以及调整和修改了一些条款，对缔约国之间的利益分配进行了更好的制度安排，进而使该规则更具全面性。具体可以从以下几个方面加以体现。

1. 税收优惠的全面性。 贸易协定税收优惠主要体现在关税上，根据 WTO 规则精神（关税减让水平的要求），CPTPP 在第 2.4 条第 2 款中提出，成员国应加快减让以至于消除关税，使区域市场范围内处于一种低关税乃至"零"关税状态。换言之，CPTPP 的"零关税"条款主要是指其第二章"货物的国民待遇和市场准入"中第 2.4 条"关税取消"的 7 项内容，包括不得提高现行关税水平条款、加快取消关税条款等内容。实际上，仅从条款的表述和"零关税"规则的要求来讲，CPTPP 并非独创。在"零关税"的条款设计上，CPTPP 成员之间和CPTPP 成员与中国之间有着相似的规则安排。但是，中国与 CPTPP 成员间形成的"零关税"条款在规则标准上呈现多元化、关税消除水平上具有差异化等特征。比如，《中国—新加坡自由贸易协定》第 6、7 条规定了中国和新加坡的关税取消、加速取消、单方取消等内容。《中国—韩国自由贸易协定》第 2.4 条规定了中国与韩国的关税消除、加速消除以及单方消除的内容；《中国—澳大利亚自由贸易协定》第 4 条规定了中澳双方关税取消的内容；《中国—智利自由贸易协定》第 8 条也规定了中智双方关税取消、加速取消的有关内容。

但相对而言，CPTPP 的"零关税"条款更加全面。虽然中国与 CPTPP 中的大多数缔约国已经签署了各种双边贸易协定，也确立了"零关税"条款，但与CPTPP 相比，还是存在一定的差异性：一是内容上不同。比如，《中国—澳大利亚自由贸易协定》第 4 条并未规定"加速取消"和"单方取消"的内容。二是在附件关税减让表的法律效力上，减让表的承诺也仅涉及协定双方间的税收优惠。CPTPP 是一个整体，税收优惠更全面，而中国与其成员国单独签署的协定往往在减让货物种类、减让幅度等方面存在不同。这种双边差异化的"零关税"条款和减让承诺往往收效甚微。CPTPP"零关税"的全面性还反映在"交叉"效应上，即它不仅使亚太各主要经济体之间形成一种统一标准的关税取消规则要求，而且任一成员关税减让承诺的关税优惠将被自动赋予其他所有成员。

2. 原产地规则的全面性。 CPTPP 保留了 TPP 下的原产地规则，在成员间实施封闭性的优惠措施，阻碍了中国从亚太地区吸收外资，以及向亚太地区输出高科技产品，进而削减了中国技术商品的海外市场。中国的"制造强国"战略，具体涉及信息技术、高档数控机床和机器人、航空航天装备等十项重点推动的产业领域，也是基于亚太生产网络的特征而提出的，是中国高科技产品进入全球价值链的主要市场之一。CPTPP 的原产地规则可能会扭曲这种价值链系统，无法体现全球价值链的市场化分配机制，人为设置的贸易壁垒，又使中国在新兴领域的创新能力和国际竞争力提升受到影响，也使中国在攀升全球价值链的过程中迷失方向，进而导致国际间贸易的价值创造与价值增值缺乏前进的动力。

原产地规则分为一般原产地规则和纺织品服装的特殊原产地规则。其中，纺织品服装的特殊原产地规则坚持"纺纱前沿"原则。即将纺织品服装的原产地规则标准推至纱线的生产源头，对于在纺织服装产业链中处于纱线主要出口方和中间品再加工成品出口方地位的中国而言，CPTPP 的成员自中国进口的纱线和服装将不能享受关税优惠，由此将阻碍中国向亚太地区的纺织品服装出口，进而阻止中国在纺织品服装产业中试图发展品牌文化，提升中国价值链地位的战略构想。比如，CPTPP 的条款规定，成员国之间相互出口产品，只有其生产费用总和在该产品价格中占比达到一定比率，才能享受零关税优惠。通俗点讲，如果越南出口到澳大利亚的纺织品中，中国的原材料或创造的附加值超过某个比率，该产品就不得享受零关税。或者说，这项规则是一种封闭式的排他性贸易安排，会使非成员国被排斥在这个区域之外，进而导致成员国以外的生产链受到打压，助长贸易转移效应和歧视性待遇。

3. 投资便利的全面性。CPTPP 投资章节包括准入前的国民待遇原则、遵循惯例的国际法原则中的最低待遇标准、禁止当地成分和技术本土化等实绩要求、任命高管不受国籍限制、保证投资相关资金自由转移、准入负面清单等便利化措施，极大地促进多边成员间资本的自由跨境流动。即在 CPTPP 的缔约国区域内，成员国相互之间提供便利的投资环境，相较于非成员国，成员国的投资准入门槛更低、管控更宽松、竞争力更高，间接使非成员国在这一区域市场上处于劣势地位。这项规则的积极意义在于：一是提高了 CPTPP 成员国相互投资的积极性。即削弱了 CPTPP 对其他非成员国的境外投资，以确保投资收益的稳定性。二是增强 CPTPP 成员国间相互吸纳资本，增强成员间跨境投资的合作信心与投资主动性。总之，CPTPP 的投资便利化是高水平的规则，促进了成员国间的流动，相对影响和阻滞中国与亚太国家之间资本的相互流动。

此外，CPTPP 的环保条款、劳工条款、政府采购条款、国企条款都可能改写未来亚太国际贸易规则，对包括中国在内的亚洲国家，尤其是落后经济体的国际经贸环境提出严峻挑战。

二、CPTPP 的"进步性"

CPTPP 规则的"进步性"是制度规范权变性的内在要求。典型的表现为对原来 TPP 某些规则或条款的暂停。CPTPP"进步性"可以从以下几个方面加以体现。

1. 非传统部门经贸规则的进步性。之所以 CPTPP 仍然是迄今全球最高标准的 FTA 之一，就是因为其规则制定的全面性和条款内容的进步性。传统的经贸条款局限于眼前，对未来的战略发展考虑较少。而发达国家从其自身的经验出发，从长远利益的角度考虑，会利用其资金、技术，以及产业和贸易管理中的优势地位，将非传统部门的经贸规则也纳入新的国际贸易规则中来，通过提升所谓的国际贸易规则标准，实现其在国际贸易规则体系中的主导权和话语权的雄心。由于中国在这方面缺乏经验，现有的双多边国际经贸协定中，大都未对非传统贸易领域中的产业和业务进行规范，如电子信息、电子商务等。中国大量经贸规则是以 WTO 法律框架包含的领域和部门为基础的，如《中国—澳大利亚自由贸易协定》《中国—智利自由贸易协定》的双边贸易规则就体现出了极强的贸易传统性。事实上，我国是电子商务大国，在这方面的许多制度具有国际领先水平，以阿里巴巴等为代表的国内企业具备这方面的经验。今后，借鉴 CPTPP 的进步性特征，我国应该在主导或参与的 FTA 中更多地进行相关规则的安排。

2. 贸易自由化规则与标准的进步性。CPTPP 继承了 TPP 各项贸易部门发展的高水平自由化规则，如金融服务章节规定"CPTPP 的缔约方金融服务提供商无需在另一缔约方设立特定法律实体即可向其境内提供服务"，电信章节规定"CPTPP 缔约方互相之间应为电信服务商跨境服务提供设备线路"，服务章节规定"负面清单"模式，在"负面清单"模式下，CPTPP 采用的是高度开放服务与投资等领域各部门准入的规范方式，它要求各成员方在必要的条件和目的下，在承诺表中以"负面清单"标示限制或禁止开放的行业部门，而其余行业部门应当以 CPTPP 一般自由化措施予以全方位开放，如一般服务贸易、跨境金融、投资等领域。以往我国会对一些特殊部门或领域（敏感行业、脆弱行业、新兴行业等）进行外资和服务准入的审慎管制，有时也需要选择"正面清单"模式，但我国的改革步伐是明显的，即目前我国的市场准入负面清单制度已经由试点转向全面实施。比较有代表性的制度有：一是 2018 年 12 月 25 日由国家发改委、商务部公布的《市场准入负面清单（2018 年版）》（已经实施）；二是《外商投资法》，已于 2020 年 1 月 1 日正式实施。

3. 规则制定效率上的进步性。以"一揽子"的协定形式推动国际贸易规则的发展。CPTPP 包含 30 章 20 余项经贸领域的多边规则，以一份协定囊括了包含亚太各项重要贸易的多边秩序。多领域的全面先进发展是各国所期待的，它不仅有助于谈判效率的提升，更有助于发达国家尽快主导新领域和新层次上的贸易规则。而我国在经贸规则上，往往坚持的是原则性框架，即"成熟一项、谈判一项"，如果我国不加快经贸体制改革，这种"一揽子"综合全面的协定规则，可能会阻碍我国在亚太规则制定中的权威性和参与度。

第二节　CPTPP 核心条款简介

一、原产地规则及其特征

1. 原产地规则的概念界定。原产地规则（rules of origin），也称"货物原产地规则"。主要是指任一国家、国家集团或地区为确定生产或制造货物的区域而实施的法律、规章和普遍适用的行政命令。原产地规则的产生起源于国际贸易领域对国别贸易统计的需要。CPTPP 设立关于原产地规则规定的目的是为保证原产地的简洁性，促进区域供应链发展，确保缔约方而不是非缔约方成为协定的主要受益者。而且，CPTPP 缔约方制定了一套统一的原产地规则条款，具体包括三个组成部分：一是原产地协议。这部分主要涵盖定义、原产地产品、区域价值成分核算、生产中的原材料、生产中原材料的价值、原材料价值的进一步调整、净成本、可互换产品和材料等。二是原产地实施程序。这部分主要涵盖优惠待遇的声明、原产地证书基础、原产地认证的弃权、与进出口相关的责任、原产地核查等。三是其他事项。这部分主要涵盖原产地规则与原产地程序委员会。

2. 原产地规则的特征。CPTPP 原产地规则从区域价值链角度，实现成员国之间的关税免除，对我国纺织服装贸易产生一定的负面影响。同时，为规避 CPTPP 原产地规则的不利情境，可能会促发企业跨境投资，必须注意税收制度与会计、法律、经济环境的协调，注重执行的效果与效率性。原产地规则的标准主要有区域价值、税目改变标准、形式与实质性改变三种。区域价值的衡量主要是规定原产地规则在该区域价值内产品所占份额必须达到一定比重，才能够满足区域价值的标准。税目改变标准主要结合加工程序与价值增值两条标准，其中，规定价值增值在交易价格法核算下大于等于 60%；采用净成本核算的价值增值大于等于 50%；非原产地成分所占产品价值要低于等于 7%。通过三条标准，最大限度满足对本区域内产品与企业的利益维护。① 税目改变标准，一种产品向另一种产品实质改变。争议比较大的是加工环节，因为加工环节会涉及产品的"形式"与"实质"改变。对于是形式改变还是实质改变，原材料所占的比重与附加值是重要参考依据。实质改变要采取严格标准界定原材料、原材料用于其他产品的价值改变与计价标准。形式上可能原材料的形态、属性等未发生重大变化，但是当其运用到其他产品中的价值比重在应用新产品的价值比重超过一定限度时，将会作为另一种产品被征税。

原产地规则着力点在于保护区域内价值标准与保护区域内产业与产品，利用原产地规则的相关协定将非原产地规则的产品排除在外。原产地规则下产品价值在区域内的价值比重与产品附加值将是核心议题。基于不同标准的贸易协定，会计可以在原产地规则的冲击下提供各种备选方案。通过宏观政策与微观制度的相互匹配，可以为应对不同标准的贸易协定提供会计手段，通过权变的会计嵌入机制更好地应对原产地规则，满足企业跨国经营的需要。

---

① 中国社会科学院世界经济与政治研究所国际贸易研究室. 跨太平洋伙伴关系协定文本解读［M］. 北京：中国社会科学出版社，2016.

二、国有企业与劳工规则

1. 国有企业。在现有的 FTA 中，CPTPP 是首次将国有企业写入协定章节的
FTA，体现了其"高标准、高质量、高层次"的特征，将双边、区域贸易协定与
国内制度和改革相联系，将政策影响向"边境内措施"推进，规范成员国政府
和企业行为，这充分体现了 CPTPP 的先进性特征。在许多国家，国有企业承担
着各种重要的经济和社会角色。在 CPTPP 的框架下，这些角色将受到新的规则
的约束和限制，这些新规则禁止或使国有企业更难获得政府的融资或优惠待遇。
这些规定还禁止国有企业向其他地方企业提供优惠待遇（例如在采购中）。这些
条款的目的是给予外国公司更多与国企竞争的机会，从而获得更多的市场份额。
CPTPP 成为与其他国家达成限制国有企业共识的广泛贸易协定，确保国有企业是
以纯商业的方式经营并与私营企业进行公平竞争。国有企业在资金、监管和投资
与并购等方面具有先天优势，加之政府专项补贴或不定时的补贴，使其在市场竞
争中具有独特的优势，给私营企业带来不公平的竞争环境，并使私营企业始终处
于劣势地位。现在有一种观点比较流行，即"竞争中立"原则，它已从单纯的
国内法概念迅速走向国际法领域。美欧一些国家多次在双多边场合强调"竞争中
立"原则，并且积极地将其纳入国际贸易规则的实践之中，以限制公有制企业的
迅猛发展。"竞争中立"原则的应用为我国国有企业的跨国经营带来一定的挑
战，如何使国有企业"走出去"与区域贸易自由化和全球经济治理实现共生
（李晓玉，2014），是 CPTPP 情境下值得深入研究的一个课题。

　　竞争中立原则包含税收中立、债务中立、规则中立、保证国企与私营企业的
利润率具有可比性等，目的是确保国企和私营企业能够公平竞争。最早提出"竞
争中立"理念的是澳大利亚的相关部门，它以约束国有企业商业行为为核心，强
调"国有企业与私营企业公平竞争，政府秉持中立态度、保证政策中性"[①]。即
将国有企业"平民化"对待，正常参与各种竞争和追求市场经济行为。CPTPP
中的国有企业条款与澳大利亚、OECD 组织等提出的"竞争中立"概念在本质上

---

① 项安波. 借鉴竞争中立原则应对 TPP 协议国企条款挑战［N］. 中国经济时报，2016 - 05 - 23.

是一致的，都旨在调整当前国际贸易相关规则，以弥补现有国有企业和私营企业公平竞争的缺陷。详见表 4 - 1。

表 4 -1　　　　　　　　　　国有企业及其"竞争中立"的比较

CPTPP 对国有企业定义	OECD 中国有企业的"竞争中立"	澳大利亚国有企业的"竞争中立"
概念界定： 政府直接拥有超过 50% 股份资本，或通过所有者权益、实际超过 50% 投票权和表决权而拥有对企业的实际控制权，或拥有对董事会（或其他等同管理机构）多数主要成员的任命权	概念界定： 建议保证国有企业和私营企业之间的"竞争条件平等"。认为当经济市场中没有经营实体享有过度的竞争优势或竞争劣势时，就达到了竞争中立状态	概念界定： 竞争中立是指政府的商业活动不得因其公共部门所有权地位而享有私营部门竞争者所不能享有的竞争优势
内涵比较： ①对国有企业和指定垄断划分类监管原则和严格透明要求； ②保证国有企业不妨碍其他私营公平经营； ③确保国有企业在实施商业采购和销售等行为时都出于商业性考虑； ④建立健全有效的争端解决机制和法律途径专门处理国企问题	内涵比较： ①竞争中立政策应该在政府层面规制； ②在竞争中立政策下，国有企业的经营活动要完全遵循商业活动原则； ③从实际和潜在竞争对手两个角度看竞争中立原则的使用； ④进行竞争中立的成本收益分析	内涵比较： ①税收中立； ②信贷中立； ③政策中立； ④合理的商业回报率； ⑤价格要真实地反映成本

资料来源：中国社会科学院世界经济与政治研究所国际贸易研究室（2016）。

2. 劳工规则。之所以这里突出"劳工规则"，是因为中国作为人口大国，劳动就业竞争激烈，加之各地经济发展水平不同，制度法规的摩擦成本较大。理解和认识 CPTPP 中的劳工规则不仅有利于保护劳工的合法权益，也是中国制度型开放的内在要求，更为中国企业"走出去"树立劳工方面的标准。CPTPP 中的劳工规则包括劳工权利、不毁损规则、争端解决机制等核心条款，它要求所有成员国采用该规则，并且在法律和实践层面上符合保护劳工组织（ILO）规定的基本劳工权利。为了体现 CPTPP 的全面性，还单独就劳工规则附加了三个双边文件，这是原 TPP 中的规范内容。国际劳工标准的内容广泛，涉及劳动者权利保护的诸多方面，大致可归为 22 类：结社自由、集体谈判和劳资关系、消除强迫劳动，废除童工，机会和待遇平等，三方协商，劳动行政和劳动监察，就业政策与就业促进，职业指导和培训，就业保障，工资，工作时间，夜间工作，职业安全与健康，社会保障，生育保护，社会政策，移民工人，HIV 携带者和艾滋病病人，海员，渔民，内河航运工人，土著人，以及特殊类型的工人如种植园工人、护理人员、家政工人等。美欧各国除在国际贸易规则中努力纳入劳工标准外，还在一些组织和机构中推行新的标准，例如通过跨国公司的采购系统迫使发展中国家的企业接受劳工方面的标准要求，否则不予采购。从国内这些年的改革来看，劳工规则方面的制度规范已经逐步向国际规则靠拢，最低生活水平和最低工资标准的动态调整就是劳工规则最直接的体现。当前，我国经济处于下行期，劳动力成本成为许多企业进一步压缩的目标，如何在不违背劳工规则的前提下实施财务战略，值得中国企业思考。

三、跨境服务与金融服务等规则

1. 跨境服务贸易及其特征。跨境服务贸易也称跨境支付，CPTPP 将这一概念定义为一成员服务提供者在其境内向其他成员提供境内服务贸易的消费行为，并据此获取报酬。具体包括："自一成员境内向任何其他成员境内提供服务；在一成员国境内向任何其他成员的服务消费者提供服务；以及一成员的服务提供者通过在任何其他成员境内的自然人存在提供服务。但不包括一成员的服务提供者通过在任何其他成员境内的商业存在提供的服务"（孙巧丽，2018）。跨境服务条款适用于一缔约方因受另一缔约方提供的跨境服务贸易影响而采取或保留的措施，包括服务的生产、分销、销售或交付；服务的购买、使用或支付；服务提供者接入并使用分销、运输或电信网络以及以提供债券或其他形式的金融安全作为服务接入条件的业务。CPTPP 中的跨境服务包括了 WTO 和其他贸易协定包含的核心业务：国民待遇、MFN 待遇（在相同情况下，一个缔约方给予另一缔约方的服务和服务供应商的优惠待遇应不低于其他缔约方或非缔约方的服务及服务提供商所享有的优惠待遇）、市场准入（一是不得对服务提供者强制实施数量限制；二是限制或要求特定类型的法律实体或合资企业等）、当地存在（只要服务贸易发生在当地就可以确认，不需要对方设立办事处或者某种下属机构等作为前提条件）。CPTPP 缔约方以"负面清单"的形式接受上述义务，同时还同意以简捷的管理方式（如双方感受到合理、客观、公正等）接受对新服务规则的服务，相关制度需要公开、透明。跨境服务贸易不适用空壳公司或由 CPTPP 缔约方禁止交易的非缔约方控制的服务提供者。

2. 金融服务及其特征。金融服务涉及缔约方跨境金融服务提供者、跨境金融服务贸易或跨境提供金融服务，以及金融机构、公共实体等一般性定义，还包括四个重点概念：一是金融服务。包括保险和保险相关服务、银行和其他金融服务（保险除外）。目前来说，这一定义范围已被多数自由贸易协议所认可并使用（GATS 中使用的也是这一定义）。二是投资。它涉及"贷款"和"债务工具"两个方面，其中规定：由金融机构发行的"贷款"或"债务工具"只有被作为监管资本时才会被认作一项"投资"。三是新金融服务。它是指在一方境内没有提供但在另一方境内已经提供的金融服务，包括任何新形式的金融服务交付或者金融产品的销售。只要允许本国机构开展这项新金融服务，则外国机构也可以，无须另立规则。四是自律组织。它是指任何依法或由中央、地方政府委派成立的，对金融服务供应商或金融机构进行监管的非政府机构，包括任何有价证券或期货交易市场、结算机构、其他组织或协会。如果一方要求另一方在本方境内的金融机构或跨境金融服务提供者加入本方的自律组织，则该自律组织需要遵守"国民待遇原则"和"MFN 待遇原则"的有关规定。

CPTPP 中的金融服务规则适用于任何缔约方金融机构与其他金融机构或公众实体的竞争。但是，不适用于以下情况：一是不适用于构成公共退休计划或法定社会保障制度组成部分的活动或服务；二是不适用于包括公共实体在内的，代表该缔约方，或由该缔约方担保，或使用该缔约方财务资源的活动或服务；三是不适用于政府采购中的金融服务；四是不适用于对跨境金融服务提供的补贴和担保，例如政府支持的贷款、担保和保险等。由于跨境金融服务既有服务贸易的属性，又在很大程度上属于国际间资本流动的范畴，因此该部分在自由贸易协议中具有一定的特殊性，其在服务贸易规则和投资规则的内容中也均有提及。在多边层面涉及金融服务领域的规范主要为乌拉圭回合谈判中达成的《与贸易有关的投资措施协定》与《服务贸易总协定》，其中，前者并未对金融服务作出特别规定，而在《服务贸易总协定》中也仅以附件的形式规定了金融服务的定义和范畴以及国内监管、认可、争端解决机制等（李圣刚，2016）。另外，金融服务中的电子交易面临巨大的风险，CPTPP 各方在谈判时对此高度重视。考虑到其未来的前景，也为了更好地体现 CPTPP 的先进性，最终版本的 CPTPP 还是对"电子商务章节"（强调通过数字贸易创建的数据等需要关注，并提供广泛保护）等加以保留，这些都是相关的其他自贸协定未涉及的内容。它表明，CPTPP 成员国政府将努力为区域内生产要素的最佳配置创造最优条件，从而更好地分享彼此的经济成长和发展机会，打造引领未来国际贸易规则走向的"风向标"。

四、环境保护与知识产权边境保护等规则

1. 环境保护规则及其特征。与 TPP 相比，CPTPP 的环境章节覆盖类型未增加。CPTPP 缔约方郑重承诺"保护环境，共同应对环境挑战"。环境保护规则中的"环境标准"与企业通常认知的概念有较大的区别，它从三个维度（范围维度、义务维度和约束维度）进行综合规范。用公式表达，即"环境保护程度的标准高低 = 范围 × 义务 × 约束程度"。国际贸易规则中的环境保护是与国际义务以及贸易争端解决机制相联系的，其环境政策是与国际环境公约的要求相一致的。CPTPP"环境保护规则"的主要目的是实现贸易与环境的相互促进，它要求从结构上减少或杜绝对环境保护有害的贸易活动，从行为上鼓励加强对环境保护的贸易活动章节。CPTPP 中的环境保护有 12 大类条款，具体分定义、目标、一般义务、与多边环境协定相关的义务、透明度和公众参与、私营部门参与、合作框架、磋商、争端解决等。从大类来看，包括基础性条款、与臭氧层保护和保护海洋环境相关的专项条款、程序和合作机制，以及其他专项条款等。

环境与贸易的关系是学者争论较多的热点问题。随着经济全球化的日益深化，国际贸易对经济发展的推动作用越来越显著。当前国际上解决环境问题的框架主要有多边环境协定、WTO 和区域一体化协定。一方面，大多数 OECD 成员国加入的区域一体化协定中都引入了环境条款，其中在最近签订的区域一体化协定中，加拿大、欧盟各国、新西兰和美国签订的环境条款内容最为广泛和深入。在非 OECD 国家中，智利在区域一体化框架内的环境合作较为显著，如智利与墨西哥、加拿大、欧盟各国、美国等国的双边协定。许多最初没有包括环境条款的区域一体化协定，后来也通过成员国之间签署独立的协议来进行环境合作。由于全球性的协定在一定程度上难以达成，区域或次区域的环境与贸易合作就显得非常必要，多边环境协定开始向双边延伸。另一方面，在区域一体化深度发展的趋

势下，成员国通过进行双边环境谈判合作来加强区域内环境合作也变得越来越普遍。在这两方面的有力推动下，通过双边协定解决环境问题成为全球环境合作的新趋势（东艳，2016）。

2. 知识产权边境保护规则及其特征。CPTPP 对原 TPP 中知识产权部分的 11 处内容进行了搁置，两项附件进行了修改。其中，有关知识产权边境保护规则得到了保留，其文本中的条款本只字未改。CPTPP "知识产权边境保护规则" 在原来的 TPP 文本第 18 章（知识产权）中集中于第 1 节 "执行"（enforcement）部分的第 18.76 条。即有关边境措施的特殊要求（"知识产权边境保护规则"）。它由 9 项内容构成：（1）依申请保护所适用的货物范围；（2）启动保护程序的条件；（3）申请人担保的提交；（4）权利人的信息权；（5）依职权保护的适用范围；（6）授予边境执法机关认定侵权与处罚的权力；（7）侵权货物的处置；（8）边境保护的合理费用；（9）微量物品的严格有限豁免。CPTPP 中的知识产权边境保护规则适用面较广，在通关程序和地区范围上涉及一般的进出口，以及自由区及其广泛意义上的转运（涵盖我国的 "转运" "过境" 和 "通运" 程序）。

CPTPP 放宽了部分条款，例如对于 "已经备案的知识产权在提供依职权行使保护的情境时"，改变了以往提交申请的做法。即 CPTPP 条款明确了 "依据职权的行为并不要求有第三人或权利持有人的正式诉请"。这种简便的知识产权边境保护措施是与美欧等经济体的海关改革相适应的，美国海关强调权利人的相关备案，其有效期为 20 年。欧盟同样不需权利人申请。简便并不代表降低质量，CPTPP 第 18.76.3 条对侵害知识产权的情境有严格规定，"各成员国应明确其主管机关有权申请中止各种涉嫌假冒商标或产生混淆的模仿标示以及盗版货物放行进入自由流通程序的任何权利持有人提供的场所"，要充分、合理地保护被申请人与主管机关的执法行为，并且防止滥用程序的担保或同等保证行为。此外，CPTPP 有关担保条款完全取消了货主反担保放行的权利。同时，这些 "涉嫌" 货物不能因为有反担保约定而获得放行，必须将其滞留口岸，一直到明确责任后再加以处理。在该规则的上述特征中，尤其突出了 CPTPP 中 "权利人本位" 的精神，而不关注交易方利益是否得到平衡等。

第三节　CPTPP 核心条款对中国企业利益的影响

传统的国际分工模式是产业间分工、产业内分工，现在开始盛行产品内分工。在这种背景下，全球经贸治理也变得更为复杂，以 CPTPP 为代表的区域经济一体化组织迅速增多，为中国企业的利益格局带来冲击。

一、关税及原产地规则条款对企业利益的影响

CPTPP 的税收优惠使各成员国团结起来，进一步降低彼此之间的贸易壁垒，扩展新的贸易联系，拓展成员国之间的贸易伙伴网络。

1. 原产地规则中的"零关税"效应明显。 无论何种 FTA，原产地规则都以谋求"零关税"为目标。CPTPP 同样要求成员国尽快撤销或削减工业品和农产品的关税，并在各国的贸易活动和资本投资活动中提供便利安排。"关税"成为影响企业利益的一个重要因素，尤其在全球经贸治理的新形势下，以原产地规则为代表的高标准条款，不仅要协调好边境规则，还要对生产的后边境规则进行协调。各国的生产活动跨越国境后，相关产业面临的实际关税往往远大于名义关税[①]。详见表 4 - 2。

表 4 - 2　　　　　　　　货物产业的名义关税和实际关税

产业	1995 年		2000 年		2008 年	
	名义关税	实际关税	名义关税	实际关税	名义关税	实际关税
农林牧渔	18.8	24.6	14.3	19.2	9.1	13.5
采掘业	1.5	0.5	1.4	0.9	0.7	0.2
食品、饮料和烟草	26.0	44.0	17.6	34.9	9.8	17.6
纺织业、皮革及鞋类制品	12.5	20.5	11.2	15.9	10.3	19.5
木材及其制品	5.3	3.7	4.7	4.4	3.9	3.3
纸浆、纸张、纸制品、印刷和出版	5.7	8.4	4.1	5.7	2.1	2.5

---

① 国际贸易中的实际关税，是特指生产过程跨越国境后叠加的关税。

续表

产业	1995 年		2000 年		2008 年	
	名义关税	实际关税	名义关税	实际关税	名义关税	实际关税
焦炭、炼油产品及核燃料	3.3	8.0	3.7	6.1	3.2	12.5
化学制品	6.1	9.1	4.9	8.0	3.2	5.3
橡胶和塑料制品	9.2	17.1	8.2	29.9	6.6	13.4
其他非金属矿物制品	7.3	12.7	6.0	6.4	5.3	10.4
基本金属	5.5	9.8	4.6	8.4	2.6	3.8
金属制品	6.8	11.5	6.1	10.0	4.8	9.8
其他机械和设备	5.0	6.4	3.9	5.2	2.9	4.1
办公、会计和计算机设备	4.6	5.3	1.6	−0.6	0.6	−2.1
电器机械和设备	6.1	9.2	4.9	8.0	3.8	7.0
广播、电视和通信设备	7.0	11.1	3.2	3.5	2.7	4.2
医疗、精密和光学设备	5.2	6.7	3.2	2.1	2.2	2.9
汽车、挂车和半挂车	11.9	24.9	11.9	22.4	10.0	23.3
其他运输设备	3.6	1.8	2.9	−0.8	3.4	3.5
其他制造业、再生产品	7.5	12.6	5.3	7.6	4.0	5.2

资料来源：转引自研究室（2016）。原载：Diakantoni, Antonia and Hubert, Escaith. Trade in Tasks, Tariff Policy and Effective Protection Rates［Y］. WTO Staff Working Paper ERSD-2014－22, December 2014。

CPTPP 生效后，在符合原产地规则的情况下，可以削减关税直至为零，则将大幅降低各产业面临的实际关税。对新西兰与加拿大之间的葡萄酒、加工肉类、羊毛、林业产品、渔业产品等贸易而言，CPTPP 生效后两国的关税即刻免除；其他的农产品，如牛肉等，其关税及配额限制规定在六年内免除。CPTPP 中的原产地规则对成员国的利益是直接的，同样以新西兰为例，CPTPP 生效后每年能为该国节省约 2.22 亿美元税收。这一规模对新西兰是极大的利好，它相当于现行的中新 FTA 两倍的规模。仍然从农业方面来看，基于 CPTPP，澳大利亚第一次实现与加拿大和墨西哥农产品贸易合作，它不仅给澳大利亚农民和企业带来收益，对相关国家农业的发展也具有促进作用。据澳大利亚国内权威部门估计，到 2030 年 CPTPP 框架下的贸易行为每年可以给该国带来约 156 亿澳元的利益[1]。CPTPP 生效后关税大幅减免对日本也明显有利，如从日本出口的工业品的 99.9%、农林

① CPTPP 生效 促成经贸格局变动［N］. 中国贸易报，2019－1－10.

水产品的 98.5% 关税将最终取消,① 有利于日本利用高水平贸易自由化规则的优势助推本国经济的发展。原产地规则的关税降幅是很明显的。以加拿大汽车进口关税为例,现行的关税为 6.1%,根据协定,生效第一年降为 5.5%,第二年降为 5%。因此,生效后第三天便使关税由原来的 6.1% 降至 5%。

2. 对某些行业的企业利益产生冲击与影响。 从全球价值链角度来讲,原产地规则可能从政策上阻碍一些非成员国行业(如中国的纺织品行业)发展,使非成员国某些产业在全球分工体系中的位置发生改变。事实上,我国的纺织品行业由于具备完整的产业链,并在较早时期便开展技术创新,这一时期也包括产业向越南等东南亚国家进行转移等,实际受 CPTPP 的影响并不大。当然,这和中国与 CPTPP 大多数成员国缔结的双边 FTA 有关②。一种观点认为,"越南制造"或成最大的赢家。不可否认的是,作为 CPTPP 成员国的越南,其发展空间有望进一步扩大。同时,越南可以利用其在发展中国家率先实施高标准高水平经贸规则的优势,放大自由的周边辐射力,并创造条件尽快融入全球化经济的行列中去。以越南的纺织业为例,取消进出口中的配额和其他数量限制、修改原产地规则中的累计原则可以扩大区域价值链的贸易转移效应。服装等纺织品原料的原产地必须是这 11 个国家,即服装的面料辅料原产地是越南,面料的纱线纤维及加工必须是越南。就算原料成分有来自中国的,其含量/重量或者总价不超过10%。纺织及成衣是越南第二大出口产品项目,国内大部分纺织成衣商为加工商,其生产原料的 80% 来自国外进口。因此,纤维、纺织、染整等方面的生产能力仍属薄弱,主要依赖中国大陆、印度与若干东南亚国家等进口。也就是说如果越南服装厂想享受"协议"带来的便利,必须使用越南当地原料/面料去做服装。这样一来,越南就会减少对中国面料和原料的依赖。这也是对越南纺织面料行业加码的一个大引擎。

短期来看,CPTPP 对中国纺织行业的影响不明显;然而,从长期角度观察,

---

① 2019 年刚开始,日本干了件改写全球规则的大事 [OL]. 环球网,https://world. huanqiu. com/article/9CaKmKgDOC.

② 目前,在 CPTPP 的 11 个成员国中,中国已经与文莱、马来西亚、新加坡、越南等东盟国家,以及智利、新西兰、秘鲁、澳大利亚等 8 个国家签订并实施了双边自贸协定,而且目前 CPTPP 成员国的 MFN 平均关税已经很低了,因此会与 CPTPP 的贸易转移效应产生对冲。

中国的面料和原料企业会开始迎接一波冲击，越南比较低的用工成本，低税免税建厂政策，会和国内的纺织面料企业"抢饭碗"。在纺织领域，现在"越南制造"（Made in Vietnam）正在悄然挤占"中国制造"（Made in China）的市场，这主要发生在一些低端产品领域。目前，产业转移倾向有所加强。2018 年 4 月，日本的优衣库公司宣布将中国生产基地转向东南亚，其中，越南已承担其生产总量40%的产品生产。① 与此同时，国内的企业受廉价劳动力的吸引也开始实施产业转移，早期以广东、福建的鞋帽服装民企为典型，转移的目的地主要是越南。近年来，江浙一带的纺织服装企业，如波司登也开始加大向东南亚生产转移的力度。其中，不排除获得外国资本的助力，如波司登技术与日本伊藤忠商事的资本合作，在越南开建纺织工厂并已投入生产等。我们必须对这种由于 CPTPP 规则变化而对企业产生产业转移影响的情况加以高度重视。亦即，中国出口到日本、加拿大、墨西哥等市场的产品，因尚未与中国签订自贸协定，企业的利益会受到明显的不利影响。这包括两种情境：一种是面对来自马来西亚、越南、墨西哥、智利、秘鲁和文莱等 CPTPP 劳动密集型国家的同类产品，中国企业由于需要承担原产地规则中的"关税"，可能在日本和加拿大市场处于不利地位；另一种情境是以 CPTPP 成员国为"桥梁"，打包销售给这些国家的企业，承担额外的转售费用。并且，后者的监管已经进入白热化，操作起来有一定的难度。这些情况表明，CPTPP 的原产地规则及其关税政策对中国企业的影响是客观存在的，中国出口产品处于十分不利的境地。②

3. 产业政策变化带来的产业布局变动对企业利益的影响。在区域贸易协定的形成过程中，各国对原产地规则的态度，除了要考虑本国的产业实际情况外，还要配合其他规则的综合情况来考虑实施或调整本国的产业政策。CPTPP 原产地规则中"零关税"的实施，使成员国之间的贸易壁垒基本消失。贸易壁垒消除后，受影响最大的是商品的进出口和资金的跨国投资。从商品的进出口方面来看，CPTPP 原产地规则中的"零关税"突显了缔约的成员国商品进出口优势，

---

① 外媒：中国成本优势不再　优衣库将生产线迁往东南亚［OL］. 前瞻网，https：//t. qianzhan. com/caijing/detail/180402 – 3c15c5cb. html.

② 随着 RCEP 的签署及不久后的生效实施，无疑为全球贸易自由化与国际化增加了助推器，也使 CPTPP 的局限性得到一定程度的修正。

进而促使其获得更大的市场占有率。从资本投资角度来看，"零关税"加上资本投资壁垒的消失，缔约的各个国家倾向于在 CPTPP 成员国的国内进行投资。当然，随着 CPTPP 成员国之间出口的增加，也会带来双重效应。即：一方面各成员国获得更多的优惠政策（因为优惠政策措施都是针对原产地设置的）；另一方面强化了成员国产业的竞争意识。我们可以利用后者的竞争环境，迫使 CPTPP 中的某些成员国在产业与产品的生产地点、投资安排等方面作出让步，加快到 CPTPP 成员国内进行投资布局，通过进行跨国的自我调整以求规避原产地规则的约束。中国许多企业开始转移设备，在越南买地建厂。比如百隆东方、天虹纺织、如意控股、山东鲁泰、华孚色纺、青岛即发、雅戈尔等。中国高端面料的供应链地位一时半会儿应该不可能被任何国家替代，但是低端产品肯定会被淘汰出局。纺织业是比较成熟的，没有太难的高科技，只要越南买新设备、高端设备；五年左右，估计越南会生产出来不少中端面料，也就意味着未来五年，不少依赖出口面料的企业可能会失去机会或者关门。必须加强供给侧结构性改革，加快纺织业的转型和升级。外贸型企业要加快新产品的开发，做一些高端产品增加客户黏性，国内普通面料企业也最好不要再把所有重心放在低价走量的思路上，因为低价的产品门槛低。希望更多的企业早日做好规划，应对未来可能发生的一切；路不好走，更要提前做准备。

二、国有企业与劳工等条款对企业利益的影响

CPTPP 提供了清晰的改革路径，取消国有企业的超国民待遇，消除各个主体无论是私营企业还是外资企业行业准入的障碍，让市场发挥决定性作用。

1. 国有企业条款对企业利益的影响。由于历史和现实原因，国企改革无法一蹴而就。短期内，中国的国企尚难达到"竞争中立"。但是，可以将"竞争中立"看作是为市场提供公平竞争的外部环境的高标准和原则，为未来国企改革方向提供启发和借鉴。长期来看，"竞争中立"将成为国际贸易的新规则（罗长远、王璐婧，2016）。近年来，我国一直在下大力气进行国有企业改革，并在政府补贴等方面要求透明、公开，并尽可能减少政府给予的非商业性援助和支持。这种改革思路，与 CPTPP 强调的"竞争中立"原则相一致。文宗瑜、谭静

（2017）认为，CPTPP 会对我国国有企业参与国际市场竞争形成阻力和挑战。从总体上看，我国的国有经济仍然占国民经济的绝对比重和地位，并且大量的国有企业分布于竞争领域，对于其中商业类国有企业而言，通过混合所有制改革来向"竞争中立"原则要求的方向发展是可行的。面对全球不断加剧的竞争环境，国有企业的地位与作用对我国而言仍然相当重要，试图基于"竞争中立"原则在竞争中主动"谦让"既不现实也不明智，改革不能一蹴而就。同时，政府要逐步减少行政干预，以市场化手段管理国有企业。

我国面对早期的 TPP，没有主动谋求加入的一个重要原因就是难以对国有企业进行贸易规则层面上的改革。近年来，我国已经更大范围、更广深度地开展了制度型开放，许多标准已经与 CPTPP 的规则要求相一致，有的还超过了其标准的要求。但是，我们是通过自贸试验区等形式赋予企业这方面制度权力的。在整个国家层面全域实施尚有难度。这里的核心还是国有企业，欧美国家的一些组织将我国国有企业定义为"非竞争中立"状态，其理由包括能够经常享受到国家的补贴、利率优惠、税收优惠等好处，它对于我国国有企业"走出去"和开展自由贸易带来负面影响。我们认为，"竞争中立"原则可以作为我们制度改革的一个参考，同时，我们也需要将我国国有企业的特殊性向世界各国展示。一方面积极参与各种国际贸易规则的双边、区域谈判，把握国际贸易规则的趋势与走向，以指引我国国有企业改革的目标和方向；另一方面结合"竞争中立"中的"权责相适应""包容利益"和"差别化的共同责任"等理念，深化体制和制度的改革、调整与国有企业原则不相容的规章制度。先在自贸区进行国有企业改革的试点，测算 CPTPP "竞争中立"原则可能对我国国有企业的影响情况。同时，积极完善相关的法律法规，逐步适应新时代高质量经济发展对国有企业制度的需求（张琳，2016）。

2. 劳工条款对企业利益的影响。直到今天，在劳动密集型的产业内，例如服装业、制鞋业，尤其是在这些产业内没有自己品牌的小型企业中，民工们每天仍然是没有白天黑夜地劳作，每天工作十多个小时，却只有几十元人民币的收入。一直以来，廉价劳动力始终作为我们的"竞争优势"在被宣扬着，事实上这个优势也的确增加了我们某些产品在国际市场竞争中的获胜砝码。但是反过来思考，在这个竞争优势实现的过程中，有没有被伤害者，有没有利益潜在的受损人，事实证明，广大的民工正是这个角色。劳工条款的影响可以从消极和积极两个方面来考虑（高凌云，2016）。首先，从消极的方面来看，劳工条款从经济学角度可以看作是劳动力成本，它是贸易成本中的重要组成部分。国际贸易活动中，对于一些低端商品或服务，中国企业就是靠低成本获胜的。在这种低成本战略下，抬高劳工工资标准，就会直接冲击生产与贸易成本，显然是不利于企业"走出去"的。其次，从积极的方面来看，劳工条款保证了工人的合法权益，不仅是工资，还包括工作环境、人性的尊重。通过劳工条款中相关标准的提高，不仅能够改善工人的生活条件与工作条件，也有助于实现劳工组织倡导的体面就业，并最终实现劳动生产率的提高。此外，高标准执行劳工条款可以促进企业加快产业和产品结构转型，走高质量发展的创新之路。从长远来看，任何不符合劳工条款的活动或行为都需要加以纠正。目前国际机构从国际贸易的采购角度进行了制度设计，例如 SA8000 标准，又称劳工标准，受到世界各国的欢迎。SA8000标准关注重点是人，而不是产品和环境，是企业内部劳工的权利，包括最低工资、工作场所的健康安全等。

CPTPP 中的劳工条款应该说起到了一种引领的作用。目前，关于对劳工条款的应对，中国已经取得了巨大的成绩。首先，工作环境大大改善。随着经济全球化的推进，我国采纳了员工合法权益国际性保护的理念，并且全面执行对劳动者合法权益保障的国际标准，工人的工作环境得到了显著改善。其次，就业与工资标准的满意度不断提升。我国在自身主导的各项 FTA 文本签署中，均将劳工条款作为我国一项重要规则考虑其中。我国在各种多边贸易协定的"序言"中均将"创造新的就业机会、保护环境以促进可持续发展"作为目标列示在内，并且还在一些 FTA 中专设"劳动和环境合作"条款。例如，将协定双方政府主管部门签署的谅解备忘录作为援引内容之一，促进双方经济技术的深度合作（高凌云，2016）。

三、服务贸易规则条款等对企业利益的影响

CPTPP 作为国际贸易领域高标准的 FTA，对服务贸易、电子商务等规则高度重视，是迄今最先进的贸易协定之一。正确认识和理解 CPTPP 中有关服务贸易条款等内容，能够帮助中国服务企业扫除"走出去"过程中的贸易壁垒，更好

地发挥中国在电子商务等信息服务产业领域中的优势。

1. 跨境服务规则条款对企业利益的影响。传统的正面清单方式不仅限制了跨国公司进入服务部门，而且即使在开放条件下也在市场准入或国民待遇方面受到很大的限制。目前，在跨境服务贸易的谈判方式上往往以负面清单为主，这一结构转变将对企业利益产生一定的影响。即这种方式要求成员国的服务业尽可能地全面放开，除非有信息安全和国家利益等的服务部门，一般是取消限制。它表明，CPTPP 的成员国不得不开放更多的跨境服务领域，难免会面临各种危害国家安全的投资和经营风险。根据 CPTPP 规则的要求，跨境服务贸易规则条款的目标是促进成员国之间开放更多的行业，减少例外和限制等方面的管制。尽管我国是电子商务大国，以华为、阿里巴巴、腾讯等为代表的企业已经在国际市场上争取到了相关业务，从而增加了中国服务贸易出口；然而，我国在跨境相关的电子商务方面尚未构建自己的贸易标准体系，与电子商务大国的身份不相匹配。此外，我国在工程、建筑、法律等行业的执业资格和标准也与国际标准存在较大差异。因此，顺应 CPTPP 的规则要求，我们不能只是接受问题，还需要付出巨大的转换成本和制度创新成本。

跨境服务贸易规则对于国有企业的歧视性规定也将极大地限制我国企业拓展国际市场的力度。从整体上看，中国跨境服务企业的国际竞争仍然较弱，但仍有一些企业在国际服务业排行榜中靠前，而这些企业多数是国有企业。CPTPP 拒绝利益给予条款中明确提出可以拒绝将优惠给予国有企业，这就意味着，即便中国加入 CPTPP，很多具有竞争力的中国企业可能无法享受应得的福利。当然，如果中国不加入 CPTPP 的话，那么很多只有成员国才能享受的国民待遇及 MFN 待遇我们也将无法享受。因此，在服务贸易自由化趋势下，中国必须未雨绸缪，要加强开展重点服务领域的深度自由化对我国服务业影响的研究力度，及时调整我国原有的服务业管理体制和政府管理职能，以适应即将到来的新一轮服务业的全面开放。

2. 金融服务规则条款对企业利益的影响。多数发展中国家在金融服务领域的开放并不彻底，各自承诺水平也并不明确。作为一个伊斯兰国家，马来西亚由于宗教的原因在金融领域维持了诸多的限制措施；越南也保留了各种可能的限制。而智利、墨西哥、秘鲁等拉美国家相对来说反而是最为开放的，其承诺水平甚至高于美国等发达国家，这与其金融开放的传统有关。但由于这只是名义上承诺的开放，在实际层面拉美国家一般会设置较多障碍来对资本流动进行各种限制。对于我国来说，金融开放不会一蹴而就。作为我国金融最高开放水平的代表，中韩 FTA 中我国在金融服务领域的承诺开放水平与 CPTPP 等协议相比具有较大的差距，主要表现在未采用准入前国民待遇和负面清单管理制度，这导致协议在开放的广度和深度上都无法与当前国际贸易新规则接轨。另外，中韩 FTA 在争端解决方面也未采取针对性的规定措施，这使得该部分协议在实施阶段可能会在具体操作层面遇到障碍。实际上，当前我国金融业已经有了相当大的发展，无论在体量还是增速上都居于世界前列，制约金融业发展质量和国际化水平的主要因素在于监管等配套法律体制的不到位，从而导致我国无法实行负面清单管理制度，也使得我国目前无法通过全面开放来促进金融业的进一步发展。而随着人民币国际化的进展和资本流动限制的逐渐取消，我国金融领域的开放是大势所趋。因此，通过进一步深化改革，完善国内法律体系将是我国提高金融服务等各个行业领域竞争力的必由之路。李圣刚（2016）提出如下建议：（1）继续推进金融领域开放；（2）深化金融市场体制改革；（3）以金融创新推动产业结构优化升级；（4）改善金融生态环境；（5）完善金融监管政策。

3. 服务贸易相关规则综合应用对企业利益的影响。CPTPP 可以说是 WTO 的升级版，更关注服务贸易，未来中国的华为、小米、联想、阿里巴巴等服务型企业都会在"走出去"的过程中遇到这方面的规则，亟须中国参与或主导的大型国际经贸组织来保障它们在国际规则内的自由贸易，为中国电子商务以及信息技术产业领域的优势产业争取到更大的国外市场。同时，CPTPP 的服务贸易规则对于提升"一带一路"沿线国家的参与热情，帮助第三方开展合作并消除各方的疑虑从而减少推进阻力有积极意义。针对我国在跨境商品在线销售商经营服务管理、跨境商品平台服务商经营服务管理、跨境商品电子商务数据资产管理等相关方面规范不足的现状，2016 年商务部颁布了《跨境商品电子商务经营服务规范》，为维护我国企业利益起到一种保驾护航的作用。在这项规则中，我国建立了一个促进电子商务消费者信心提高的框架，以及制定了消除电子商务在使用和发展方面的不必要壁垒的措施，对于帮助 CPTPP 缔约国创造新的贸易与投资机会，进而增加就业和促进经济增长提供了制度基础。据统计，2017

年中国服务业增加值占 GDP 比重为 51.6%，对经济增长的贡献为近 60%，今后还将不断增长。因此，侧重保护服务贸易的 CPTPP 相关条款可以作为一种制度模板，并将其与中国不断提升的服务业以及电子商务、信息技术等优势产业相融合，积极维护我国服务贸易企业的合法权益。CPTPP 中其他的非货物贸易规则，如"电子商务"规则等，可以给服务行业"走出去"提供有效的制度安排。未来数字出口将成为当今中国的第二大出口部门，增长空间可期。此外，CPTPP 的"政府采购"规则要求，有关的政府采购应当权利均等，即国内国外的投标人同等开放政府采购市场，这也是中国加快国际进口博览会的运行并使其常态化的一个动因，商品贸易、服务贸易的进一步开放已成为一种不可阻挡的潮流。

四、环境保护与知识产权条款对企业利益的影响

1. 环境保护规则条款对企业利益的影响。诚然，CPTPP 中的环境保护规则条款较目前中国"主导"的贸易协定涵盖的内容更丰富，从已有的中瑞和中韩 FTA 的环境章节分析，除具体合作领域外，大都属于原则性的规范。再从我国目前自贸区的环境规范来看，存在环境合作要求的范围窄，监督机制缺失的情况。CPTPP 的环境保护规则条款涉及环境议题的范围维度、义务维度和约束维度的综合评判标准。即设立了合作框架下条款冲突时环境合作处理指南，CPTPP 各成员应通过各自的合作联点定期审查此条款的执行和运行情况，并向环境委员会及联络点就相关条款的落实情况提出各自的结论及可能的建议。当前，我们应全面、客观地解读 CPTPP 的环境保护规则内容，深入评判该规则条款对企业环境的影响，引导公众正确认知 CPTPP 环境保护规则的实质精神，主动按 CPTPP 的环境要求进行环境成本管理。更进一步讲，就是将环境管理和行为措施、国际环境义务与贸易争端解决机制相互挂钩，以此种方式来强化协定缔约方对环境措施、国际环境公约的执行力度（赵文军、于津平，2012）。在新的国际经贸环境下，企业产品生产必须考虑我国与世界其他国家或组织签订的 FTA，以促进企业贸易与环境的协调发展。从国家宏观层面来看，提高环境部门的权威性，加强环保执法，积极履行多边环境协定的贸易条款等，是提升企业环境治理水平，处理

好企业发展中环境问题的关键。同时，要提高企业的环境成本约束机制，引导企业的环境管制对产业结构调整和技术升级的引导作用，有利于环境产品的创新和出口竞争力的培育（胡卫东、周毅，2008）。从当前的情况来看，企业面临的环境管制很多是出于被动，绿色标志、ISO14000 标准等技术要求也是一种外在的驱动。因此，要通过构建企业绿色制度体系，以实现企业产品的优化升级，提高企业出口产品的国际竞争力，突破国外的环境贸易壁垒。

2. 知识产权边境保护规则对企业利益的影响。虽然从 TPP 到 CPTPP，搁置了 11 项以往认为重要的知识产权条款，似乎令人感觉知识产权标准不重要了。其实，从 CPTPP 的 11 个成员国构成来看，许多国家尚未达到需要严格实施知识产权保护的边界，也就是说，这些国家的创新能力还比较脆弱。中美经贸摩擦让我们认清了科技创新以及知识产权保护的重要性。这一年多来，美国打压华为之所以不"顺利"，关键就是华为知识产权意识强。在科技竞争不断加剧的现状下，知识产权的重要性不言而喻。因此，我们要以开放的心态对待 CPTPP 中的知识产权规则，尊重 11 国成员的选择。然而，我们在构建自身的知识产权标准时可以参考 CPTPP 的做法，但又必须高于这一标准。我国已经颁布了一系列与知识产权相关的法律和法规，如 2018 年以来的《高校知识产权信息服务中心建设实施办法》《知识产权认证管理办法》《关于加强知识产权审判领域改革创新若干问题的意见》等文件。我国的知识产权边境保护规则第一次立法是 1995 年，即当时颁布实施的《中华人民共和国知识产权海关保护条例》，后经过二次修改，其标准大致相当于 CPTPP，但远高于 TRIPS 协议的要求。从内容上来看，我国边境执法涉及的"侵权货物的种类范围"高于 CPTPP 标准。当然，我国的知识产权边境保护规则也存在一些需要完善的地方，如我国边境执法所适用的通关程序和地域范围的规定存在着模糊性，主要是该条例与《海关法》中的规定存在一定的分歧，而且在地域范围方面，在海关特殊监管区或自贸区内进行知识产权边境保护存在模糊性。从总体上看，我国在边境保护所适用的通关程序范围和地域范围之外进行边境执法并不明确。上述模糊之处经过法律解释，是可以和 CPTPP 的标准进行协调的。我国的知识产权边境保护对外政策可以逐渐形成自身的话语体系，并随着我国双多边协定的谈判与缔结而不断予以国际化，从而为我国企业"走出去"营造更加优化公平的知识产权保护环境。总之，我国的知识产权边境保护立法已经向国际经贸领域的高标准看齐。

五、其他条款对企业利益的影响及其分析

CPTPP 中保留的最有争议的条款包括以下几项。

1. 投资自由化。 各国必须向其他 CPTPP 成员国的企业和投资者开放本国市场。他们可以接手一些国内生产商和服务提供商的业务。对于日本、加拿大等发达的成员国来说，CPTPP 的投资自由化条款有助于这些成员国增加对外投资和吸引外国资本，扩大本国高技术制造业的出口，为本国的对外投资者提供更大的保护，增加本国企业的创新动力，增加就业，促进经济增长，同时不符措施（即负面清单列出来的所有不符合普遍性义务的特殊措施）也给它们提供保护国内重要和敏感产业的机会。对于智利和越南等发展中国家来说，通过 CPTPP 规则给国内带来更多的转移投资，有助于加快融入全球价值链的步伐，增加国内就业，提高出口水平，并进一步促进国内的经济增长。同样，中国企业在"走出去"的过程中充分了解 CPTPP 的投资自由化规则，不仅可以增强自身的制度保障，还可扩大投资视野。以往企业投资或产业转移更多的是看"东道国"的投资环境等基础条件，对整个国际投资环境的考虑较少。随着我国综合国力的增强，积极利用或借鉴 CPTPP 中的投资规则，对于提高中国企业对外投资的质量将起到极大的帮助。换言之，中国应该是可以接受 CPTPP 有关投资的主要条款的，挑战最大的条款可能是其中的业绩要求条款，但该条款完全可以通过确定关键行业不符措施的负面清单进行缓和与避免，接受难度应该不是特别大。

2. 投资者保护。 投资形成的"资产"是投资者直接或间接拥有或控制的、具有投资属性的所有资源。不是所有资产都可以用来投资，"投资属性"涉及资本或其他资源投入、收益或利润取得的可行性分析，包括可能预期的投入与收益，以及投资失败应当承担的风险等。投资者选择某个目的地进行投资离不开"东道国"的有效保护，积极利用中国与对方国家签署的双边或多边投资规则就变得十分的重要。如果某一成员国政府引入的新经济、社会或环境政策，影响到外国投资者的业务，哪怕他们的商业活动被延期，外国投资者也可以以现有和未

来利润损失，或者资产价值缩水为由，起诉该政府。同时，在提请仲裁的时限方面，CPTPP 规定的是 3 年零 6 个月，稍长于其他的 FTA。在投资者保护方面最值得注意的是，相比国内投资者，CPTPP 赋予外国投资者更大的权利。不过与 TPP 相比，CPTPP 对以往规定的"外国投资者可以绕过东道国的法律程序直接将争端诉诸第三方程序和国际仲裁"等内容作了限制。原因是这项规定有可能会导致对国家争端解决（ISDS）机制使用的增加，甚至导致对 ISDS 的滥用，这很可能会增加缔约方政府的负债（例如高额的诉讼费和争端赔偿金），并限制国内政策和政府行为的空间。

3. 政府采购。政府采购主要是政府为履行公共服务职能而对货物服务等的购买。政府对货物和服务的公共采购对外企而言是一个不可忽视的市场，不仅得到国内企业的重视，外资企业同样重视，而这会影响国际贸易。在国际背景下，政府采购体制的透明、公平、有效显得更加重要。长期以来，政府采购被游离在 FTA 大门之外，现行的以关税及贸易总协定（GATT）和世界贸易组织（WTO）为主导的多边贸易体制并没有考虑政府采购的规则与条款，《服务贸易总协定》也是后期纳入政府采购事项的。过去，我国将外企排斥在政府采购的可享受国民待遇之外（苏庆义，2016）。多年来，GATT 和 WTO 成员方寻求在多边贸易体制下解决政府采购问题，并取得了三方面的进展：（1）签订《政府采购协定》；（2）基于 GATS 第 13 条第 2 款对政府采购服务的谈判；（3）1996 年新加坡部长级会议成立有关政府采购透明度的工作组。这三方面的工作既互补又存在差异，差异之处主要表现在工作性质、基本原则、工作范围、参与性质等。详见表 4 - 3。

表 4 - 3　　　　　　　　WTO 框架内政府采购方面的工作

特征	GPA	GATS	政府采购透明度工作组
工作性质	对现有 WTO 协定的管理	基于 GATS 第 13 条第 2 款进行谈判	对相关协定的研究和阐释
基本原则	透明度和非歧视性	透明度和尽可能的非歧视性	只有透明度
工作范围	货物和服务（包括建筑服务）	只有服务	政府采购方面的工作
参与性质	诸边（并不是所有 WTO 成员都参与）	多边（所有 WTO 成员都参与）	多边（所有 WTO 成员都参与）

资料来源：中国社会科学院世界经济与政治研究所国际贸易研究室（2016）。

表 4 - 3 表明，许多国家会给予本国企业在施工许可等项目上的优惠待遇，在政府采购产品和服务时也会存在这种差别待遇。在 CPTPP 的框架下，这种区别待遇将被终止，因为依据新的规则要求缔约国在政府采购时，必须在一定程度以上对外国企业和本国企业采取同等待遇。该条款的目的在于允许外国企业获得更多的商业机会和收益。但对东道国来说造成的不利影响是，它们驱动当地企业和国内经济发展的能力（如原本的采购政策）将受到严重侵蚀。

第四节 本章小结

CPTPP 相对于原来的 TPP 而言，继承了约 95% 的内容。从当前全球 FTA 的规则体系观察，其标准仍然是最先进的，它能够在亚太大型 FTA 的构建中起到规则示范的作用。通过对 CPTPP 主要章节内容的解读，有助于企业了解、认识、掌握 CPTPP 的相关条款，并将其应用到对外投资、跨国经营等国际经贸活动之中去。对照 TPP 可以发现，在 CPTPP 最终版本中，完整地保留了"电子商务章节""政府采购章节"以及"国有企业章节"等原 TPP 核心部分。这也是"国有企业条款"首次被纳入国际贸易协议。最重要的修订是在投资和知识产权章节，即该章节搁置了 11 项以往被美国高度重视的知识产权条款。CPTPP 也在一些条款上放松了管制，如在 CPTPP 的投资章节中，投资者根据投资协议提起诉讼的能力比 TPP 更有限。同样，根据修订后的知识产权条款可知，创新药物的专利保护期限缩短，技术和信息保护范围缩小。

CPTPP 的实施可能加剧我国经济面临的挑战，并对企业的利益产生影响。从我国的制造业现状来看，其成长历程所表现出的特征是"双重嵌入"。即在产业组织形态上既嵌入国内（本地）的产业集群，同时又嵌入全球价值链。中国应在顺应全球贸易自由化趋势下积极参与全球经贸秩序的构建，加快"一带一路"倡议和 RCEP 的步伐，提升自身在区域乃至全球经济中的话语地位。当前，中国正处于改革发展的转型期，国内的科技产业、新兴产业正处于建设期和成长期，国内产业结构、产能结构也正处于调整期。在贸易管制措施的选择和采用上，往往需要更长的时间从 WTO 优惠水平调整发展为 CPTPP 优惠水平。因此，中国在与亚太地区经济体之间进行多边自由贸易协定谈判的过程中，往往需要依据"兼顾发展中国家经济发展"的原则，对部分正当的贸易壁垒采取更加宽容的态度。

第五章
CPTPP 下的规则演进与会计制度博弈

逆全球化下的贸易保护主义盛行使基于利益之争的经贸规则不断地变化与调整，作为重要信息的供给方及贸易成本控制的需求方，会计主体需要更加稳健。CPTPP 的实施改变了世界贸易的既定版图和战略布局，企业不能只关注经贸政策的发展轨迹，更需要从宏观与微观结合的视角，考察会计制度的变化情况。无论是经贸规则的变迁，还是会计标准的转变，都会对企业的利益产生影响。财务会计与管理会计在技术创新、管理方法整合的新形势下，促进了经贸规则的演进与会计规则的博弈。管理者要以战略的格局、整体的视野全面管控和约束企业的贸易行为。同时，加强对 CPTPP 规则的理解与认识，通过将会计规则（标准）嵌入 CPTPP 之中，寻求国际贸易规则发展的新路径，提高我国企业在全球价值链中的位置和国际贸易规则制定中的话语权。

第一节　CPTPP 下的规则演进

当前的国际经贸环境复杂多变，中美贸易战的周期不断延伸，美日、美欧与日欧之间制定了一系列新双边贸易协定，并且呈现出联合制定经贸规则的势头，加之国际贸易组织（WTO）存在的不足，使改革迫在眉睫。在这种新的形势下，CPTPP 的重要性得到提升。

一、CPTPP 变迁的影响因素

美国退出 TPP，预示着全球经贸规则将面临重大改变。其中，最大的改变将会体现在由多边向双边转向的贸易谈判，未来各国之间的双边贸易谈判将会重拾贸易保护之势，使全球自由化贸易进程更加曲折，增加国际经贸活动的复杂性和不稳定性。从 TPP 到 CPTPP，这一变迁过程受到许多因素的影响，结合相关文献进行分析，主要集中在政治精英的力量、全球化的力量和制度变迁的力量等方面，如图 5 - 1 所示。

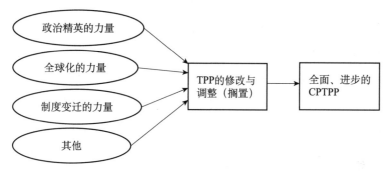

图 5 - 1　CPTPP 变迁的驱动因素

结合图 5 - 1，下面对上述的各种力量作一简要分析。

1. 政治精英的力量。在日本的政治精英中有这样一种共识，即"制衡中国的战略价值和适应供应链贸易、推动增长的经济价值"。这一论点过去由 TPP 加以承载，并在首相官邸主导的日本政治中获胜，同时日本参众两院也很快批复了 TPP。日本政治的特点是官邸主导制，近年来这一体制得到了强化。为了顺利通过 TPP，现任首相安倍强化了官僚、议员和利益团体之间的力量博弈，使 TPP 政策很高效地在首相官邸和中央省厅得到支持，并且最终获得通过。日本所处的地理位置使其对地缘政治与经济始终保持高度的兴趣，并在 FTA 中延续这一思想。TPP 的通过，也表明日本政治精英试图将经贸领域的东亚主导转向"亚太"主导，扩大其经济影响的势力范围。特朗普宣布美国退出 TPP，使日本对其贸易政策是否继续以美国为中心产生了动摇。如果 TPP 最终不了了之，那么日本的贸易政策将陷入一段进退失据的迷茫时期。对此，日本的精英政治家们只有迎难而上，他们充分利用了美国退出 TPP 的时机，果断地担当地重振 TPP11 的重任。如果没有日本在各国之间的游说，以及在贸易规则方面的鼎力奋进，CPTPP 的达成是不可能的。在失去美国后的 TPP11，日本成了经济规模上的老大，为了促成 CPTPP 的尽早生效，日本主动开放了国内农副产品市场和汽车市场的较大份额。其努力的结果是使日本成为 CPTPP 总部的首选之地（第一轮放在东京），日本也理所当然地成为亚太经济一体化制度安排的"领军者"。由于 CPTPP 率先达成，对于 RCEP 来说难言利好。加之 CPTPP 大张旗鼓地吸引非成员国加盟，其扩容前景乐观。一种观点认为，未来 FTAAP 的实现路径可能首选 CPTPP 的高标准规则，若是如此则会使中国在 FTAAP 的构建中失去有利地位。

2. 全球化的力量。 逆全球化思潮对全球化产生冲击，使全球化条件下的经贸规则和价值链体系发生扭曲，进而对企业的财务状况和经营成果产生影响。经济全球化代表了人们的一种美好愿望。从经济全球化角度来看，全球化价值链的优化与升级必须实现经济发达国家与欠发达国家的平衡。如何使发展中国家能够在参与全球价值链的过程中实现"后发优势"；发达国家通过何种方式来帮助发展中国家实现经济的发展。全球化的核心是利益，尽管全球化能够熨平或推低全球的通胀水平，利好全球福利，但它也助推了资产价格，使贫富差距扩大。跨国公司的利益最大化原则又使以美国为代表的传统发达国家面临就业的减少，社会矛盾增加。事实上，全球贸易并非零和游戏，伤害他国经济非但对本国无益，反而会两败俱伤。美国退出 TPP，只关注本国利益、保护本国就业，加之由于多哈谈判搁置，以 WTO 为代表的全球贸易谈判未能跟上全球价值链发展对新规则要求的趋势，为填补国际电子商务、互联网交易、新型服务贸易等的空白，致使自 21 世纪以来世界各地区自由贸易协定数量大增，尤其是亚太地区产生近 100 个新的自由贸易协定。它表明，全球化的力量正在风起云涌，面对全球经济治理缺乏成效、贸易保护主义大行其道的国际经贸环境，CPTPP 不失为一种重振全球多边贸易体制的方式，它至少让更多的发展中国家看到了希望。

3. 制度变迁的力量。 变迁是事物发展的一种客观规律，变迁管理是对变迁过程的引导、规范与创新。面对美国退出 TPP，这种以自由贸易为基础的 FTA 面临变迁，需要寻求新的发展方向和前进动力。经贸制度变迁是与国际经贸的发展环境相适应的，其变迁的效率与效益取决于三个方面：一是贸易活动中的技术进步。通过构建全球化的贸易规则促进了贸易主体的技术进步，实现了贸易主体的效率增长和效益提高（如降低了贸易成本等）。二是全球化与逆全球化程度的影响。美国推行本国利益至上的贸易保护主义，使原来的全球化经贸路径突然发生了改变，各国一时难以自主；作为全球化受益者的中国、日本等国家按照制度变迁中的路径依赖理论，对原有的全球化仍然抱有极大的希望。日本则利用美国退出 TPP 的时机，直接将这种全球化的欲望嵌入到了当前的 CPTPP 之中。三是制度变迁与博弈过程中的创新驱动。有效的贸易规则变迁能够降低国际经贸市场中的不确定性，抑制机会主义行为，从而降低变迁过程中的贸易成本，带来变迁管理的效益与效果。从日本经济制度的变迁来看，其对实施 CPTPP 具有着强大的驱动力。这是因为受地缘经济中中国经济发展的影响，为扭转日本整体国力及经济实力下滑的现状。以安倍经济学为理论基础的制度变迁在对外经济合作策略上采取了"激进式"举措。它通过吸引外资和保护外国投资者利益，以及提振日本的制造业优势（"日本制造"），试图以日本本土为轴心布局全球生产链网络，并由此推进国内的改革。这些举措必须以全球化作为号召力，因此，CPTPP 成了安倍的一个重要抓手。例如，从 CPTPP 开始实施农业产业的改革（日本农民是受政府补贴的主体），到日欧协议中的农业放开，再到日美贸易协定中的全面放开，这种制度变迁体现了安倍经济学中一种重要的由渐进到激进的地缘扩张理论。

二、CPTPP 规则下的贸易核算

贸易规则作为一种经济学的制度安排，"成本/效益"的比较仍然是理论分析的一项重要工具。从现阶段来看，CPTPP 在亚洲百余种 FTA 中不失为一种大型的自贸协定，且在亚太地区中难以替代。从其发展势头来看，前景喜人。亚太作为全球经济的引擎，不仅经济总量大，而且经济、贸易与投资尤其活跃，CPTPP 借助于扩容机制，进一步强化区域价值链，扩大贸易集团化建设的可能性是客观存在的。

1. 宏观层面的 CPTPP 贸易核算：贸易成本的比较[①]。贸易成本中最重要的

---

　　① 贸易成本是指除了生产商品的成本之外，获得商品所必须支付的所有成本，包括运输成本、批发和零售的配送成本、政策壁垒（关税和非关税壁垒）成本、合同实施成本、汇率成本、法律法规成本及信息成本等。

是两方面：一是区域间贸易壁垒；二是运输成本。从宏观层面开展 CPTPP 的贸易成本比较，主要有两个视角：一是 CPTPP 成员国之间的贸易成本比较。这部分的贸易成本比较主要是因 CPTPP 的达成而减少区域间贸易壁垒进而节省的成本开支。当然各国经贸基础的改善以及国际贸易活动的关联性等也会使成员国减少贸易成本的支出。据澳大利亚政府估计，依据 CPTPP 框架开展成员国及国际间的贸易活动，一直到 2030 年每年都能给该国带来约 156 亿澳元的利益。二是 CPTPP 缔约的成员国与非成员国的贸易成本比较。由于 CPTPP 的排他性以及大型区域经贸协定的封闭效应会对以运输成本为核心的贸易成本产生重要影响。例如，原产地规则等的关税政策，使非成员国或地区的企业必须通过贸易转移或另寻路径来实现既有的商品与服务出口。其贸易成本除了区域间贸易壁垒成本外，运输成本等也是一块重要的贸易成本，并且因为 CPTPP 的实施而增大了其支出额。宏观层面的 CPTPP 贸易核算需要站在全球经济治理的高度进行贸易成本比较，真正有影响力的 FTA 必须是能够让成员国与非成员国都实现增长的贸易制度安排，只有这种宏观层面的贸易成本比较才能够实现长远的发展。因此，对于 CPTPP 主导国日本而言，必须核算这种战略意义上的贸易成本，必须从宏观视角思考贸易成本的空间效应（赵伟、郑雯雯，2013），同时要为降低区域间贸易壁垒成本，减少运输成本、贸易政策成本和交易成本作出贡献[①]。由于中国未加入 CPTPP，为避免关税等贸易成本的影响，企业需要寻求新的销售渠道，而在这种销售战略中，贸易成本就显得非常重要，会计核算就必须未雨绸缪，进行规划与安排。

2. 微观层面的 CPTPP 贸易核算：以原产地规则为例。原产地规则通过延伸出的一系列条款使 CPTPP 的区域封闭性特征更为明显，不仅是非成员国，即便是 CPTPP 的成员国，也需要根据 CPTPP 文本精确计算各项条款下的成本与收益，按照区域价值成分进行会计事项调整或成本核算，即按照符合生产该产品的地点是缔约方境内的规定，进行会计的确认、计量与报告。从这个意义上来讲，国际会计标准也将随着贸易规则的改变而重新设计财务报告准则的内容，这也是会计

---

① 运输成本涉及运输工具、运输技术和货物的距离；贸易政策成本涉及关税壁垒、非关税壁垒和配额；交易成本包括制度成本（如产权）、商业诚信度、政治稳定性，以及因自由与开放所形成的成本。

规则与贸易规则存在博弈的客观动因所在。原产地规则主要是以生产环节原材料的属地划分为对象进行考虑的，原产地标准通常可分为 A、B、C 三部分。A 部分主要涵盖定义、原产地产品、区域价值成分核算、生产中的原材料、生产中原材料的价值、原材料价值的进一步调整、净成本、可互换产品和材料等；B 部分主要涵盖优惠待遇的申明、原产地证书基础、原产地认证的弃权以及进出口相关的责任、原产地核查等；C 部分主要涵盖原产地规则和原产地程序委员会等。根据 CPTPP 的原产地规则条款①可知，其贸易核算的标准为："各成员国在计算区域价值成分的成本时，应按照生产该产品的成员国境内适用的、公认的会计准则进行记录与保存。通常的情况是以税目转换标准（CTC）为主，辅之以价值增值标准（RVC）和加工工序标准（SP）。具体而言，以交易价值法计算的区域价值增值成分比例不低于 60%，以净成本法计算的增值比例不低于 50%。"（沈铭辉，2012）表 5 - 1 列举了区域价值成分（RVC）的计算方法，这里有几种算法，可以和其他几个贸易协定中的计算方法进行对照。

表 5 - 1　　　　　　　不同协定中关于区域价值成分的计算方法

协定名称	CPTPP	美韩 FTA	中韩 FTA
基于非原产材料价值的计算	$RVC = \dfrac{VOG - VNM}{VOG} \times 100$	$RVC = \dfrac{AVOG - VNM}{AVOG} \times 100$	$RVC = \dfrac{FOB - VNM}{FOB} \times 100$
变量含义	VOG 为产品价值；VOM 为原产材料的价值	AVOG 为调整后的产品价值；NC 为产品的净成本	VNM 为非原产材料的价值；FOB 为产品的离岸价格
公式	$RVC = \dfrac{VOG - VNM}{VOG} \times 100$	$RVC = \dfrac{VOG - VNM}{VOG} \times 100$	

资料来源：中国社会科学院世界经济与政治研究所国际贸易研究室（2016）。

通过表 5 - 1 中公式的对比可以看出，基于非原产材料价值对 RVC 的计算，美韩 FTA 的计算方法较 CPTPP 文本更为科学，主要在于对产品价值的核算，美韩 FTA 使用了调整之后的产品价值 AVOG，CPTPP 的计算方法比中韩 FTA 中用离岸价格 FOB 更好一些。基于原材料价值的计算，CPTPP 文本和美韩 FTA 一样，

①　原产地规则的核算方式和方法可参考中国社会科学院世界经济与政治研究所国际贸易研究编写的《〈跨太平洋伙伴关系协定〉文本解读》一书（中国社会科学出版社 2016 年版）。

基于净成本方法对 RVC 的计算，CPTPP 文本和美韩 FTA 的方法也一样。

三、投资与战略视角下的 CPTPP 变迁

全球化下国际贸易的主要特征为：单边向多边转变，形成区域性的全球价值链；FTA 由单边贸易协定向多边贸易协定转变。然而，经济全球化也存在局限性，即它既带来了交流与融合，也划出了巨大的鸿沟，使发达国家与发展中国家的距离增大。

1. 投资视角下的 CPTPP 变迁。从投资行为变化看 CPTPP 规则的变迁，可以发现一个重要特征，就是投资活动从区域价值链内部向全球价值链扩展。CPTPP 中的投资条款受区域封闭价值链的影响，带来的投资效应仍然局限在区域内部，主要表现在三个方面：第一种情况是高标准 CPTPP 规则营造的良好投资环境，吸引 CPTPP 成员国改变原有的投资预期，即将原本准备对非成员国的投资转移到成员国。第二种情况是受 CPTPP 区域间贸易壁垒成本的影响，如严苛的原产地规则要求，原来打算投向非成员国的资本转向到成员国进行投资。第三种情况是产业转移效应带来的投资增加，为了保持原有的全球供应链，基于 CPTPP 的原产地规则，非成员国开始或扩大对 CPTPP 成员国的投资[1]。从上述三种投资效应观察，第三种投资转移具有了从区域价值链向全球价值链扩展的动机。为了进一步引导这种全球价值的发展，CPTPP 规则自身必须变迁，加快促进全球价值链贸易条款的规范[2]。从投资视角考察 CPTPP 的变迁，有助于增强 CPTPP 规则的进步性。即在改进 CPTPP 成员国尤其是欠发达成员国投资环境的同时，使全球范围内的直接投资尤其是发达国家的投资更多流向 CPTPP 成员国。另外，要改革 CPTPP 规则的原产地规则条款，可以从内涵和外延两个层面进行思考，当前以内涵扩张最为合理。一方面，CPTPP 中涉及投资的原产地规则仍然能够保证全球范围内的直接投资更多地流向成员国；另一方面，内涵扩张后的原产地规则不再只

---

[1] 例如，我国的一些企业通过对外投资和国际产能合作渠道，逐步转移到马来西亚、越南等 CPTPP 成员国，利用原产地规则间接地享受零关税等自贸政策，将产品更好地打入其他成员国。

[2] 事实上，CPTPP 已有这方面的制度安排。例如，CPTPP 暂停了适用原 TPP 文本中的 "投资协议" "投资授权" 等条款。通过 "准入前国民待遇 + 负面清单" 形式，以及投资者与政府争端解决机制（IS-DS）中的某些条款来维护全球价值链的发展。

具有配合货物降低关税，保障 FTA 带来的收益的封闭属性，可以在份额上有所区别，即成员国享用的比例大，非成员国比例小。当然，也可以按投资金额的大小进行原产地规则的改进，以增强全球价值链中的投资活跃度。不可否认的是，CPTPP 投资维度的规则变迁可能会对包括中国在内的非成员国企业造成利益损失，并加快企业的投资转移速度。对此，我们应该因势力导，正确引导这种投资转移，或者说这种产业转移应用得好的话，不仅有助于国内的供给侧结构性改革，消化过剩产能，还能够促进中国的对外投资。可见，投资视角既有负面效应也有正面效应，其加总起来的综合效应到底如何，需要更加深入的分析。

2. 战略视角下的 CPTPP 变迁。战略视角是指 CPTPP 的实施可能对中国参与全球贸易治理乃至全球经济治理产生的影响。自 2008 年金融危机以来，全球价值链面临新形势，主要是：（1）由于全球能源与附属运输成本的不断提高以及碳排放等方面的环保压力，价值链条开始萎缩；（2）许多新兴市场国家开始探索从价值链低端向高端攀升的路径，使竞争变得更加激烈，导致中间品和原材料的争夺打起了价格战；（3）技术的迅猛发展，信息技术的成本变得便宜，使镶嵌在信息技术环节中产品的生产能力失去了竞争优势；（4）欧洲市场仍然面临进一步萎缩的现状，以"亚太"为中心的区域被全球价值链开始定向布局。之所以对 WTO 框架存在不同的看法，是因为其贸易活动的出发点没能及时转变，并且始终围绕出口或进口替代在寻求比以往更低的关税、更少的关税壁垒、更便捷的通关和在对外贸易的保护约束方面寻求公约数，显然其目的是鼓励跨境的商品交易行为。但是这种贸易规则安排缺乏战略视角，不利于国际经贸发展全球治理规则的构建，尤其是 WTO 本身的改革难以推进。在这种背景下，导致了各种形式的区域贸易协定不断形成与生效。为了引领全球化经济的发展，一些国家贸易集团围绕大型贸易协定（MEGA）开始寻求战略时机，CPTPP 就是在这种背景下形成与发展的。在 CPTPP 已经实施的情况下，中国以怎样的 FTA 寻求新的推进路径，以便于用最有效的方式缓冲 CPTPP 给自身带来的负面影响，还有怎样在亚太一体化中发挥中国最大的效用？对于这些问题的思考与解答是 CPTPP 下规则演进的战略性问题。客观地说，即便中国有加入 CPTPP 的打算，中短期内也难以达成。因为中国内部的供给侧结构性改革、国有企业改革等尚未形成一个成熟的既定制度框架，CPTPP 协定中的各项规则条款还难以满足中国与成员国之间进行谈判的条件。可以肯定地说，中国对 CPTPP 是持认可与包容态度的，中国民间组织或学术团体可以为中国加入 CPTPP 做好前期工作，以帮助 CPTPP 在全球经济治理中发挥作用，使中国在参与亚太经济一体化进程和全球贸易治理中提前预留充足的发展空间。对此，必须加快国内产业结构的优化升级，进一步扩大开放，主动参与到国际贸易规则重塑的变革之中去，化被动为主动，加快推进中国经济的高质量发展。

四、制度视角的 CPTPP 演进

"制度的精粹就在于它是一种约束，以规范人们的行为；在于形成一种合理的组织，使人们有序地在其中活动；在于形成一种选择集，使人们的经济活动选择符合社会对效率和增长的要求"（冯巧根，2008）。换言之，制度就是"规则"。CPTPP 下的制度，就是有关 FTA 中的规则与条款。

1. 制度变迁视角的 CPTPP 思考。"制度提供了人类相互影响的框架，它们建构成一个社会，或更确切地说一种经济秩序的合作和竞争关系——制度框架约束着人们的选择集——它旨在约束追求主体福利或效用最大化利益的个人行为。"[①] 从制度视角看 CPTPP，一方面要关注 CPTPP 内部的规则条款的结构性变迁；另一方面要协调好 CPTPP 规则条款与其他制度（包括贸易规则与会计规则）等的关系。亦即制度制定出的系列规则条款是相互嵌套的，当某一规则或条款出现变化或难以发挥作用时，其他相关规则条款必须适时进行调整。实践表明，制度变迁是"常态"，只有当成本效益相对稳定时，由一系列行为规则所体现的制度才会达到一个纳什均衡。国际经贸活动中的预期收益和预期成本比较可能导致企业利益产生变化时，制度变迁就会产生。以 CPTPP 为代表的贸易规则的变迁，其根本动力在于改革现存贸易体制下的收益分配格局，以寻求更有利的全球治理模式，并由此实现规则缔约国的潜在收益。从国际贸易规则的发展历史来看，发达国家依据其经济的开放和在产业、投资等方面的优势，往往会引导发展中国家加入其主导的 FTA 中来，以谋求自身在贸易自由化中的最大收益。各国必须根

---

① 诺思. 经济史中的结构与变迁［M］. 陈郁，罗华平，等译. 上海：上海三联书店，1994：225.

据自身的情况来看待这些国际贸易规则的发展现象，盲目随从这些规则或遵循这些条款未必有利于本国的发展，这一点对发展中国家的制度变迁认识很重要。面对 CPTPP，必须辩证科学和客观地看待这一 FTA。一种制度变迁往往不是彻底的放弃，而是"扬弃"，其中必有部分仍将发挥作用，这时人们会思考与怀疑，到底有没有必要全盘接受新制度，并试图用一些老的方式来融合新制度的优点。它表明，旧制度的惯性与影响会阻碍新制度的推广，并使其原有的作用得到弱化，结果反而增加了成本。学界需要更加准确全面地分析 CPTPP 对中国的影响：优化模型、科学设定情景分析，准确模拟 CPTPP 的贸易转移效应；寻找合适的分析工具，模拟 CPTPP 的投资效应；基于逻辑和现实情形，更加完整明确地分析 CPTPP 在规则和战略层面对中国的影响。

2. 规则创新视角的 CPTPP 演进。当既有的规则安排导致国际经贸活动所产生的收益下降甚至为负状态时，规则创新将可能出现。这种规则创新是由趋利的动因产生的，即通过规则创新有助于发挥国际贸易规则的整合效应。规则创新作为制度变迁中的一个环节，需要围绕渐进式变迁与激进式变迁加以规划。从贸易学角度来讲，各种零碎的 FTA 的形成与发展均属于渐进式变迁，CPTPP 也属于一种区域内多国联盟的贸易协定，是一种大型的贸易协定。渐进式的规则创新是一种对现行经贸体制不断完善的思路，它的好处是过渡平衡，波动少，但很多问题始终难以解决，有时可能会成为贸易摩擦的"导火索"。WTO 体制中存在的各种不足就是导致大量区域 FTA 形成的直接原因。激进式的规则变迁是一种急速的变革，渐进与激进有时也是交织在一起推进经贸规则发展的，CPTPP 在日本的主导下成功运行，对于世界范围内的贸易制度而言，其是渐进的，而对于日本来说则是激进的。规则创新面临一定的择时选择，对于 CPTPP 而言，中国是目前加入为好，还是等今后各项条件具备时再加入好。这就是一种规则创新的战略抉择，目前中国面临推动 RCEP 早日生效的大国责任，无论是 CPTPP 或是 RCEP 都具有引领全球化经济的愿望，关键是现时的物质条件和国家的经济与产业能力是否与拟推进的战略相匹配，例如，一种思路是 CPTPP 与 RCEP 能否加以"合并"，等等。目前，已经运行的 CPTPP，其高标准的规则会对中国产生外溢效应，影响中国国内的经济改革及其开放进程。针对中国既有的改革开放路线图，CPTPP 作为外部的一种规则溢出，中国不得不思考其影响，并促进本国经贸规则加速改革，并努力与诸如 CPTPP 之类的国际高标准规则进行对接。基于 CPTPP 下的规则创新可以考虑以下措施：一是加快 CPTPP 成员国的谈判。既包括与现有的成员国进行谈判，如与日本等国进行双边贸易谈判，也包括对原有的已签约国家进行谈判，升级已有的 FTA。同时，加强与"一带一路"沿线国家的贸易谈判①。二是优化国内的投资环境。《外商投资法》已于 2020 年 1 月 1 日起实施，这是中美贸易摩擦以来中国加快制度开放、规则创新的重要举措之一。一方面，中国采取积极姿态搞好与美国的经贸谈判，使中美贸易问题早日得到解决；另一方面，积极塑造良好的投资和贸易环境，同时鼓励和引导中国企业对 CPTPP 成员国进行投资，引导产业转移产生正面的投资效应。三是适应规则创新，对接包括 CPTPP 在内的外部高标准经贸规则，坚定不移、更有针对性地推进自身改革开放。四是加快推进 RCEP 谈判的签约完成，并在此基础上思考和推进亚太一体化进程。五是倡导开放包容的贸易一体化安排，支持 WTO 在国际贸易组织中的地位，发挥其在推进全球层面贸易自由化方面的积极作用。

第二节　经贸规则对会计准则的影响：以 CPTPP 为例

CPTPP 作为一种国家组织之间的经济权益博弈，会对全球的贸易格局产生影响。由于会计自身的特性、地位与作用，经济权益博弈最终必然体现在具体的会计方面，博弈的最终结果也必然由会计展现出来（郭道扬，2013）。

一、基于经贸规则的会计保护机制设计

1. CPTPP 规则下的会计制度变化。虽然 CPTPP 对我国的影响暂时并不明显，但作为一种高标准、严要求的国际贸易规则，其规则或条款代表了未来全球贸易体系发展的方向。会计作为一种国际商业语言，外部环境的变化，尤其是经贸环境的变化，必然会对其确认、计量与报告产生影响或冲击。基于会计准则的信息

---

① 具体而言，推进中日韩 FTA 谈判，升级与智利、秘鲁、新加坡等 CPTPP 成员国的 FTA，有序推进与"一带一路"沿线国家 FTA 谈判。

需求是财务会计在 CPTPP 下必须面对的一种客观情境。对于决策者而言，诸如前瞻性的全球供应链或价值链的变化等未来信息，是确保管理者决策科学相关的重要承载体。然而，国际经贸环境的复杂与多变，加之未来信息的不确定性和波动性等特征，势必会对会计信息的可靠性产生冲击。为了提高经营决策的质量，CPTPP 情境下的管理会计就具有了十分重要的作用。以 CPTPP 中的"原产地规则"为例，该规则是影响我国制造业最为直接的内容之一。减少或规避由此带来的利益冲击，强化管理会计在跨国经贸环境中的功能作用，是未雨绸缪、有效应对 CPTPP 的一项重要课题。换言之，在 CPTPP 情境下，现代会计体系中的财务会计与管理会计加速了其相互融合的步伐。CPTPP 作为一种国家组织间的贸易协定，凸显自由贸易，并具有一定的排他性。即它不只是追求关税的降低，而是谋求零关税的贸易，且通过"原产地规则"等绑定关税优惠政策来予以实施。鉴于 CPTPP 的区域价值链属性，原产地规则势必会对非成员国企业的利益产生影响与冲击，并迫使现有的生产价值链系统发生转变。即 CPTPP 中的"原产地规则"等条款，使成员国与非成员国之间增加了经济交往的"阻力"，并进而减少我国企业的竞争优势。

从战略角度来讲，加快国内的经济结构改革，稳外贸、增内需，促进企业产品创新是应对 CPTPP 负面影响的重要路径选择。中短期内，结合原产地规则中的不同条款，认真分析其对我国出口贸易可能产生的利益影响，积极开展针对性研究具有重要的理论价值和积极的现实意义。现有的会计制度安排重点集中在两个方面：一是结合 CPTPP 各国会计制度的特征，合理配置企业的会计政策，通过各国会计制度相互匹配与协调，使财务会计制度与管理会计制度实现有机统一。例如，根据 CPTPP 原产地规则的要求，主动与 CPTPP 成员国签署双边 FTA，以消除部分贸易转移效应，缓冲可能对我国经贸企业会计权益带来的影响。二是发挥管理会计的制度建设功能，使企业价值实现最大化。即认真比较和充分掌握各国的财政税收政策与资金监管政策，引导企业在 CPTPP 情境下实现企业收益的最佳化。例如，面对 CPTPP 可能对国内某些行业的冲击，可以考虑"走出去"和扩大进口的财政政策。如实施产业转移，在 CPTPP 成员国投资设厂，就地加工、生产，再利用其优惠关税等政策将商品销往其他成员国。

2. 会计保护机制与全球价值链的响应。高标准国际贸易组织或协定的冲突与博弈最终会转换为会计之争，渗透到会计流程（确认、记录、计量、信息披露），落脚在会计要素的重述与变革，将会引起新的制度变迁与相互配套的制度变迁管理（夏范社、冯巧根，2017）。会计信息作为经济系统的重要信息提供者，在发挥经济预测和管理控制的职能作用时，能够在主动参与国际贸易活动中有所作为。高标准贸易协定的执行需要会计保护机制加以护航，使会计理论与会计实务实现自动对接与融合。亦即在中国会计准则国际趋同与国际化的过程中，需要中国元素与国际元素的跨界整合，发挥会计独特的"信息支持"与"管理控制"的保护功效。会计保护机制对全球价值链的响应，如图 5－2 所示。

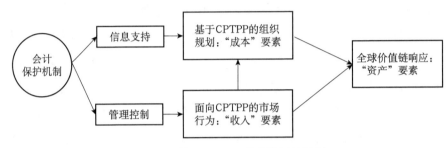

图 5－2　基于 CPTPP 的会计保护机制

会计作为有效、低成本的信任工具（刘峰，2015），能够积极响应全球价值链的变化，主动发挥"信息支持"和"管理控制"的积极作用。图 5－2 中的会计保护机制借助于会计的"信息支持"和"管理控制"功能，结合以 CPTPP 为代表的国际贸易规则进行会计预警、成本计量与收益评价，来积极响应全球价值链的价值创造与价值增值。体现为会计准则的三个核心要素，能够较为全面地实现会计"信息支持"与"管理控制"的功效。例如，"成本"要素可以系统地计量贸易转移和产业结构调整等经营活动中的会计信息；"收入"要素与"成本"要素的比较可以比较全面地评价 CPTPP 下的企业收益实现情况，满足"管理控制"的内在要求。通过会计保护机制积极响应全球价值链的变化，通过"资产"要素，可以比较完整地反映 CPTPP 下企业会计权益的维护情况①。发展中国家在嵌入全球价值链的初期，主要通过工艺升级和产品升级获得技术外溢与学习机会

---

① 国际会计准则中规范的会计要素是五个，即资产、负债、所有者权益、收入与成本。我国会计准则是六个，即资产、负债、所有者权益、收入、成本与利润。其中"资产""收入"与"成本"是最核心的三要素。"资产"代表的是财务状况，"收入"与"成本"代表的是经营成果。

（黄河，2017）。会计保护机制往往与大型跨国公司的财务战略相联系，即通过跨国公司的内部贸易传递国际经贸活动中的"成本"，帮助发展中国家寻求有利于自身发展的贸易协定，进而创造最大的"收入"。换言之，跨国公司通过会计的"信息支持"和"管理控制"功能帮助更多的发展中国家实现自由贸易，促进其国内增加值的提升。不同的贸易形式是内含于财务战略中的一种会计保护机制，从跨国公司的实践活动来看，其内部贸易的主要形式有内部一体化贸易、供应网络、分包商和原材料生产商贸易等多种选择。详见表 5 - 2。

表 5 - 2　　　　　　　　以贸易方式参与全球价值链的模式

类型	描述	案例
内部一体化贸易	子公司贸易；在企业集团内部进行产品开发、生产、销售和营销	医药企业（如阿斯利康），电信企业（如华为）
供应网络	在满足客户需求和采购方面具有比较优势，例如时尚产品和家居产品往往以自己的品牌出售。在多个国家或多或少有延续性地对生产商配置订单，对终端市场的消费者偏好有着充分了解，没有或很少有生产设施	宜家，南非连锁超市 Pick Pay（非洲南部和澳大利亚门店）
分包商	或多或少与一个或多个客户紧密联系，投入生产，如汽车零部件、服装和呼叫上中心服务	印度珠宝或软件生产商，瑞典安全带设备供应商
原材料生产商	生产谷物、木材、石油或者用于生产其他商品所需	加拿大石油生产商，马来西亚木材生产

资料来源：转引自黄河（2017）。原载：National Board of trade Sweden. Global Value Chains and Developing Countries［Y］. NBT working paper, 2013：8.

国际经贸摩擦与争议的焦点将会体现在全球价值链的重塑与建构之中，发达国家凭借其制度优势和技术优势，通过资金和技术等加大对新兴国家、发展中国家的投入，并主导这些区域的经贸走向，使全球价值链的稳定贸易伙伴面临冲击，各经济组织（国家或地区）重新进行选择和配置贸易规则成为一种潮流。我国原有的全球价值链可能被破坏，尤其是在当前中美贸易摩擦长期化的趋势下，通过低端向高端攀升的既有通道将被封锁。无论是 CPTPP 还是其他大型的 FTA，原产地规则都是一项重要的条款。结合原产地规则等经贸条款进行会计保护机制的设计，对于企业财务会计与管理会计制度的优化，更好地应对 CPTPP 的冲击具有积极的信息支持作用和管理控制效果。如前所述，在"原产地规则"的经贸环境下，传统会计中的"资产"要素正面临变革，并对 CPTPP 下可能形成的新价值网络产生影响。2018 年 3 月，国际会计准则理事会（IASB）正式发布了财务报告概念框架，其中，将资产表述为"主体因过去事项而控制的当前经济资源，经济资源是有产生经济利益潜力的权利"。此外，对资产的确认标准等也作了调整。虽然这些调整表面上并非针对 CPTPP 及其原产地规则，但它体现了以发达国家为主的国际机构的利益诉求，是一种不平衡的会计保护机制，会对我国企业的利益产生影响。中国作为世界贸易大国，可以结合 CPTPP 的文本内容，针对诸如原产地规则与关税优惠条款在国与国之间寻求利益的均衡点，构建自身的会计保护机制。例如，围绕 CPTPP 规则重新开展企业内部的生产布局或研究产地组织架构，以适应经贸环境变迁后的全球供应链动态需求。同时，结合原产地规则的情境特征，借助于会计的信息支持系统，积极应对关税征管中可能出现的新情况或新问题，促使企业原有的单一经贸领域扩大为跨行业、跨国界的投资组合，提高企业跨国经营的效率与效益。以上举措表明，通过将会计核算规则、税目税率差异、税收征管流程等不同国家的经济情境嵌入 CPTPP 规则的应对之中，并且借助于会计的内部控制机制形成各种备选的操作指引或指南，有助于微观层面的企业更好地适应 CPTPP 环境下的经贸特征和应对方式。

二、全球价值链体系中的会计准则差异应对

在国际经贸环境动荡、形势复杂的情境下，跨国经营的管理人员和会计人员应提高对 CPTPP 规则的认知与理解能力，并正确匹配所需的会计准则，以提高企业在新的经贸环境下的会计应对能力，进而在全球价值链体系中灵活应用经贸规则与会计准则。在 CPTPP 情境下，对外经贸管理部门应主动协调贸易与会计规则，并以解释、问答、示例等方式提供指引，促进 FTA 与 IASB 制度的统一，维护企业在国际经贸活动中的权益。

1. CPTPP 环境下会计准则的差异与求同。2017 年，国际会计准则理事会原中方委员张为国教授卸任回国时，在厦门、上海等地发表了相关演说，据他介绍："目前，在国际会计准则理事会已调查的 150 个经济体当中，120 多个国家和地区已经不再制定本国准则。此外，有 12 个国家和地区允许所有或者大多数的公司采用国际会计准则。还有 11 个国家仍然采用本国的准则，包括趋同的本

国准则，这些国家是美国、中国、日本、印度、印度尼西亚等大的经济体。"（张为国，2017）因为中国已经采用了全面持续趋同的方针，所以我们跟国际会计准则是非常接近的。按照中国准则制定部门的说法：中国与国际准则持续趋同方针可以简单概括为"采用国际会计准则是方向、目标、过程、互动，但是不等同"。即中国的准则还是我们自己写的，原则上和国际会计准则是一样的。不等同是指：第一，文字、体例与结构和国际准则不完全一样，用英文或者英文的翻译稿做本国的准则不可行。第二，有些特殊业务的繁简我们跟国际准则也是不一样的。第三，一些可选择的规定，我国准则的写法跟国际准则也不一样，如投资性房地产、生物资产是否按公允价值计量。

　　在 CPTPP 情境下，寻求会计准则的差异并积极加以求同，是贸易自由化的客观需要，也是会计准则发展过程中的内在要求。CPTPP 的 11 个成员国涉及的会计准则协调问题广泛，加之各方与其他国家的贸易协定，牵涉的会计规则或标准问题较为复杂。求同存异的会计准则建设思路，是值得我国借鉴的，也是我国未来 FTA 形成或谈判过程中需要考虑的课题。目前，欧盟的法定会计准则普遍被认为就是国际会计准则，事实上也是如此，差异较少，只需要作出个别地方的修订即可。欧洲国家的公司名义上是用欧洲的国际准则，但不少完全国际化的公司觉得这样有损于它们报表的可信度，经常以双重准则的方式披露公司的报表，而实际上由于会计准则的高度趋同，对许多公司来说两套准则编出的报表信息并无多大差异，这里的重点是需要寻求不同贸易规则与会计规则的统一。和中国一样，很多国家是由证监会或其他监管机构制定披露上市公司财务报告规则的，这些规则和会计准则的规定或多或少存在一定的差异。这种差异在短期内无法完全消除，在 CPTPP 的情境下，我们可以进一步研究 11 个成员国会计准则的差异情况，以制定出嵌入了会计保护机制的经贸规则指引或指南。要密切关注国际会计准则理事会的变化，作为一种持续性的战略，国际会计准则理事会希望全球各国均采用国际财务报告准则。然而，国际会计准则理事会权力有限，对于是否采纳或采纳程度高低等，并没有此方面的监管权。因此，它必须依赖其他国家或者国际组织来监管（张为国，2017）。但每个国家的国情不同，国际会计准则理事会势必会面临怎么解决来自各国的难题这一问题。事实上，各国把所有问题交给国际会计准则理事会解决是不现实的。国际会计准则理事会不可能有求必应，"根据其因循程序，一个很小的修改就需要好几年的时间，而且即便能解决，其结果也未必是申请提交的国家所需要的"（张为国，2017）。

2. 从全球价值链视角思考 CPTPP 下的会计核算。自 20 世纪 90 年代以来，随着科技进步和贸易成本的大幅下降，传统的国际分工模式由产业间分工向产品间分工转化，全球价值链体系开始成型。在这种分工模式下，产品的生产往往多次跨越国境，这种价值链体系不仅成倍地扩张了国际贸易总量，还使得跨国公司重新对全球范围内的生产方式进行配置与布局，促进了跨国投资的迅速增加。全球价值链的变迁也使国际经贸治理变得复杂，如何在边境规则与生产的后边境规则之间寻求协调与发展等，促使 CPTPP 的形成与发展。贸易规则的背后是利益，而利益的协调、平衡与优化离不开会计及其管理活动。国际贸易协定代表的高标准、严要求一般要求以国际会计准则为其核算的依据。从 CPTPP 等大型的 FTA 来看，许多条款是封闭性的制度规范，使得成员国与非成员国之间的贸易争端与贸易摩擦将会更加注重原始凭证与原产地的溯源。通过原产地的溯源，追踪到产品的源头，通过对流通环节的改变与附加值情况，计算出从原材料到形成最终产品的各个环节的比重与贡献。例如，会计准则下的多种备选核算方法与工具的选择，将会成为全球价值链体系围绕 CPTPP 开展会计核算的重要参考依据。面对以原产地规则为代表的 FTA，会计准则体系构建要在充分认知 CPTPP 贸易规则的前提下，为企业科学决策提供会计信息支持和管理控制帮助。首先，通过优化会计要素以及强化会计报表及其表外披露来满足原产地规则情境下的会计制度需求。例如，通过会计要素内涵丰富和外延扩展，满足 CPTPP 扩容及全球价值链持续攀升的会计要求，进一步增强会计的可靠性与相关性。其次，将会计准则嵌入 CPTPP 的规则之中，可以先以"原产地规则"为突破，进行尝试。以新的收入准则为例，该准则的实施会在收入的确认、计量上发生改变，进而影响产品价值量及其金额的变动。通常，国际贸易活动中按发生工作量的多少重新确认原产地制造的标准，结合 CPTPP，会计工作者可以对产品与部件按会计准则的要求，在符合 CPTPP 规则的情况下进行分拆、重新组合，以共同满足收入会计准则与 CPTPP 规则的要求，提升区域内价值链条中的利润份额，维护企业的利益。原产地规则的边界越高，进入的壁垒就越高，因此，会计规则下的收入准则只能在高标准的贸易协定下，以"原则导向"作为前提，运用收入准则的"规则"进行资源的匹配与布局，以最大限度满足原产地规则的要求。最后，原产地规则下通过会计信息的嵌套，进一步加强成本的可靠性、相关性。成本一直是原产地规则的焦点与核心，对彼此成本的认证、确认一直是贸易摩擦与贸易冲突的焦点。例如，我国钢铁企业在欧盟市场、北美市场频发倾销与反倾销诉讼，其中，成本环节的信息与会计数据将是重中之重。随着智能制造与新工业革命的兴起，新技术也催生出日益多种多样的管理工具与方法，呈现多面性与多样性。财务会计在成本环节的不足与欠缺，可以由管理会计提供新的工具与方法加以弥补。例如，EVA 绩效考核指标在央企的引入，鼓励企业实行多元化、多层次的集权与分权核算等，都体现了我国对会计权益的重视和与时俱进。会计流程下对成本要素的确认、资产组合的配置与优化、收益组织的管理与激励等，使原产地规则情境下的企业利益面临新的挑战和机遇。尽管会计维护机制中的激励与约束手段尚存不足、难以尽善尽美，但是借助于会计嵌入模式通过会计规则与贸易规则的工具创新，可以有效完成全球价值链下贸易活动对会计核算与监督的需求，同时为贸易规则的改进与完善提供基础数据。

三、从渐进到激进：会计准则体系的客观进程

在经济全球化浪潮中，随着国际竞争的日益加剧以及金融危机等国内外因素的综合影响，我国经济向更高水平攀升面临的风险与挑战不断增加。为了提高中国在全球治理中的声音，会计活动需要具有相应的话语权和国际影响力。

1. CPTPP 的成功实施，离不开会计准则的协调与配合。 会计准则具有经济后果，会计制度及其政策选择必然会对贸易和资本流动等资源配置产生影响，只有主导会计国际话语权的国家才能在会计准则国际化趋同中最大化本国利益。随着 CPTPP 的实施，区域制造业的要素结构将发生新变化。现阶段，我国劳动力原有的成本优势已难以发挥积极作用，跨国公司技术溢出效应导向下的经营模式可能在产业链低端被锁定。优化会计准则的制度建设功能，搞好企业内外部信息与新经贸环境下的 CPTPP 规则沟通与协调具有重要的现实意义。有学者认为，包括中国在内的发展中经济体出口的高技术密集型产品，表面上是由发展中经济体所生产，而实际上是由发达经济体所引领。就比较优势较为突出且具有较强国

际竞争力的我国服装产业来说，其中最为核心或者获利能力最强的产业链环节仍然掌握在发达国家手中，包括面料技术、印染技术以及纺织机械等（所谓低端产业中的高端部分）。原产地规则中"纺纱前沿"的实施，将会动摇我国纺织服装贸易中的竞争优势，推动传统产业链结构的变迁。因此，我们需要借助于会计准则的信息支持功能，充分预计 CPTPP 情境下企业各类要素成本的上升幅度，加快我国企业经贸活动的转型升级（转型不能简单地理解为"转产"）。换言之，企业的生产绝不是"薄"国内生产而"厚"CPTPP 成员国生产，从原产地规则的"纺纱前沿"考察，企业价值链升级不是简单放弃国内纺纱等"低端"产业而向所谓"微笑曲线"两侧的高端进行全面升级；从投资维度考察，更不是放弃国内的产业链向 CPTPP 成员国的产业集聚领域的价值链"转产"①。要结合国际会计准则发展趋势，加快制定诸如"CPTPP 下的会计核算指引""CPTPP 下的会计政策指引"等的会计制度体系。此外，从会计准则的国际协调角度考察，原产地规则可能从政策上阻碍非成员国某些行业或企业参与全球价值链，造成这些国家的企业无法融入新的全球分工体系，无法实现企业经贸活动中应有的价值创造与价值增值。事实上，会计本身就是正确处理各种权益的重要手段，结合宏观会计制度和微观会计政策探讨 CPTPP 情境下的利益得失将具有积极的理论价值与重要的现实意义。从理论上来讲，这种研究对于丰富会计准则理论，尤其是扩展资产、收益、成本等要素内涵与外延能够提供积极的实践素材。从实践角度来讲，该项研究对于加深对 CPTPP 等大型 FTA 与会计准则的关系认识，为企业管理当局应对跨国经营中存在的会计问题提供了一种新的视角，使实践工作有章可循（如制定具体的指引或指南）。

2. 国际会计准则的形成是一个循序渐进的过程。国际会计准则委员会（International Accounting Standards Committee，IASC）成立于 1973 年，当时制定了约 40 个原则导向的国际会计准则（international accounting standards）。2001 年改组

---

① 传统的"改道、借道、绕道"策略需要调整，技术创新与强化供应链是一种新的选择。从我们调研结果来看，2019 年上半年，浙江九天笨鸟纺织股份有限公司通过开发的金企鹅色纺产品，绕开了"原产地规则"的约束，取得了半年度销售 235 万米、6270 万元销售额的好成绩。色纺产品颜色主要以黑、白、灰为主，色纺更加能接近毛纺的手感和特性，具有良好的防寒性能，性价比却高于毛纺产品，因此很受市场欢迎。

为国际会计准则理事会（International Accounting Standards Board，IASB）。在改组之前，国际上没有任何一个国家或地区将这个机构制定的国际会计准则作为本国的法定准则。很多中外合资企业一开始颁布的年报并不是完全按当时国际会计准则委员会所颁布的版本，而可能是国际会计准则、美国会计准则和中国香港会计准则的混合物。现在的国际会计准则已经更名为国际财务报告准则（international financial reporting standards），为方便起见，我们就将这两个机构先后制定的准则通称为国际会计准则。目前全球 100 多个国家和地区都采用国际会计准则，中国采用的国际会计准则是趋同的准则，建立并采用全球统一高质量的会计准则的梦想基本已经实现。

国际会计准则理事会的使命是制定国际会计准则，以提升全球金融市场的透明度、问责制和效率（张为国，2017）。随着国际会计准则理事会地位的提高，它在增进全球经济体的信任以及促进全球经济增长和维护长期金融稳定方面的作用不断增强。从国际贸易规则的角度来讲，会计准则也是围绕服务公众利益来实现企业价值创造与价值增值的，这一点与 CPTPP 的目标是一致的。从长远角度来讲，会计准则更有助于促进国际经贸体系的稳定和健康发展。对此，必须提高会计准则的质量，并遵循以下几点要求：一是基于清晰原则制定准则。即制定出服务公众利益的高质量的、易执行的会计准则。二是倡导会计国际化。即谋求真正意义上的全球财务报告准则，其中包括宣传、推广与普及。三是支持全球一致地采用财务报告准则。国际会计准则理事会没有监管职能，需要依靠各个国家的监管部门来确保准则执行，比如说中国由财政部和证监会来监管。四是确保这个机构的独立、尽责、稳定。早期，国际会计准则委员会作为一个民间机构并不为人们重视，在受到控制基准委员会（COSO）等组织的注目下，国际会计准则委员会进行改组，中国也派出了自己的代表（第一任为张为国，第二任为陆建桥）。成功改组后，经济地位和官方影响力扩大，许多国家或地区开始把它制定的准则作为本国的法定会计规范来使用。2002 年，也就是改组为国际会计准则理事会的第二年，欧盟主动表态愿意采用国际会计准则，在其感召下，国际会计准则开始被人们广泛接受，并成为一种全球公认的高质量会计准则。原来美国在国际会计准则委员会中影响最大，现在欧盟的加入使美国在国际会计准则理事会中地位明显下降。从 2005 年开始，澳大利亚、南非共和国和中国香港也开始用国际会计准则编制报表。中国财政部在这一年也采取了具有里程碑意义的改革举措，决定制定与国际会计准则全面趋同的会计准则，这些准则在 2006 年初颁布，2007 年开始在上市公司实施，并由此形成了中国会计准则的国际化路线图。在会计技术属性上，国际会计准则也进行了积极改革，如将资产负债表观转向资产负债表观和损益表观相对平衡的发展路径。并且，2018 年还将全面修订的《财务报表概念框架》等进行了重新颁布。概括而言，在过去十多年中，会计需要更多地考虑用公允价值或者其他的现实价值来计量，且价值变动要计入当期损益。曾在损益表观内作为基本会计原则的配比原则越来越少地被强调甚至被忽视。这个导向在 2008 年金融危机以后发生了根本性的变化。各国越来越强调会计准则的经济后果，包括对当期损益的影响，国际会计准则朝着相对平静地对待资产负债表观和损益表观的方向发展。

公允价值等现实价值观念的接受是一个循序渐进的过程，目前仍然有比较大的争议。张为国（2017）指出，"即使接受按公允价值或其他现时价值计量，越来越多的人不赞成价值变动全部进入当期损益。于是，更多的公允价值或者现实价值的变动进入了其他综合收益。其负面影响是，新制定或修订的涉及现时价值计量的重要会计准则，如金融工具、保险等，也变得更加复杂"。与此同时，更多的企业开始披露所谓的核心业绩指标、以非会计准则为依据的业绩指标等，将持续稳定的获利能力和非持续稳定的获利能力分开，以更好地反映企业长期的获利能力，更好地反映企业及其管理层的业绩。2012 年后，全球呼吁国际会计准则理事会解决其他综合收益的理论依据问题。因此，国际会计准则理事会花了相当大的精力研究这一问题，其成果已经反映在 2018 年 3 月修订后的财务会计概念框架中。张为国教授认为，这一问题尚未在修订概念框架时得到全面的解决。中国采用现实价值（公允价值）的条件仍然不是很好。即他赞同财政部的做法，除特殊情况以外，不宜过多地采用包括公允价值在内的现实价值的信息。即使采用了现实价值，也不应把所有的价值变动全部进入当期收益。事实上，这也正是国际会计准则理事会所关注的问题，之后五年的国际会计准则理事会"准则项目规划"中，就有三个与其他综合收益相关的研究主题。具体包括：（1）基本财务报表，尤其是损益表的改进；（2）信息披露原则；（3）兼具负债权益特征的金融工具的分类、计量、列报和披露。

　　诚然，会计作为环境的产物，会计准则本身也是一个循序渐进的过程。当前，在信息技术、网络化、大数据不断发展的年代，定期的财务报表信息和其他信息的界线正变得越来越模糊。例如，基本财务报表信息与非基本财务报表信息；财务信息与非财务信息；定期报告信息与非定期报告信息；内部使用信息、监管信息与对外公开披露信息；经审计信息和非经审计信息等层出不穷。既定的事实是，在确保会计可靠性的基础上需要更多满足相关性的要求。对此，国际会计准则理事会及其下属的监管机构对企业的信息披露作出了新的要求，即公开披露更多的财务会计信息，以满足信息使用者的需求（主要来自机构投资者以及专业信息服务机构，它们认为信息越多越好）。然而，也有人认为信息已过度超载，使有用信息被淹没在这些大量无效的信息之中，进而降低了报表的可读性与可理解性，有专家甚至说，"自己也难以读懂会计报表信息了"（张为国，2017）。若继续按重相关性、轻可靠性的方向发展下去，高质量国际会计准则的目标能够达成吗？虽然有了大量的相关性，"总有一样信息适合你"，但这是负责任的国际会计机构应具备的素质和应当承担的责任吗？

　　另外一种发展动向是信息服务机构已开始提供多维度的实时信息，以满足不同信息使用者的需求。据张为国教授介绍可知，2017 年国际会计准则理事会请两个大的信息服务公司来做内部演示。它们可以提供几十种损益表或资产负债表，而且所有的信息都是时时更新的。例如，公司年报发布会，财务总监在路演上的简单介绍在几秒钟内可以全部转化为书面文字，之后几分钟内全部数据被更新在它的网站上。虽然会有 1 分钟左右的延时，但还是有投资者愿意付钱购买这样的信息，去做套利。由此可见，这个发展趋势还是很明显的。国际会计准则理事会现在已注意到这些变化，并开始研究是否要扩大准则覆盖的范围。当然，也有人认为，国际会计准则理事会应该先把分内事做好，重心还是基本财务报表，基本的工作还是制定基本财务报表确认、计量和报告准则。张为国教授（2017）认为，他不主张现在就从法律和监管角度拆掉上述界线，如财务信息与非财务信息、定期报告信息与非定期报告信息、经审计信息和非经审计信息等的界线。但是应该密切跟进信息、计算机、通信、网络等方面技术的发展，关注其发展可能对会计报告与会计标准产生的影响。

　　以上有关国际会计准则的发展变化过程表明，在大型国际贸易规则形成或实施中，必须依赖于国际会计准则的辅助与配合，理解和把握国际会计准则的未来走势。或者说，国际会计准则形成与发展的自然进程，对于确立经贸规则与会计准则融合的导向、构建共同的理解框架，以及更好地为高质量经贸规则的实践服务具有积极意义。上述国际会计准则面临的技术冲击，也是我们在应对国际贸易摩擦中需要考虑的问题。目前，讨论比较多的问题之一是，在现代信息通信技术等的发展现状下，财务会计还有其存在的内在价值吗？或者传统的会计报告及其所依据的国际会计准则还会受到重视吗？事实上，国际会计准则理事会一直在寻求持续全面趋同的会计方针，我国也在这一方面持有相同的态度。为了推进CPTPP 情境下我国经贸事业的发展，提高会计规则与贸易规则的统一性，可以在RCEP 协定的谈判中，或者在"一带一路"经贸协议的签署中改进国际会计准则，在全面趋同的前提下探索局部性的国际会计准则制度设计，确保会计制度为我国跨国经营企业提供有效的会计信息支持，并在成本、收入与资产等要素方面加强管理控制，并且为巩固和提高中国在国际会计准则制定中的地位和影响力发挥积极作用。

第三节　CPTPP 的经贸政策与会计制度博弈

CPTPP 的经贸政策具有强烈的市场效应，会对区域价值链及全球供应链、产业链的利益再分配产生积极经济后果。会计制度通过诸如稳健性原则等的政策安排能够为企业减少 CPTPP 等国际贸易规则的冲击，并提供关于相关性与可靠性的信息支持，且在会计控制系统的帮助下权衡利弊，实现企业的可持续发展。

一、财务会计制度下的 CPTPP 应对

会计制度是经贸体制中的重要组成部分，以资产为代表的财务状况计量，以及以成本和收入核算为代表的经营成果评价，是确保诸如 CPTPP 等国际贸易规则有效实施的前提和基础。CPTPP 等经贸规则的政策效果是与区域价值链的驱动相关联的，通过以财务会计制度为导向的国际经贸活动主体进行规范与约束，为

参与全球供应链的企业管理活动与经营决策相关的当事人所倚重。财务会计制度可以为国际经贸活动中的收益与风险管理进行认知与预期，并对宏观领域全球贸易规则的形成、发展产生直接或间接的影响。

1. 信息技术的高速发展对财务会计制度，以及 CPTPP 等大型经贸规则产生明显的冲击与影响。 过去几年，在信息技术基础上发展起来的以互联网、云计算、大数据、人工智能为核心的智能化"商业生态"正在对财务会计制度产生冲击与影响，要求其在确认、计量与报告中发挥新的引领作用。一方面，信息科技促进了会计信息的标准化、统一化等高质量服务，最大限度地降低摩擦成本与沟通成本，实现信息的快捷、精准与高效。另一方面，全球统一经贸规则需要会计的辅佐，高质量的财务会计制度有助于全球统一经贸规则（如 CPTPP 等的国际贸易规则）的落地和有效实施。从 CPTPP 角度来看，财务会计制度应具有以下的应用效果：一是对注重 CPTPP 情境变化下的会计政策的适应性；二是通过会计确认、计量与报告的有效引导与规范协调对冲 CPTPP 等国际贸易规则可能对企业的影响；三是发现 CPTPP 等经贸规则存在的新空间或新领域，并随着经贸环境的变化而重组会计制度的能力；四是将会计制度嵌入全球经贸体系的框架之中，以实现企业跨国经营的可持续性和有效的竞争力。在 2018 年 3 月 ISAB 的新"概念框架"下，各国的会计准则制定也将朝高质量会计信息的方向发生新的变化。高质量会计信息有助于降低经贸活动范围内不同利益相关者之间的信息不对称，帮助会计信息使用者更有效地作出正确决策，使得 CPTPP 缔约成员国与非成员国之间的贸易交易行为得以顺利进行。为了达成高质量的会计准则体系，财务会计概念框架对会计的计量基础进行了重新设定，增加了前瞻性信息等新内容，具体表现在：一是 IASB 强调了表外信息的决策有用性；二是 IASB 解释了前瞻性信息与财务报表的内在联系。它表明，在财务报表的信息质量中，相关性的重要性得到提升（曾雪云，2016）。为什么要对信息质量特征进行这样的匹配呢（即提高"相关性"）？关键是外部经贸环境产生的噪声或负能量。即会计准则对会计信息质量的影响受到企业所处的经济、法律等制度环境因素的制约，高质量会计准则并不必然得出高质量会计信息（在不确定的经贸环境下，会计准则往往是具有不完备性的）。在一个较弱的制度环境中，各国的经贸管理主体面临的法律、监管等制度因素的风险较低，很可能会利用会计准则形成的行为选择空间，通过改变自身经济行为来影响会计信息的最终生成，以实现其机会主义目的，最终导致高质量会计准则的执行不能有效改善会计信息质量。我国的会计准则在国际趋同的情境下，必须积极借鉴国际财务报告准则的内容，进行适合本国国情的改进与完善。

未来，所有的传统产业都会逐步转化、改造升级成智能生态。智能化生态技术手段包括：（1）基于物联网、RPA（机器人流程自动化）和机器学习的全流程会计处理自动化；（2）基于神经网络、规则引擎、数据挖掘的财务预测、决策支持；（3）基于智能搜索、模糊识别、智能控制的风险管理；（4）基于智能数据分析、遗传算法、专家系统等的成本管理等（冯圆，2019）。智能化生态会形成"规则丛林"，如何使贸易规则与会计规则相互匹配，实现信息共享，并在企业利益维护上发挥管理控制的功效作用，离不开智能化生态系统的变迁管理。生态平衡需要创新各项管理制度，目前，完善与发展财务会计制度意义重大。亦即，围绕信息技术的发展，探索新时代财务会计制度的情境特征与发展规律，能够为会计准则体系的构建提供理论新内涵，使信息支持系统更加丰富和高效。同时，进一步扩展财务会计制度服务的职能范围，使信息支持系统更具针对性与有效性。中国是网络领先国家，有能力参与这项制度的创新活动，并为全球会计知识体系作出自己的贡献。

2. 加快会计制度变迁，是中国企业适应 CPTPP 的客观需要。在全球价值链面临挑战的当口，国际贸易规则的重塑将变得越来越重要，必须重新思考全球供应链和产业链，积极参与全球性规则制度等的改革，寻求新的发展优势，增强企业在 CPTPP 等大型贸易协定体制下的适应能力。从会计角度来看，必须创造一个全新的维度，或者更高的维度，以加快会计制度变迁，而不是跟随国际会计准则的步伐在同一个维度下竞争。会计研究者应该深入研究会计信息在特定的治理机制中发挥的作用，确定会计信息独特的结构和特点（Sloan，2001）。中国的会计制度建设必须是全球化的，这样才能有效应对 CPTPP 等国际贸易规则变化的需要，才能对全球利益的分配方式、支付手段、跨境流动、税负增减等产生积极影响。全球经贸规则下的争端与解决，倾销与反倾销、补贴与反补贴等常规的国际贸易摩擦，以及复杂、多变的中美贸易摩擦等均需要会计制度的创新驱动去发挥有效的规范作用。以 CPTPP 为代表的国际贸易规则本身就是一种价值观的体现，它会在规则或条款中溢出制度文化的特征，尤其是发达国家的会计利益团体将会输出发达国家的文化，现在的会计已经被渗透进太多的"非会计"因素，如民族、宗教、信仰、国家主权、政治等因素。从积极的一面来看，这种趋势大大促进了贸易规则与会计规则的融合，会计制度也将在国际贸易规则的配合下更有效地维护企业的利益。以美国特朗普政府的贸易保护主义政策为代表的全球经贸环境，使国际间的经济博弈变得更为剧烈，发展中国家的生存空间不断缩小，并对中国企业带来新的风险，甚至可能出现安全挑战。面对全球经济新形势，基于 CPTPP 的经贸规则是一种全球化的路径，虽然它对中国企业的利益也带来一定的影响，但其方向是值得赞赏的。中国会计制度欲在全球经济博弈中占据优势，积极创新国内自贸区的会计制度规范，尤其是有关原产地规则等方面的会计管理方法或手段，加快中国特色的会计制度建设，是组织创新和智能生态发展的内在要求。

二、管理会计制度与 CPTPP 规则博弈

诚然，管理会计也需要通过制度创新来实现变革。然而，人们经常容易将会计准则、财务通则等的制度建设与管理会计制度的改革相提并论，这是不正确的。实际上，管理会计本身具有独特的内在规律性，它与一个国家的经济环境和企业管理水平是紧密相关的。尽管管理会计制度具有与财务会计制度相似的一些共性内容，但更多的是一些具有特性的内涵，因此其制度建设一般不会像会计准则那样实施国际化。管理会计制度只有与 CPTPP 规则相适应，在创新中发展其内在的制度特性，才能使 CPTPP 规则与管理会计制度博弈达到理想的均衡效果。

1. 管理会计制度对会计准则变迁的影响。管理会计的制度创新对会计准则变迁具有价值导向作用，作为以内部管理需求为主的管理会计，其更具实用性和有效性。会计准则已经成为处理和协调经济利益关系的"内在稳定器"，协调与处理由投资者、债权人、管理者、政府部门等所组成的多角关系（陈毓圭，1999）。现在随着国际会计准则在全球大多数国家中的采用，国际财务报告准则（IFRS）已经逐步成为国际贸易组织默认或者通用的标准。采用国际财务报告准则（IFRS）会促使已经采用国际会计的国家吸引到更多的跨国投资及并购重组，

国际财务报告准则（IFRS）向人们传递高质量的特征，参与国际贸易组织或者协定时，企业会以是否采用 IFRS 作为检验依据（Francis et al. 2016；杨丹，2014）。由此，在新的贸易形势下，国际贸易规则主导权之争会演变成为中国会计准则（CAS）与国际财务报告准则（IFRS）之间的博弈。制度创新的本质要求是交易费用最低，会计准则的选择与管理会计制度变迁的本质要求就体现了这一点。会计准则作为制度的一个方面，其基本功能之一就在于核定"交易"的转移以及发生的数量。一项制度的选择与创新（制度变迁），是按照交易费用最低的原则来进行的，而会计准则的选择和变迁也必然按照交易费用最低化来进行。中国传统的会计制度按"条条块块"进行分割是与计划经济时代的产权现状相适应的，因为当时不存在什么"有效市场"。随着社会主义市场经济的确立与发展，"有效市场"也在逐渐完善与发展之中，此时如果再按原来的会计制度进行操作，势必会大大增加市场交易费用。可以预见，随着市场的进一步完善，管理会计制度也需要以交易费用理论等为依据进行制度安排和创新，这体现了管理会计创新与发展的一个立足点。会计管理部门要逐步地将管理会计的发展责任移交给真正作为实施承担者的企业，并继续在创新方面履行责任，使会计规范更加规制化，进而为企业应对 CPTPP 等国际贸易规则造就一个良好的经济基础。

管理会计制度创新至少有三层含义：一是通过优化管理会计机制建设来推动和配合财务会计制度及其他制度的改革，促进会计准则体系的完善与发展。二是改革现行的会计管理体制以适应新的情况，消化财务会计制度变迁给管理会计机制产生的压力，从而实现管理会计自身的可持续发展。三是通过管理会计工具的创新来建立新型的管理会计理论与方法体系，这是管理会计创新中最重要的内容。上述第一层面和第二层面是与会计准则及其财务会计制度密切相关的制度创新，但这两个层面的制度创新往往具有静态特性，表现出一种被牵引的制度变革态势；第三层面的管理会计制度创新则是一种主动的改革态势。经济学家们将制度分为两类模式：一类是诺思的观点，即制度是外生给定的对人类行为的限制；另一类是在重复博弈均衡中内生的、自我执行的规则（Aoki，2001；Greif，1993；1994）。有人认为，管理会计制度变迁环节应当区分为三种形式，即正式与非正式、激进的与渐进的、后退的与前进的（Burns and Scapens，2000）。从制度经济学角度审视管理会计制度变迁对会计准则的影响，是一种有益的尝试，它为 CPTPP 情境下的制度博弈研究提供了一种新的研究思路。制度博弈遵循"制度收益＞制度成本"的基本原则，管理会计制度选择的标准就是要使其与会计准则变革的路径相一致，这在 CPTPP 情境下十分重要，作为大型国际贸易规则的一种，CPTPP 规则中的价值观及其计量和报告标准是与国际会计准则相符合的，而管理会计作为企业管理的一种内部制度体系，只有在符合国际会计准则的要求前提下才能发挥积极的作用（当然不否定管理会计制度对会计准则的反作用）。

2. CPTPP 规则对管理会计制度建设的促进作用。 制度变迁过程有时并非十分顺利，制度效益有时往往小于制度成本，即存在一些制度安排的相应规则没能达到预期的效果。究其原因，除了制度选择的因素外，实施制度的机制和能力也具有举足轻重的作用。面对 CPTPP 等国际经贸新规则，若仍然采用现行的管理会计制度体系加以应对，显然会适得其反。对此，必须创建与 CPTPP 等经贸规则相适应的管理会计组织与制度体系。作为企业，一方面要执行财政部的会计制度（会计准则与管理会计制度等），另一方面要维护自身利益，使跨国经营活动符合 CPTPP 等经贸规则的要求。对此，从企业角度来讲，迫切需要具备管理会计的制度基础，通过各种制度调整来应付不断产生的新问题与新挑战，从而在企业利益博弈中寻求自身最佳的会计政策选择。

管理会计制度建设是市场经济条件下企业管理的内在需求，而 CPTPP 则是国际贸易规则变迁下出现的新事物。我国现行的一些制度体系，如国有企业制度、知识产权制度等往往与 CPTPP 要求的条款不相吻合，使用现有的管理会计制度去应对 CPTPP 规则往往困难重重，难免会遇到各种阻力，并需要展开制度间的博弈。为了克服上述经贸规则与管理会计制度（包括财务会计制度）存在的矛盾，需要选择制度变迁的有效路径。首先，必须认清现有制度的路径依赖。即会计制度变迁采用的是渐进式（会计准则的国际化接轨是在市场化推动下的一个逐步转变的过程），而 CPTPP 则属于激进式的变迁（或者说是准激进式的变迁，因为 CPTPP 的形成与实施也是一个漫长的过程）。这样一来，当企业必须符合 CPTPP 的要求才能开展经贸活动时，传统的企业组织制度体系就不适应了，从会计上来讲，就是这套会计制度与 CPTPP 规则之间出现了矛盾。CPTPP 作为企业面临的一种全新路径，它要求将管理会计制度嵌入 CPTPP 的规则之中，构建一种全方位的会计保护机制系统。但实际上，贸易规则与会计规则融合的实际操作难度很大，而且其前景往往难以预测。从经济学角度考察，一般来说，制度会形成一个体系，在该体系中，每一项制度都与其他制度相辅相成，形成一个连贯的制度体系。如果用 CPTPP 等经贸规则来引导原有的会计制度，往往会出现危机。主要原因是，它会扰乱制度之间的这种连贯性。因此，科学合理地选择管理会计制度的应用时机或方式，对于促进企业经贸活动的有序开展，提高管理会计应对 CPTPP 的功能有效性具有十分重要的现实意义。

第四节　本章小结

从宏观与微观结合的视角认识 CPTPP 的规则演进与会计制度变迁的博弈场景，首先体现的是影响 CPTPP 形成与实施的各种推动力量。例如，政治精英力量、全球化力量和制度变迁力量等。基于 CPTPP 规则的贸易核算，尤其需要关注区域间贸易壁垒带来的成本因素，以及贸易路径选择带来的运输成本的增量。其中，CPTPP 中的"原产地规则"是一种绑定关税优惠政策的贸易条款，它对区域价值链的影响明显，进而对我国企业，尤其是纺织服装行业产生一定的冲击。CPTPP 规则的演进可以从投资、战略与制度等维度加以考察。围绕 CPTPP 等国际贸易规则设计会计保护机制，是由会计的内在功能决定的。即通过基于经济权益博弈的会计标准设计，并将会计的成本、收入与资产要素融入 CPTPP 等的经贸规则中去，是会计保护机制发挥功效的基础。企业利益的维护最终必然会体现在具体的会计计量与报告等上来，经济权益的博弈结果也必然由会计显示出来。

财务会计制度通过各种具体的会计政策配置来减少企业应对 CPTPP 等国际贸易规则中的要素冲击，并提供关于相关性与可靠性的信息支持。管理会计则注重企业会计权益的维护，不仅关注企业短期的成本与收益的预测与经营决策，而且站在战略的高度深入全球价值链攀升的路径改造和提升企业的业务结构与控制特性，推进企业贸易与会计的结合，实现管理会计制度变迁与 CPTPP 规则变迁的融合。制度经济学是研究管理会计制度创新的理论基础，一个有效的、能被企业内外部广泛接受的管理会计制度的制定过程必须是一个各方相互博弈的过程，这就要求管理会计制度的制定能够在 CPTPP 等经贸规则形成与发展的过程中体现出内在的规律性，并实现"制度的收益大于制度的成本"这一效果。管理会计制度创新是企业在 CPTPP 情境下开展利益博弈的现实选择。面对管理会计的制度创新，实务工作者必须树立正确的价值观，引导企业采取切实可行的实施方案。

第六章
CPTPP 下的会计权益维护及应对措施

随着经济全球化、资本市场国际化程度的不断加深，中国与世界经济的关联度日益紧密，境外投资项目的数量及其金额不断增长。以 CPTPP 为代表的大型国际经贸组织已经成为各自区域价值链的引领者，同时也是会计权益的相关者。企业作为国际经贸活动的主体，其会计行为必须与高标准的贸易规则相统一。CPTPP 作为一种高标准、严要求的国际贸易协定，势必会对企业的利益产生冲击和影响，积极维护企业的会计权益，并采取相应的对策措施具有重要的现实意义。

第一节　基于会计权益维护的会计战略

为有效化解逆全球化背景下贸易保护主义对企业利益的冲击与影响，必须强化会计战略的自我调节。换言之，权益的维护和利益的博弈最终都将通过会计行为表现出来。

一、直面 CPTPP 的会计权益思考

CPTPP 中的会计权益是指对一个企业所涉及 CPTPP 规则条款提出的具有针对性的会计权利，它是顺应全球经贸发展新趋势的会计应对策略。市场与关税是

企业理解和认识 CPTPP 的关键，会计权益的维护必须结合企业的实际情况，积极应对高标准贸易规则带来的挑战。

1. CPTPP 对我国跨国经营企业的影响。长期以来，我国经济发展的对外依存度较高，对外贸易，尤其是出口贸易占整个经济的发展比重超 30%。CPTPP 的实施势必影响我国的对外经贸活动，并在一定程度上减少中国对外的贸易总量。对企业的会计权益而言，CPTPP 最直接的冲击是基于"原产地规则"的关税捆绑条款，它使成员国与非成员国之间增加了经济交往的"阻力"，并进而降低我国企业的竞争优势。面对 CPTPP 的新情境，企业会计工作者要在充分认知 CPTPP 贸易规则的前提下，为企业科学决策提供会计信息支持和管理活动控制。以会计权益为导向的企业利益维护能够为企业洞察先机、把握方向，通过对国际经贸环境的准确分析，能够使企业价值管理更具前瞻性，帮助企业在 CPTPP 框架下取得竞争优势。贸易规则的背后是利益，而利益的协调、平衡与优化离不开对会计权益的维护。随着 CPTPP 中市场全面准入等条款的实施，成员国的产品和服务价格将大幅度下降；成员国区域的生产将进一步紧密化，供应链网络将得到扩大，成员间的物流速度也自然加快。同时，各成员国之间的取长补短活动将使成员国企业的价值增值得到持续，并间接地对非成员国的会计权益造成影响。在国际贸易规则重塑的背景下，为了提高中国在全球治理中的声音，会计活动需要具有相应的话语权和国际影响力。从会计视角探讨 CPTPP 对企业利益的影响及会计权益维护，可以获得对 CPTPP 情境下企业利益格局的新观点或新理念。事实上，会计本身就是正确处理各种经贸活动的重要手段，结合宏观会计制度和微观会计政策探讨 CPTPP 框架下的利益得失将具有积极的理论价值与重要的现实意义。从理论上来讲，这种研究对于丰富会计要素理论，尤其是扩展资产、收入、成本等要素内涵与外延能够提供丰富的实践素材。从实践角度来讲，该项研究对于加深对 CPTPP 与 WTO，以及各类 FTA 与会计准则的关系认识，为企业管理当局应对跨国经营中存在的现实问题提供了一种新的视角，使实践工作有章可循。

CPTPP 情境表明，作为一种"高标准、严要求"的 FTA，力图实现从传统、单一、狭义的贸易协定向现代、广义、综合的贸易协定转变，低局部性的竞争政策向数字经济、国有企业开放等新贸易领域转变，贸易能力建设向包容中小企业发展和成员国相互协调的方向转变，传统的区域经济向吸纳亚太地区其他经济体共生的方向转变等，其目的在于实现全球贸易的自由化。对于我国跨国经营企业来说，传统外贸竞争优势正在持续减弱。即随着生产综合成本不断上升，企业利润空间大幅萎缩；同时，扩大内需，将剩余产能转移到国内的消费空间尚难以充分启动。这主要是东西区域经济发展不平衡造成的，我国的中西部地区还不具备完善的产业链配套能力，交通设施落后、物流成本偏高，承接东部要素成本型产业和订单转移的力度不强（刘志彪，2016）。因此，充分认识国际经贸新形势下的区域贸易协定（如 CPTPP），分析其对我国企业利益的影响，从会计视角寻求相应的对策措施是十分必要的。CPTPP 作为一种贸易规则，从经济视角考察其制度本身，可以说没有"好"的制度与"不好"的制度之分，也不存在"敌"与"友"的对立倾向，有的只是该项规则是否适应本国经济与社会发展的现实情况。更何况，我国加入 CPTPP 的概率很大。因此，针对 CPTPP 可能对我国企业利益的影响，当务之急是比对我国经贸规则与 CPTPP 的差异性，求同存异，补短板、找优势，用高标准、严要求规范国内诸如上海等地的自贸区，并积极主动地将 CPTPP 中一些代表先进生产力的好规则或条款应用到以我国为主导的诸如 RCEP 等 FTA 之中，同时加强贸易规则与会计规则的有机融合。

2. 对 CPTPP 框架下会计权益的认识：以原产地规则为例。 结合 CPTPP 探寻会计权益维护的路径，当务之急是弄清楚 CPTPP 的规则内涵。为了方便论述，本节以"原产地规则"为例加以说明。如前所述，CPTPP 中的"原产地规则"是为了配合货物贸易以实施关税降低而提出的要求，目的是使 FTA 带来的收益能够为成员国享用。原产地规则在一定程度上表现出 CPTPP 的排他性，即只有在 CPTPP 成员国生产的货物才具有享受降关税的条件或资格，以便吸引更多的直接投资从全球各地流向成员国。原产地规则明确了某项产品是否有资格享受 CPTPP 优惠关税的具体标准。从表面上来看，CPTPP 这一规则将引发企业的跨境投资。即贸易转移和产业转移。由于成员国之间的原产地认证限制了非成员国的经济往来，将诱使非成员国企业增加对 FTA 区域的直接投资。此外，原产地规则中有关再制造产品以及出口产品的许可等条款规定（前者取消限制措施，后者提高许可程序的透明度），将促进成员国企业的创新积极性。同时，原产地规则还强化了纺织服装业的管制，对成员国取消纺织品的服装关税（部分类别产品对非成员国豁免），这将对 CPTPP 成员国区域的国家经济增长发挥积极的贡献。由此可见，原产地规则除了原产地标准外，还包括区域累积原则、微量条款（de minimis）、纺纱前沿（yarn-forward）等相关规定。其中，原产地规则中的"纺纱前沿"要求服装等纺织品，必须从纺纱、织布、剪裁到加工成衣所有环节都在 CPTPP 成员国完成（沈铭辉，2012）。从东南亚价值链的结构组成来看，越南等一些 CPTPP 国家以往是从中国直接进口纺纱等原材料，并用来加工生产服装等产品；然而，该规则实施后，若继续从中国进口所需原材料，则会让这些 CPTPP 成员国无法享受既有的关税优惠与配额等待遇，结果必然会使东南亚价值链中的经贸联盟发生断裂。

诚然，"原产地规则"主要是对货物贸易所作的一种规范，旨在维护成员国的经济利益；然而，它对于增进成员国企业之间价值链的一体化，以及实现成员国企业的价值增值，吸引对外投资具有积极的意义。从总体特征上考察，原产地规则必须服从或服务于 CPTPP 的制度框架，其明显的特征是：（1）突出区域内贸易的自由化。原产地规则除了能够促进 FTA 区域的产品自由流动外，CPTPP 成员国良好的投资环境可以吸引非成员国企业加大对成员国的直接投资，带动成员国经济的增长。（2）促进区域内价值链的尽快形成。"零关税"和原产地规则的内在联系，不仅使成员国企业的经贸活动更加紧密，也使非成员国主动适应原产地规则，进一步推动 FTA 区域价值链的形成。（3）提高贸易活动中的灵活性。由于 CPTPP 的 11 个成员国存在经济发展的不同程度差异，而原产地规则恰好就提供了经贸互补的制度机制，这将有助于促进各成员国之间的相互协作，提高 CPTPP 的适应性和有效性。（4）表现出明显的一致性、透明性和科学性。原产地规则不仅对原产地产品等作出明确的一致性规定，还在原产地的确认等过程中体现透明性和科学性。例如，对于原产地确认的流程，从原产地证书基础、授权机构、原产地核查、申明享受优惠关税待遇、货物进口后享受优惠关税待遇的处理、文件保存要求等若干环节作了严格的规范。此外，还充分考虑了行业发展的特殊情况，如提出了"累积原则"① 等具体要求。因此，原产地规则需要注重成

---

① 即在某一 CPTPP 成员国生产产品时，任一 CPTPP 成员国提供的原材料将与其他 CPTPP 成员国的原材料同等看待。

员国与非成员国的协调，强化税收、会计、法律与经济环境等的配合，寻求规则执行的效果与效率性。从具体特征上考察，"原产地规则"的主要表现在：（1）捆绑关税优惠政策。原产地规则对关税优惠政策的享受，要求符合以下条件：一是时间上的规定。进口商申明享受优惠关税待遇的最长期限为 1 年。即必须在出口商、生产者或者进口商签发法律法规的日期之后的一年之内行使权利。二是原产地证书与核查的规定。进口商要提交一份英文原产地证书。如果原产地证书不是英文的，进口方可以要求出口商用进口方的官方语言提交一份翻译资料，证明跨境交易的产品为原产地产品；进口方则需要开具备查的证明，具体包括出口商进出口产品的信息、产品制造商的信息、对产品出口商或者生产商合同的验证、纺织服装产品符合"纺纱前沿"的依据等。三是货物进口后享受优惠关税待遇的规定。某一成员国的进口商在进口的当时没有提出要求优惠关税的待遇，事后进口商可以重新申请关税优惠要求，并请求退还过度征收的产品关税。（2）赋予"原产地"明确定义。CPTPP 相关章节中提出，原产地产品是指一国或多个成员国境内完全获得或者生产的产品，该产品在生产中全部使用原产地材料，并完全在成员国之中生产。为了明确原产地产品，以及原产地材料与非原产地材料等的具体特征，该章节还对"完全获得"和"生产的产品"等与原产地产品相关的概念作了进一步界定。（3）强调区域价值最大化。原产地规则在推进 FTA 区域的商品自由流动的同时，增强了 CPTPP 成员国企业的灵活性，而非成员国企业可能被动地实施直接投资，试图加入 FTA 区域的价值链以获取优惠关税等的成本优势，进而助推 CPTPP 成员国企业贡献毛益的增长。相应地，原产地规则的实施可能使 CPTPP 成员国大幅减少从我国的进口贸易量，加速成员国企业新产业链的构建，同时还会持续地诱发产业转移现象。

二、会计战略在 CPTPP 情境下的重要性

1. 会计战略选择是国际资本市场对利益诉求的内在要求。 在当前全球性经贸规则缺失的情况下，会计成为有效工具与手段。首先，所有贸易争端会演化到对经济数据的质疑，需要会计信息的佐证。会计信息的互认，可以节约制度成本。其次，会计本身所具有的谨慎性，实质重于形式、会计要素与会计流程等，

有利于维护资产安全。随着信息技术不断推进，会计规则的原则导向性更加明显，通过会计战略关注经济资源、经济资源的主权，以及经济资源主权的变动。挖掘经贸事件中内含的企业利益实质，促进会计规则与经贸规则的有机统一。以"实质重于形式"为代表的会计政策，是正确处理不同国家政治、经济与法律制度差异的价值判断标准，由于会计信息披露的及时性、广泛性与全面性难以客观反映现行的 CPTPP 之类的国际贸易规则对国内企业核心竞争力、产业价值链等信息的需求，企业应对国际贸易规则的会计战略往往不完备，使企业跨国经营和国际贸易的会计规则"游离"于国际会计准则的制度之外，表现为会计的滞后，进而对经济事件的反应不充分，可能会填埋或隐藏更大的风险与杠杆。因此，通过会计战略的有效配置，可以增强国际贸易规则中的弹性，提高规则条款应用的灵活性，通过会计战略来反映经贸规则理念"刚性"与"柔性"，便于企业在面对 CPTPP 经贸情境时，实现规则应用的"软着陆"，避免不必要的损失（夏范社、冯巧根，2017）。中国作为世界电子商务大国，可以借助于"互联网＋"的会计战略理念在 CPTPP 规则的利益平衡上寻求最佳结合点。比如，结合国际会计准则理事会（IASB）的发展趋势，通过中国电子商务会计标准的引领效果来维护我国企业在国际经贸领域中的基本权益。具体而言，会计战略在企业 CPTPP 经贸环境中的作用表现在：一是结合"原产地规则"等条款，充分发挥会计管理的控制功能。即围绕 CPTPP 规则重新协调企业内部的生产布局或产地组织架构，以适应经贸环境变迁后的价值链动态需求。二是结合"原产地规则"等条款的情境特征，借助于会计的信息支持功能，积极应对关税征管中可能出现的新情况或新问题，加强税务处理的结构性改革，使以往的单一经贸结构向贸易与投资的跨行业和跨国界组合变迁，使会计战略在跨国经营企业中发挥最大的功效。

2. 会计战略实施是企业应对 CPTPP 规则的客观反应。 从会计战略角度考察，价值规范可以分为专门性的标准（如会计准则）和综合性的标准（如公共性的财务规则）两个方面。公共性的财务规则，散见于《中华人民共和国公司法》《中华人民共和国证券法》《中华人民共和国税法》以及《中华人民共和国证券交易法》等有关法律中，理解这一点对于我国企业会计政策的制定具有积极的意义。它启示我们：（1）为什么中国会计准则基本国际化了，但仍会在许多会计问题上发生纠纷，如 CPTPP 与 WTO 规则的不一致性就是一例。因为相关制度与法律体系和国际制度规范与法律体系尚存在差异，并且短期内难以达成一致，由 CPTPP 之类的大型区域经贸规则所渗透出的制度规范仍会影响中国企业的跨国经营活动，并对会计行为产生影响，例如经贸规则、文化习俗等体现的经贸规则与会计准则等的制度博弈。（2）由于 CPTPP 无法体现"外部性效应"，从而非成员国政府加强对本国企业的引导，促使本国企业在跨国经营活动中维护自身利益似乎是必然的。（3）以会计准则为代表的专门性标准也不可能完全一致。WTO 涉及的会计规则不与我国会计准则相一致或与我国会计准则略有不同，应该说都是正常的，这是全球会计的普遍现象。（4）价值规范的制度博弈是弥补 CPTPP 规则"剩余控制权"的有力工具。为什么我国企业在应对 CPTPP 之类的国际贸易规则时往往难以取得同类企业的支持，除了缺乏经验外，更重要的一点在于我国企业的会计战略不完备、制度规范不够科学。因此，加强会计战略的规划与有效实施，完善国际经贸活动中价值规范是今后诸如逆全球化下贸易摩擦所必须充分应对及充分重视的。

针对 CPTPP 可能对我国企业利益的影响，加强我国经贸规则与 CPTPP 的差异性研究，求同存异，积极寻求对策是务实的选择。换言之，如果仅从经贸规则的完善与发展角度来看待或认识 CPTPP，可以发现其中的许多规则和条款是值得我们借鉴与应用的。从长远来说，CPTPP 中的许多内容，如保护环境、维护劳工权益、减少国企的垄断地位、倡导信息自由等是需要我国加快改革步伐的，并以此作为促进我国经济体制完善与发展的重要参考，高标准的贸易规则体现了我国经济在全球治理中的内在要求。目前，我国在国际货币基金组织和世界银行的投票权份额、在 IMF 特别提款权（SDR）的份额比重都有所提高。从推进市场化进程而言，针对 CPTPP 规则与条款，努力改善、锐意改革经济与法律体制，不仅是适应我国"一带一路""走出去"等倡议的需要，也是提高中国在全球经济治理中影响力和规则制定权，进而保障自身权益的客观要求。CPTPP 代表的是一种全球化的贸易规则，我们要以宽容的姿态，加快经贸活动的价值链配置，并积极配合 RCEP 进程和"一带一路"阵容扩大来应对 CPTPP 的客观反映。

三、CPTPP 下的会计战略配置

随着 CPTPP 中规则条款的全面实施，成员国的产品和服务价格将发生变化；

成员国之间借助于区域价值链将实现生产的网络化，价值创造和价值增值能力的提高，并间接地影响非成员国的会计权益。

1. 选择合适的会计计量手段。 许多学者认为，CPTPP 在短期内可能不会对我国的经济利益产生明显的影响（樊莹，2018；杨立强、余稳策，2018；赵灵翡、郎丽华，2018），这主要是立足于企业的财务状况而言的，即短期内 CPTPP 不会对"资产"要素带来明显的冲击；然而，从会计权益中的经营成果考察，则会带来一定的影响。例如，CPTPP 作为一个整体，通过大幅下调关税及相关成本的措施，将导致我国企业中"成本"与"收益"要素发生结构性变化，并使企业丧失在原有价值链中的地位与竞争优势。例如，伴随 CPTPP 成员国企业经贸规模的扩大，会使我国一些依存度高的企业利益逐步缩窄。换言之，CPTPP 强化了收入与费用的非对称性，影响了会计权益的平衡，使企业利益受到冲击。针对 CPTPP 情境下的会计战略存在两种认识：一种是制度依赖观。这种观点认为，CPTPP 属于国家宏观层面的贸易制度规范，会计战略选择与其关联效用不强。从规避企业利益的影响着眼，会计除了适应 CPTPP 规则外，不需要去做其他方面的努力。亦即，面对 CPTPP 情境下的诸如原产地规则等条款，企业唯有积极融入由 CPTPP 成员国主导的区域价值链之中，通过加强与 CPTPP 成员国企业的合作，增加对 CPTPP 成员国的投资等活动，以改进和提高顾客对产品和服务的需求，才算得上是最明智的决策。另一种是行动支持观。该观点认为，仅依靠对 CPTPP 成员国的投资，并在产品和服务上满足顾客的进一步需求，不能算是一种会计战略配置，会计工作者应当在具体行动上有所作为。首先，要配合国家的宏观制度规范，在会计的计量手段及控制措施上发挥积极作用。如从 CPTPP 规则涉及的企业生产布局、投资规划、企业预算、成本核算与分析、决策与预警、风险控制等多个方面强化会计制度建设，以形成有利于企业权益维护的会计战略蓝图。其次，加强企业内部的技术创新，在遵循 CPTPP "短缺清单"等条款下努力开发新产品、新工艺，以提高我国企业产品的独特性与差异性特征，最大限度地规避 CPTPP 对我国企业利益的影响与冲击。最后，实施管理创新。即在现有的 CPTPP 框架下，设计和计算可能给企业带来的成本增加额（如关税的影响额等），通过企业内部的挖潜和政府可能的扶持（如折旧政策与税收政策等）来寻求消化成本增量的对策以维护企业的利益。例如，在原产地规则的会计战略选择中，需要结合区域价值链特征进行计量手段的筹划①。

2. 合理配置境外资本及优化中国企业的境外投资。面对 CPTPP，我国企业应以更加开放、包容的姿态参与全球投资及并购。对于企业为了规避原产地规则条款进行的产业转移，我们需要以一种正向的姿态去加以引导，因为这也是市场经济条件下的一种客观规律。事实上，许多企业，尤其是中国的民营企业将生产基础投资在 CPTPP 的成员国，是对我国产业结构调整的一种促进，能够带动周边相关的一些产能或企业的向外延伸，对于合理配置境外资本及优化中国企业的境外投资有一定的积极作用。因此，政府相关部门应加强制度建设，主动加以引导并给予足够的关心。与此同时，对于在供给侧结构性的战略引导下对相关产业政策能够形成相互支持的领域或产业（项目），则进一步加大投资及并购力度。同时要合理配置境外的投资组合，支持"一带一路"沿线的发展，提前规划与 CPTPP 成员国的投资活动，合理配置 CPTPP 框架内的境外资本投资与并购。境外投资组合不能盲目强调规模，而是要着力打造具有国际竞争力的大型跨国集团。要防范投资风险，避免不必要的损失，加强风险预警和管理。跨境资本流动通常指资本为了寻找新的投资机会而跨境移动，其移动过程主要受收益、风险和政策环境的影响。2008 年金融危机后，我国跨境资本直接投资体量大幅增加（除 2009 年调整观望外），直接投资流出持续快速增长，从 2007 年净流入 1391 亿美元，到 2016 年净流出 466 亿美元。2016 年度跨境直接投资流出首次超过直接投资流入，显示中国资本全球配置的动能不断增加，具体如表 6 - 1 以及图 6 - 1 所示。

表 6 - 1　　　　　　　　　　2007～2016 年中国跨境资本流入量　　　　　　　　　　单位：亿美元

年　份	2007	2008	2009	2010	2011	2012	2013	2014	2015	2016
净流入量	911	371	1945	2822	2600	- 360	3430	- 514	-4324	-4123
FDI 净流入	1391	1148	872	1857	2317	1763	2180	1450	681	- 466
证券投资净流入	164	349	271	240	196	478	529	824	- 665	- 622
其他投资净流入	- 644	- 1126	803	724	87	- 2601	722	- 2788	- 4340	- 3035

资料来源：中国外汇管理局网站。

---

① CPTPP 中原产地规则相关计算的核心内容：一是标准的选择。包括税目转换标准（CTC）、价值增值标准（RVC）和加工工序标准（SP）。二是突出会计的重要性。要求各成员国计算区域价值成分的成本时，按照生产该产品的成员境内适用的、公认的会计准则进行记录与保存。具体的核算方法，详见表 5 - 1。

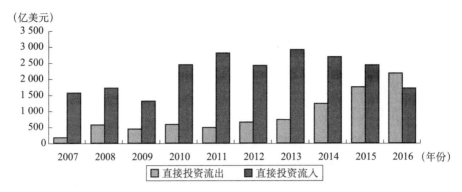

图 6 – 1　2007～2016 年跨境资本直接流入流出

资料来源：中国外汇管理局网站。

近十年来，我国跨境直接投资流出呈持续增长态势，2016 年对外投资是 2007 年对外投资金额的 4.5 倍。2016 年度对外投资涉及 164 个国家和地区的 7961 家企业，同比增长 44.1%，境外直接投资存量过万亿美元，如图 6 – 2 所示。2016 年度"一带一路"沿线投资占全部对外投资的 8.5%，2017 年 1～7 月占比稳步攀升。

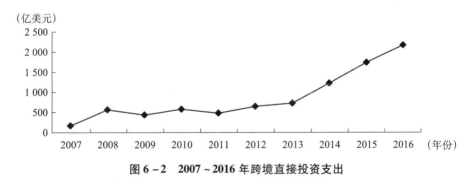

图 6 – 2　2007～2016 年跨境直接投资支出

资料来源：中国外汇管理局网站。

据商务部对外投资研究中心资料可知，近十年来，中国对外直接投资还呈现民营企业"走出去"越来越活跃的情形。2008 年，国有企业跨境投资流量占比 85.4%，民营企业占比 14.6%，国有企业处于绝对优势地位；2012 年，国有企业跨境投资占比 46.6%，民营企业跨境投资占比 53.4%，民营企业超过国有企业；2015 年，国有企业跨境投资占比 40%，民营企业跨境投资占比 60%。2016 年，民营企业继续保持比例优势，全年交易数量达到了 2015 年的 3 倍，且在并购金额上超过国有企业。截至 2015 年底民营企业的境外投资存量已经与国有企业平分天下。上市公司是中国企业的佼佼者，融资空间便利，是跨境直接投资（并购）的主力军，在境外投资中居绝对优势地位。2015 年末我国对外投资存量超万亿美元，在五大洲分布中，亚洲占 74%，有绝对优势，其次是拉丁美洲、欧洲、非洲和大洋洲。在亚洲直接投资存量为 7689 亿美元，其中投资中国香港共 6568 亿美元，占 86.55%，其次是新加坡、印度尼西亚、日本、中国澳门等。商务部发布数据显示，我国对外直接投资流量在 2002～2015 年连续 13 年保持快速增长，2015 年跃居全球第二位。上市公司因有便利的融资条件，是境外投资的主力军。从企业性质来看，自 2012 年起，民营企业（上市公司居多）对外投资（非金融类投资）比重超过国有企业后，之后年度的比重差距逐年加大。从企业归属区域来看，自 2014 年起，地方企业在我国对外投资（非金融类投资）中越来越占据主导地位，近三年的同期增长速度也超过 70%，且长江经济带沿线城市更为活跃。为加强国有企业境外投资财务管理，防范境外投资财务风险，2017 年 6 月 12 日，财政部制定颁布了《国有企业境外投资财务管理办法》（已于同年 8 月 1 日起实施），目的是提升国有资本服务于"一带一路""走出去"等倡议的能力，以及提高国有企业的投资效益。具体的实施范围包括："国务院和地方人民政府分别代表国家履行出资人职责的国有独资企业、国有独资公司以及国有资本控股公司，包括中央和地方国有资产监督管理机构和其他部门所监管的企业本级及其逐级投资形成的企业。国有企业合营的企业以及国有资本参股公司可以参照执行。"

第二节 从 CPTPP 特征看会计权益维护的质量属性

CPTPP 是一项高标准、严要求的 FTA，其特征是追求国际经贸活动过程中的高质量。会计权益维护的基础是高质量的会计准则，其质量属性可以从收入、成本与资产要素的内涵与外延的变化中加以体现。换言之，CPTPP 只有能够为成员国带来会计权益的维护，带来区域价值链的创新和利益增量，才能持续发展，并吸引其他国家加入 CPTPP，实现不断扩容的目标追求。

一、CPTPP 下的质量管理与会计权益维护

1. 收入准则的质量属性对 CPTPP 的影响：价值创造与价值增值。 CPTPP 成员国主要位于亚太地区，这些成员国与中国贸易往来密切，而我国由于政治、经济等因素的制约，当时未申请加入 TPP，自然也就不是 CPTPP 成员国，随着 CPTPP 的实施，一定程度上对我国企业的经贸活动产生直接或间接的影响。尤其是 CPTPP 的原产地规则、劳工标准等都将对作为非成员国的中国形成会计权益的新挑战。CPTPP 中涉及的投资与贸易规则会对企业收入与成本因素带来直接的影响。因此，从"收入""成本"两个视角考察 CPTPP 对我国企业利益的影响十分重要。从企业收入观察，主要表现在贸易额与进出口规模的变动上；从成本角度考察，主要反映在企业税赋等费用的增加。国际会计准则要求采用新的收入准则，这在一定程度上会影响 CPTPP 规则中有关收益标准的确认、计量与报告。从质量属性上考察，新的"收入"准则的实施将会促进 CPTPP 规则中的价值创造与价值增值。一方面，新收入准则对收入的确认、计量进行了调整，现行准则中的收入范围、计量手段将发生改变；另一方面，新收入准则对特定交易以及合同成本进行了更详细或边界更清晰的规范，提高了收入准则的信息质量。从新收入准则的变动情况来看，它受到诸如 CPTPP 等国际贸易规则的影响较大，同时，它又在一定程度上促进了全球 FTA 的发展。自财政部 2006 年发布收入准则和建造合同准则至今，已经过去了十多年。2017 年 7 月对收入相关的准则进行了全面修订（也是第一次修改），并于 2020 年 1 月 1 日全面实施。许多学者都有一个感受，即新修订的收入准则是近年来会计准则变迁中改进最大的准则，它是对原来收入准则的颠覆性变革。新收入准则体现的质量属性，详见表 6-2。

表 6-2　　　　　　　　　收入准则中的"质量属性"

项目	旧准则	新准则
收入确认	风险与报酬为基础的模型	控制权为基础的模型
收入计量	应收对价的公允价值计量	预期有权收取的对价金额
特定交易	指引有限	知识产权许可、售后回购、主要责任人/代理人、无须退回的初始费、额外购买选择权、质保
合同成本	无相关规定	合同取得成本、合同履约成本

表 6 - 2 表明，传统收入准则与新准则在确认、计量上有了较大的不同，尤其是对确认标准突出强调了控制权转移，不再以报酬转移作为收入确认的判断标准。这对于国际贸易交易频繁的公司来说提高了信息含量的相关性比重，由于在全球价值链中所涉及的国家或地区众多，各地的经贸法规各不相同，货物转移过程中的各级代理商可能代存货物，表面上有销售合同与发票，但私下签署"卖不了可以退货"等规定，这种收入确认客观存在大量的"水分"。这种现象在企业间大量存在，国际经贸活动交往中的贸易额尤为常见。新收入准则涉及会计权益的核心问题之一，是实现企业的价值创造与价值增值。过去的收入准则没有关注合同管理，新准则从合同成本视角给予会计人员更大的权限。或者说，新收入准则实施后会计人员需要参与到合同相关的决策判断之中去，并且是会计人员合同成本入账的必要前提。新收入准则下的企业与客户签订的销售合同是收入确认的重要前提，会计人员参与合同管理是一种客观要求。我们认为，从国际贸易角度来讲，随着 FTA 的变迁，会计人员参与合同制定是决策有效的基础和保证。企业要适应全球经贸规则的变迁，必须充分发挥会计信息支持系统与管理控制系统的积极作用。通过会计对信息与数据的收集、挖掘和分析，可以为企业的管理当局提供应对国际经贸领域 FTA 变迁的决策基础或手段，并在提升企业全球价值链中推动自身地位的提高，有效控制企业在国际经贸活动中的风险，以及提高企业应对外部环境变化的竞争能力。会计质量是 CPTPP 规则落地的保障，嵌入 CPTPP 的会计具有解析过去、控制现在、筹划未来的基本职能，是一种全方位的企业管理工具或手段。

诚然，在新的收入准则下，收入及利润的确认、计量方式与从前大不相同。例如，新准则的收入确认标准明显高于旧准则，过去是按发票收入入账，现在则在综合考虑款项的可收回性等因素基础上决定是否入账。它反映了高质量会计准则不仅是企业自身风险管理的要求，也是 CPTPP 等国际贸易规则的需要。根据新收入的"控制权"要求，确认收入应体现企业向客户转让商品或提供服务的情境，计量收入金额应反映企业因转让这些商品或提供这些服务并预期有权收取的对价金额。新收入准则最具代表性的是五步法模型："第一步是识别与客户订立的合同；第二步是识别合同中的单项履约义务；第三步是确定交易价格；第四步是将交易价格分摊至各项履约义务；第五步是履行各单项履约义务时确认收入。"其中的第"一、二、五"三步主要与收入确认相关，第"三、四"两步主要与收入的计量有关。五步法模型中的每一步都对会计人员的职业判断提出了更高的要求。根据新的收入准则，结合全球价值链中FTA的情境特征，采用不同的控制方法和手段是会计人员基本素质的体现。在国际经贸合同的管理流程中除了考虑收益性之外，还要考虑各种社会责任，要合理配置义务流程设计，强化经贸活动中的过程控制。若从提高FTA情境下的收益质量来考察，必须注重合同管理及其合同流程的优化与控制。

2. "收益观"变迁下的CPTPP质量管理：价值实现与价值维护。 与"收益"相关的会计要素是"收入"与"成本"。从净收益向综合收益转变是会计信息质量特征的内在要求。除了净收益和综合收益外，还有"经营收益"这一概念。财务会计准则委员会（FASB）概念公告第5号将经营收益解释为是不包含对过去年度损益进行修正的结果，是与现行的净收益不同的概念。FASB的财务报告准则第6号公告中，对综合收益是这样定义的，即它是"在一个相关期间内来自所有者以外源泉的交易、事项以及环境带来的经营企业股份的变动"，"这里，由所有者出资及扣除对所有者分配，包含在一个期间股份的全部变动"的差额。但是，这里股份可以说是基于交易记录路径，并被会计上确认的资产和负债的差额，这种期间变动的综合收益，说到底也是将会计上的确认作为基本前提。综合收益被认为是以经济学收益概念（经济利润）为导向（两者在结构上存在差异），是依赖于交易记录路径的概念。综合收益逐渐被纳入会计准则，其原因在于：目前的企业会计存在的一个问题是收益、费用的确认体系与资产、负债的确认体系不能够有效整合。这样，即便是来自股东交易以外的交易活动所形成的，但它不经过损益表而是直接作为资本的增减项目（即"资本直接进入应计项目"）。这种资本直接进入项目的情况，使得作为被确认的收入和成本的差额计算得出的净收益和被确认的净资产期初期末差额计算得出的综合收益存在差异。会计制度中的"综合收益"概念对FTA制度产生着冲击，进而对国际经贸活动中经营收入与成本带来影响。近年来，我国一直强调构建高质量的会计准则体系，并力求在国际会计规范体系中确立中国的形象，体现中国的声音。财政部继2017年针对上述两项当年生效的企业会计准则进行修订后，2018年6月15日发布了《关于修订印发2018年度一般企业财务报表格式的通知》，对普通的企业财务报表格式再次作了修订与完善。最主要特点是：在新修订的财务报表格式中增加了研发费用、信用减值损失、净敞口套期收益等；最大的变化是：新利润表在"利润 + 其他综合收益 = 综合收益"的基础上，详细列报了其他综合收益的组成结构。或者说，"利润表实际上成了真正意义上的综合收益表"（杨有红，2018）。这是与 IASB 于 2018 年 3 月正式颁布的"财务会计概念框架"中的会计质量特征相一致的，即适当增加相关性，对于 CPTPP 等大型贸易协定下企业收益信息的质量管理有很大的帮助，也符合外部环境复杂性的具体特征，提高了跨国经营企业之间信息的可比性，使会计制度更好地适应了 FTA 对企业价值实现与价值维护的内在要求。

基于国际经贸环境的变化，会计制度改革主动作为，将净利润延伸到综合收益，更全面地反映企业价值创造的信息，提高收益信息的透明度，不仅丰富了财务报表的信息内涵，也体现了 CPTPP 全面性与先进性对企业收益信息的需求。综合收益指标可以更好地应对国际经贸环境下企业收益信息的披露，在预测未来企业跨国经营中的业绩评价中发挥积极作用，增加外贸收益在净利润中的份额或信息质量。当然，这一变动对现有的财务指标评价体系带来挑战，各企业主体的评价活动自由裁量权可能增加，如何合理约束企业的信息披露权利，值得深入研究。提供决策有用信息是会计的基本职能，对于 FTA 情境下的企业收益，是采用净利润更有价值内涵，还是以综合收益表达更具现实的价值信息效用呢？这需要从国际经贸环境的现状加以分析，净利润和综合收益在收益计算的包容性上是不同的，综合收益大于净利润，而净利润的收益质量往往高于综合收益。什么情况下以强调"包容性"为主，什么情况下以注重"质量"为主，这对于企业在全球化投资与经营活动中的利润计算具有积极的意义。高标准国际贸易组织或协定的冲突与博弈最终会转换为会计之争，渗透到会计流程，落脚在会计要素的重述与变革上，将会引起新的制度变迁和与之配套的制度变迁管理，现在随着国际会计准则被全球大多数国家采用，今后其将逐步成为国际贸易组织默认或者通用的标准。随着"收益观"转向综合收益，需要明确以下观点：一是综合收益的计算基础是资产和负债（及其变动）的确认。综合收益在会计上的确认是"可能的净资产的期初期末变动额"。二是净收益也好，综合收益也好，均是总括主义收益（增强包容性，亦即在确保可靠性的前提下扩大相关性）。三是综合收益可以按净收益的形式来表示，并和净收益一样采用独立的方式进行计算。

二、CPTPP与会计权益的协调：以相关性与可靠性为例

基于CPTPP的会计权益维护是通过会计信息的质量属性和会计控制的质量管理来体现的，会计信息的可靠性和相关性是会计权益维护的基础条件或保障措施。实现CPTPP情境下的会计权益平衡，离不开两者间的沟通与协调，现阶段的一个重要任务是围绕CPTPP规则使会计信息的相关性与可靠性互相匹配，并发挥出动态调节的积极功效。

1. 相关性与可靠性质量特征对CPTPP等国际贸易规则的影响。 在可靠性的质量管理中，按照现值计量体现出的是成本属性。即历史成本的计量基础遵循的是可靠性原则。比如，采用实际利率法按时间价值估计固定现金流量下的各期实际损益。从计量基础来看，围绕可靠性质量特征往往会在公允价值和在用价值（即实用价值）上进行选择。在用价值主要是持续使用该资产到最终处置所能产生的未来现金流，在减值确认时允许在未来现金流净现值与可变现净现值中选取较高者；公允价值是一种脱手价格，需要依赖交易对方的报价。公允价值与在用价值这两个概念体现出的是相关性与可靠性特征下的差异性。前者难以控制市场风险，有时无法准确判断其是否公允；后者只能说有可靠性保证。这也是前面有学者提出中国应当谨慎应用公允价值的原因。国际会计准则对公允价值的适用范围也有明确的规定，我国的会计准则也有类似规定。具体的文告有《国际财务报告准则第13号——公允价值计量》和我国的《企业会计准则第39号——公允价值计量》。亦即，对与公允价值类似的其他计量属性的计量和披露不适用于上述准则。从稳健性和风险度量上考察，采用在用价值比较安全①。面对CPTPP规则，跨国经营企业可能会在成员国进行投资并设立生产基地等，由于CPTPP成员国之间会计准则的不统一，会计信息如何进行可靠性与相关性的协调与沟通，以及计量基础是选择采用在用价值还是公允价值等，均会对企业的会计权益产生

---

① "在用价值"的计量风险较小，如传统的应收账款的期末计价、存货的成本与市价孰低法、厂房设备物业资产的折旧等，计算过程比较简单、审验方法比较成熟，对实际现金流的偏离程度通常是可接受的。

影响或冲击。FTA 下的经贸谈判需要对可靠性的会计信息进行质量管理，以谋求各方利益的均衡，以最大限度地降低制度成本及摩擦成本。在用价值具有高可靠性的计量属性，目的是寻求谈判双方共同确认的会计信息质量。CPTPP 情境下的可靠性以双边、多边谈判为重点。国与国之间的谈判变得更加注重"成本＼效益"原则。CPTPP 情境下，国际贸易活动应更多地考虑国与国之间信息可靠性，加强成员国之间的联系，以及构建经贸合作的共赢机制。可以预见的是，未来双边或多边谈判会对会计信息可靠性有更高的要求，充分掌握 CPTPP 成员国的会计准则特征，加强与成员国之间的经贸合作，通过会计准则的趋同，采用渐进性路线和会计制度微调等手段促进双边或多边谈判将是 CPTPP 情境下我国与成员国会计权益维护的重要课题。

CPTPP 等国际大型贸易规则在处理国别之间的不同利益诉求、会计制度上存在的差异，以及会计核算的特殊性、贸易规则中的例外事项等问题时，需要更多地获得相关性信息的支持。这是因为会计信息本身也存在不完美之处，如会计信息的动态性与延展性往往不足，仅凭借会计信息来进行经营与投资决策有时也会缺乏相关性，"会计决策的相关性消失"现象说明传统会计工作已经显得乏力与力不从心。因此，为了提高经营或投资决策的相关性，会计信息的相关性质量属性就变得十分重要。2018 年 3 月，国际会计准则理事会（IASB）"财务报告概念框架"中财务报表的目标增加了"评价主体未来净现金流入的前景"这条内容，并在计量基础上进行调整，突出了前瞻性信息、现值计量技术指引等的重要性。它表明，在财务报表的信息质量中，相关性的重要性得到提升。事实上，相关性信息一直是存在的，如现行多数资产和负债项目的计量就包含了对未来现金流的估计。然而，现行的会计准则基本没有以未来事项或前瞻性信息的形式在公允价值和在用价值中计量。从相关性着眼，以前瞻性信息来估计未来价值，通过预期收入、预期成本来预测预期损益变得更加重要。相关性的质量特征有利于会计信息在反映企业资源、展示经济资源的主权、维护会计权益等方面发挥积极作用。可靠性与相关性质量特征促进了 CPTPP 规则的扩容及其对未来国际贸易事项谈判能力的提升。如果说在用价值体现的是 CPTPP 下会计权益维护的可靠性质量属性的话，则公允价值就是 CPTPP 情境下维护会计权益活动中对会计信息相关性的客观需求，并且两者是有机融合的。

2. 相关性与可靠性质量特征使 CPTPP 情境下的会计权益得到充分体现。在会计计量观下，"会计人员应将现值融入财务报表之中，以确认他们在帮助投资者预测公司业绩和价值时承担更多的义务"（斯科特，2012）。这是因为当前的会计权益偏重于投资者视角，而缺乏对市场有效性、稳定性、可持续性以及会计在经济体系中的功能等基础问题进行系统的分析，对利益相关者的权益维护是有缺陷的。通过相关性与可靠性的质量管理，使 CPTPP 情境下的利益各方实现权益的均衡与发展显得十分必要。相关性的扩张倾向体现在：一是通过规范现行的财务报表体系，全面地提供某一主体资产、负债、所有者权益、收入和成本的相关信息。因为这些信息对于财务报表使用者的决策有重要的现实意义。二是适应外部环境的不确定性，不仅提供财务报表中的信息，而且还提供会计要素定义以外的额外信息。三是提供前瞻性信息，包括可以进入财务报表中的前瞻性信息，以及暂时进入不了但是与财务报表使用者相关的前瞻性信息。这些前瞻性信息是指未来导向信息，比如有关前景和计划的信息等。2018 年 3 月，IASB 的《财务报告概念框架》在有关会计要素定义的修订中便增加了"相关性"，并重点强调了表外信息的决策有用性。例如，在"资产"定义的修订中删除了"预期"与"经济利益"这两个名词，突出了"经济资源"这个概念。它表明，IASB 认为，"资产和负债的定义不应设定可靠性门槛，并且也没有必要讨论概率，有些经济资源或义务虽然不满足计量条件，但并不意味着它们不是资产或负债"（曾雪云，2016）。当然，资产定义的改进并不代表就是高质量会计准则的体现，强调现时经济资源（或者潜在经济利益）的价值，对于 CPTPP 规则下开展贸易成本的核算具有积极的意义。

相关性与可靠性的质量特征之所以能够促使 CPTPP 情境下的会计权益得到充分体现，是由前瞻性信息的不断扩展驱动的。CPTPP 情境下，会计信息的可靠性将进一步向相关性靠拢，即两者实现融合。这样，在整个会计体系结构中，财务会计与管理会计的融合将得到加速。从财务会计方面观察，CPTPP 情境下的会计信息将进一步朝全面性方向发展。鉴于财务会计是各个国家主要遵循的制度，相关性可以在附注等环节增加披露，同时，进一步拓展企业的社会责任、碳会计、绿色核算、人力资源、企业前景等方面的披露。从 CPTPP 规则的内容挖掘和具体条款的应用着手，会计权益的维护必须进一步拓展相关性，力求最大限度弥补双方的信息不对称。在 IFRS 基础上，可以更加广泛地采用附注与表外披露，关注资金的来源。例如，这些资金是来自商品市场经营活动的经营性负债，还是来自资本市场的金融性负债，厘清"实资产"与"虚资产"的边界与优劣。通过报表的进一步优化与表外项目的列式与拓展，以求在国别会计准则差异、国家与 IFRS 会计准则差异等方面缩小差距与加强互认。从管理会计角度观察，CPTPP 情境下，国内企业的借道、绕道等财务战略的选择，是积极面对原产地规则等条款挑战的一种内在要求。首先，需要补充全面性，管理会计在会计信息的确认、记录、计量与披露等方面相对来讲还是"制度盲区"，可以在全面性方面进一步拓展；其次，管理会计的灵活性、便捷性、时效性也有利于加强会计信息的相关性。管理会计的工具方法有利于提高在贸易成本方面的信息含量与标准，对于进一步加强会计信息在成本环节的相关性、财务信息与非财务信息的互相配比与平衡等，依然有很大的空间。

第三节 增进 CPTPP 下的会计权益：财务会计与管理会计的融合

增进 CPTPP 情境下的会计权益，就是要针对原产地规则等条款，从企业资产的保值增值出发，实现价值创造和价值增值的能力，它更多的是从财务会计和管理会计角度赋予企业对经营与投资活动的权利。换言之，CPTPP 情境下的会计权益需要在收入与成本的对比中通过优化价值结构或价值行为来实现。

一、财务会计是解决国际贸易争端的基础

财务会计是企业对资金运动所开展的全面、系统和完整的核算与监督。它通过一系列会计程序为外部与企业利益相关者提供有关企业财务状况与经营成果的会计信息，帮助企业提高决策效率与效益。会计准则是财务会计的制度载体，也是解决国际贸易争端的重要基础。

1. 财务会计是市场经济健康有序发展的保障。企业若要与 CPTPP 成员国进

行经贸活动，必须严格按照会计准则的要求，正确核算财务会计活动，优化财务会计行为。财务会计在企业国际经贸活动中得到合理、规范运用，表明该企业的经营和投资活动是符合市场经济法则运行要求的，并且能够按照国际通行的会计政策（会计准则或会计制度的体现）进行会计管理，例如，配置一套明晰的企业基础会计账簿，且根据国际通用的会计准则要求进行记账及报告，能够满足独立审计机构（注册会计师）的审计需求，等等。事实上，基于会计准则的财务会计在适应高标准贸易规则的同时，往往被灌输更多发达国家的理念，如强势文化理念的输出，更加大了英美发达国家的诉求（刘家松，2015）。然而，尽管国际会计准则是以国际资本市场诉求为出发点，但无法取代各个国家特有的会计准则与法规（李玉环，2016）。资产作为财务会计中财务状况的重要体现，它是"由过去事项形成的由主体控制的现时经济资源，其中经济资源能够产生潜在经济利益的权利"。即资产要素强调管理控制对经济资源的所有权、未来资产的主权与产权，以及资产的主权与产权的变动将是未来资产要素重点关注的话题。资产要素的变化与当前 CPTPP 等高标准贸易规则下维护资产的安全性与主权的基本诉求是一致的。因为，资产作为企业的财务指标，代表着企业经营或投资的能力。优化资产结构，对资产的优序配比进行合理引导，可以实现 CPTPP 情境下企业利益的最大化。面对中美贸易战、欧盟动荡、地区冲突频发等，以 CPTPP 为代表的国际贸易规则将会更加注重资源的主权与产权，维护资产的安全。因此，如何做到对资产的"控制"，将是国际贸易规则发展的核心议题。此外，从债权人角度看资产，负债要素就变得十分重要。负债是过去事项形成的主体承担的转移经济资源的现时义务。其中，经济资源转移过程中产生的风险以及发生的主权变更是债权人最为关注的焦点之一。CPTPP 的实施必然会引起成员国之间、成员国与非成员国之间的利益博弈，相关合作方的人力、物力、财力的变动以及跨境流动离不开财务会计，在企业生产线或对外投资向 CPTPP 成员国转移过程中，如何有效地核算转移成本、转移的方式、如何确认与计量，以及可能带来的经济后果等一系列问题都会触发新的财务会计问题的发生。

　　"收入""成本"作为财务会计中的经营成果，它们离不开"资产"要素的配合。即可以用资产、负债的变动情况来重新界定收入、费用，例如，基于资产视角的收入是指会导致权益增加的、与所有者权益投入无关的资产的增加或负债的减少；费用则是会导致权益减少的、与所有者权益投入无关的资产的减少或负债的增加。究其原因，也许是资本市场上舞弊与会计造假频发，不确定性与道德风险、成本收益匹配不及时、不充分等因素所致。在财务会计的制度层面，会计准则制定者应尽量减少会计人员的职业判断及选择，以维护经济资源的主权、反映经济资源的主权变动。CPTPP 情境下的会计权益维护需要注重会计的基础要素，并将收入与费用的定义采用资产、负债来界定，通过 CPTPP 与会计权益的协调优化高标准贸易协定的规则或条款。换言之，将资产、负债作为企业运行或运营的核心要素，体现了"资产负债观"的理念。通过对资产、负债、收入、费用的分析，可以看出财务会计在经济资源及其动态变化中高度重视对资产的安全性与风险管控的宣传与普及。由此可见，以 CPTPP 为代表的高标准贸易协定将会关注企业的核心资源，关注会计要素的基础性概念，以求在国际贸易协定中降低成本、获取收益。

2. 财务会计是化解国际贸易争端的重要手段。面对 CPTPP，无论是借道还是绕道，跨国经营企业只有采用国际性、规范性、可比性和适用性的会计操作规范，才能有效应对各种贸易摩擦或贸易争端。只有在日常会计处理时按国际准则的要求进行会计核算，才能在国际贸易争端发生时从容应对，并能够提供出完善且符合规范的有关会计资料、生产成本数据，这对于正确认识 CPTPP 规则或条款是十分重要的。随着国际经贸环境的复杂化与动态化，财务会计作为核算与监督的一项持续有效的管理职能，会计准则等的制度建设至关重要。从中美贸易摩擦来看，建立与国际接轨的会计制度，提供科学、真实、详尽的会计信息，有助于美方认清经贸发展的新形势，也有助于我方在中美贸易战中占据有利条件。目前，推进以会计准则为代表的财务会计制度体系建设的主体是国际会计准则理事会（IASB）、联合国国际会计和报告标准政府专家工作组等组织。然而，由于国际会计准则理事会是一个民间机构，其制定的国际财务报告准则缺乏强制的约束力，所以 CPTPP 中的一些国家（如越南等）都按自己制定的会计标准处理会计事务，相关国家的会计准则之间存在着不同程度的差异，依据这些会计准则提供的会计信息自然也存在差异，从而给各国或各地区处理国际贸易纠纷带来困难。对于不同准则之间的处理差异，用一个典型的例子可以说明。1993 年，德国戴姆勒—奔驰公司拟在纽约证券交易所上市，会计人员进行报表资料模拟时发现，按照德国会计准则编制财务报表是盈利的，但是按照美国会计准则编制则变成亏损了。显然，如果不调整两者之间的差异，则很可能会对会计信息使用者的决策产生误导，而要在国际投、融资或者国际经贸活动中经常性地调整各国会计信息之间的差异，又会大大增加交易成本，不利于经济效率的提高和经济全球化。因此，倡导会计准则的国际化，为全球经贸往来和资本流动减少或者消除"语言"上的障碍，毫无疑问是经济全球化的必然要求，也是化解国际贸易争端的重要手段。

为了协调各国间的会计准则，减少贸易摩擦，一些发达国家从本国跨国公司发展的利益着眼，相继推出了一些弥补手段。如美国开发成功的一种基于互联网的新型财务报告语言——可扩展的企业报告语言（XBRL），按照这种语言，会计信息使用者不仅可以根据自己的需要加工、处理在网上获得的财务报告信息，而且可以将按照世界各国会计标准编制的财务报告转换成按照国际会计准则或者本国会计准则编制的财务报告信息，从而向真正实现将会计作为国际通用商业语言的目标迈出了可喜的一步。为了从本质上促进会计的国际化，世界贸易组织、证券监督者国际机构（IOSCO）、巴塞尔委员会、世界银行、欧洲联盟等采取了一系列积极的措施。例如，证券监督者国际机构（IOSCO）批准和推荐了 IASB 中的大部分会计准则。所有在欧盟国家证券市场上上市的企业已全部采用国际会计准则编制合并会计报表，而非本国的会计标准。随着全球经济一体化的推进，会计准则国际化的重要性愈发显现，尤其是资本市场全球化对会计信息的需求迫使各个国家必须重视会计准则的国际化。国际会计准则委员会（IASC）改组为国际会计准则理事会（IASB）为会计准则的全球化发展起到了重要的推动作用。在新的国际贸易情境下，影响企业进入 CPTPP 成员国市场的因素主要有两个：一是拟进入市场企业愿意投入的财务资源和管理资源；二是企业所投入的财务资源和管理资源在拟进入市场的稀缺程度。企业要走向全球化最好的选择方式是寻求海外同盟或合作者，或者建立全球联盟。面对 CPTPP，我们同样可以实施价值链联盟的策略。从经济合作与发展组织的调查来看，发达国家相对开放，例如，澳大利亚、加拿大等国家在经营领域几乎实行了完全自由化，是发达国家中最开放的国家；新西兰对服务贸易的管理措施比较宽松；日本对经营活动的管理措施相对宽松；中国—东盟自贸区中的新加坡等国在经贸活动中也有不同程度的开放。

二、从透明度入手提高中国会计的国际地位

会计透明度低是一些发达国家将我国视为"非市场经济国家"的理由之一，从欧盟对中国企业设立"市场经济"标准来看，它们与会计信息的透明度密切相关。

1. 透明度是"贸会融合"的媒介。从国际经贸环境考察，美国证券交易委员会（SEC）经常将"高质量"挂在嘴边，SEC 认可的高质量会计准则有三个标准：一是可比性（comparative）；二是透明度（transparency），三是充分披露（full disclosure）。可比性与充分披露在上述的可靠性与相关性研究中已作了阐述，这里不再赘述。在国际贸易规则中，透明度体现在两个方面：一个是制度规范的透明性。即 FTA 各项规则与条款的公开、公平与公正。另一个是制度执行的透明性。即面对可选择的规则与条款，各个不同的国家是如何选择的，有没有损害别国的权益。前者一般是 WTO，或者 CPTPP 这类 FTA 规范的范畴，而后者则是反倾销等法律加以设置的严格要求。贸易规则是否透明最终是要依赖会计规则来解释的，所以研究透明度首先是会计的透明度，任何规则条款只有透明才能高效，也才能促进包括 CPTPP 在内的贸易规则缔约国企业的创新积极性。会计透明度关系到中国会计的国际地位，它是一个涉及会计准则的制订和执行、会计信息质量的标准、信息披露与监管等多方面的质量范畴①，不仅包含全面的会计信息质量标准，也是一种具体的会计信息全面质量管理过程。因此，提高会计透明度，尤其是会计信息的透明度就成为 CPTPP 情境下会计权益维护的一个重要课题。从国内经贸环境来分析，企业管理要求"业财融合"，这种融合就是对透明度的一种严格要求，也是提高会计准则质量的前提。会计透明度是与企业真实的价值相关联的，它有助于降低市场中运行的各种成本与风险。许多实证研究成果表明，若市场对某企业充分了解，那么其资本市场上的融资成本就会相对降低，

---

① 会计透明度应当包括以下三层含义：（1）存在一套清晰、准确、正式、易理解、普遍认可的会计准则和有关会计信息披露的各种监管制度体系，所有的会计准则和会计信息披露监管制度是协调一致而不是政出多门、相互矛盾的。（2）对会计准则的高度遵循，而不管它是合营部门还是私营部门，是政府机构还是企业。（3）对外报告和披露高频率的准确信息，信息使用者能够方便、及时地获取有关财务状况、经营成果、现金流量和经营风险情况的信息。

同时经营压力变小，财务造假的动机可能就会减少或不存在①。因此，结合"透明度"的要求规范我国的会计信息披露，不仅能够增强 CPTPP 规则与会计权益的合理协调，还对提升中国会计的形象，加强与贸易国各方的沟通起到促进作用。然而，会计透明度的高低往往又是相对的。目前，一些新的商业模式和新业态尚无法进行会计确认与计量，即便有了一些确认与计量的个案，也不能保证其透明度的质量。例如，对以知识为代表的软性资产如何进行有效计量，创新的金融工具怎样在财务报表中进行充分揭示等。换言之，只要这些局限性存在，会计制度就会有剩余，即永远不可能是"完美"（perfect）的，如存在制度的疏漏、制度笼统、制度偏离现实、政策的不确定性等，即使遵循了会计制度，还是很难保证会计信息的高透明度。

2. 透明度和解释度的融合：让透明更加制度化。 透明度是有关会计准则的国际化程度以及信息披露的准确性和及时性状况的一个概念，与它相对应的一个概念是"解释度（accountability）"。透明度只有在解释度的配合下才能真正公开、公正，才能使透明更加制度化。有人认为，"解释度"主要针对的是企业内部的会计管理活动，"透明度"则是对外财务报告的信息需求。我们认为，这种说法有一定的道理，但不够准确。应该说，解释度是对透明度的再解释，当然也包括对内部会计管理活动的解释。理解透明度与解释度的关系，有助于我们在 CPTPP 等国际贸易规则中寻求最佳的制度融合，并使会计信息更加体现国际化的会计制度要求。当前，会计的"解释度"也受到一些环境因素的制约。如在财政部、证监会等多头管理的情况下，上市公司如何对相应的责、权、利进行解释就存在一定的难度。这种状况对于我国企业应对 CPTPP 等国际贸易规则会产生延误，并严重影响经营与投资效率。为此，应结合国情明确立法，加强政府相关监管部门的职责权限规范，重新调整制度安排，理顺管理、监督与协调的功能作用，各部门应放下架子，通力合作，以切实保障监管有力、有效，从而为会计的解释度提供一个良好的外部环境。我们认为，通过解释度的建设性功能，宣传中

---

①　当然，高透明度也会为企业带来负面的影响，如更高的信息提供成本、潜在的责任风险。例如，新闻报道多次报道过医疗诉讼问题。其中，医院为了保护自己，一个通用的做法是不向患者提供完整的医疗档案。提供医疗档案增加了医院败诉的可能性，同时，也为一些无根据的诉讼（即一些属于正常病例的患者对医院提出不合理的诉讼）提供误导的信息。

小企业，帮助中小企业认清自我，改造自我，通过中小企业集群化经营等多种形式使中小企业握紧拳头，在跨国经营、对外出口的国际经贸环境下争取主动，面对 CPTPP 等国际贸易规则积极应对，寻求最佳的发展路径与对策。同时，要规范"解释度"的"质"与"量"。解释的"质"包括两个方面：（1）法定的解释要求，如重大关联交易以及资产重组等聘请独立财务顾问出具报告，对各种外贸制度的解释，对 WTO 规则及美英规则的比较等。（2）自愿的解释要求。现阶段，已有一些企业出于不同的目的开始自愿披露。与"质"相对应的是解释的"量"。尽管信息使用者总是希望获取尽可能多的信息，但是过多的信息可能会适得其反①。在"量"的选择上，一是要遵循"成本效益"原则，二是要避免信息"转述"，出现信息流通中的"造假"。无论是哪个国家或地区的会计准则，都会存在会计制度的"剩余空间"，我们在应对 CPTPP 的规则与条款时必须认识到各种管理手段对信息披露带来的不同影响，丰富对会计"解释度"的理解。

三、以管理会计为手段维护企业会计权益

CPTPP 本身就是一种结构性的产物。我国企业在与 CPTPP 成员国企业开展竞争时，是采用同一会计标准处理相关事宜，还是结合各国的会计制度与文化特征权变性地加以操作，将面临不同的成本与风险（liability of foreignness）考验。借助于管理会计的"管理控制系统"与"信息支持系统"，可以寻求有效的管理会计对策②。详见表 6 - 3。

表 6 - 3　　　　　　　　　　　CPTPP 管理会计应对路径

管理会计体系	结构性对策	执行性对策
信息支持系统	构建弹性机制（区域生产与协作机制）	培育核心竞争力（资源效率、合作效益）
管理控制系统	实体价值链：改道、借道、绕道等 虚拟价值链：柔性战略	组织的变迁管理 流程再造（互联网 +）

---

　　①　虽然我国总体上信息披露不足，"透明度"不高，但不等于没有冗余信息。详见林斌. 企业信息披露：分析与改进 [J]. 广东财会，2001（4）.

　　②　就是通过组织创新与会计要素优化等手段，提供 CPTPP 情境下相关的弹性方案，增强企业在不确定条件下应对 CPTPP 的策略选择。相对于结构性对策，执行性对策更具"刚性"，两者结合就是要实现"刚柔并济"。

表 6－3 表明，CPTPP 与管理会计的结合，一方面通过结构性对策提高区域生产的经营效率，并围绕执行性对策培育中国企业的核心竞争力；另一方面通过组织变迁，寻求企业 CPTPP 情境下的路径选择与要素配置，通过流程变迁促进区域生产与供应链网络的优化和高效运作。管理会计控制系统借助于实体价值链向虚拟价值链的延伸，实现链式结构向网式结构的转变，通过流程变迁与组织变迁的结合提高 CPTPP 情境下的企业执行力。

（一）CPTPP 情境下的管理会计结构性对策

1. 管理会计"管理控制系统"视角的考察。从结构性动因着眼，管理会计需要将战略、目标、预算、绩效管理与内部控制等相互融合，增强 CPTPP 情境下管理会计"管理控制"的前馈与反馈效应。具体对策如下。

（1）面对新形势下的贸易环境，强化管理会计的"价值链"创新驱动。在 CPTPP 的贸易自由化情境下，管理会计要站在价值链（实体价值链与虚拟价值链）甚至网络价值链（基于网络组织与网络关系形成的价值链）的立场或视角，创新和发展新业态和新的商业模式。亦即，全球生产和贸易模式已经从以终端品的贸易为主转向以价值链为主的贸易模式。例如，CPTPP 文本将该 FTA 的目的表述为：促进区域供应链、确保缔约方而不是非缔约方成为协议的主要受益者。这对 CPTPP 成员国企业之间实现价值链与供应链的整合，促进统一的亚太市场构建是有意义的，但它却会对我国的区域供应网络的传统价值链平衡产生冲击以至失衡。管理会计要主动融合 CPTPP 倡导的区域价值链理念，通过技术创新与管理创新推动价值链的创新驱动。如构建 CPTPP 材料责任中心、CPTPP 成本与利润中心、CPTPP 绩效评价体系、原产地规则下的产品价格预测、原产地战略单元的价值创造、区域价值链的购并与产业链重组、区域间企业的价值协同与创造，以及 CPTPP 价值前景评估等一系列管理会计的创新工具或方法体系。亦即：一方面，借助于各种形式的自贸区建设，结合智能制造与"互联网＋"等手段扩展企业的发展空间；另一方面，通过提高企业无形要素生产率，采取调动员工积极性等措施或手段来扩展贡献毛益的增量边界，通过围绕 CPTPP 的顾客需求转变企业的价值创造，并使企业实现真正的价值增值，提高企业的竞争力，体现产品或服务的竞争优势。

（2）结合 CPTPP 的 "区域生产和供应链网络发展"，强化管理会计的控制功效。围绕 CPTPP 情境下的 "区域生产" 新特征，必须主动重构企业的供应链网络，调整价值链上下游企业的合作关系，合理定位价值链的业务转型等具体活动。同时，顺应 CPTPP "供应链网络发展" 的趋势，从供应链、战略管理和利益相关者等结构性视角，将传统的价值关注点扩展到价值创造的整个链条（如网络集聚供应链等），维护企业的可持续成功。一般而言，企业保持领先地位需要满足两个条件：一是企业的战略、投资、文化与流程之间要保持协调与配合；二是面对环境不确定性，要做好变革的充分准备。强化管理会计的控制功能，必须主动调整 CPTPP 情境下的组织结构，通过管理会计主体、行为与流程的协调与配合，增强组织应对 CPTPP 规则的新优势。为满足 "区域生产和供应链网络发展" 的新规则，可以采用以下三种途径降低组织间的成本费用：①设计的协同。即帮助 CPTPP 成员国企业与相关供应商进行沟通与协调，使产品设计方案新颖且制造流程高效，在源头上降低成本并以较低的成本进行产品生产。②生产的协同。通过与 CPTPP 成员国企业的合作，帮助企业和供应商等寻求加工与生产方法的一致性，如借助于 "众包" 等手段使生产环节进一步实现降低成本的可能性。③效率的协同。即借助于 "互联网＋" 等手段，帮助 CPTPP 情境下的企业寻求经营活动的高效协作方法，使组织间的企业管理程序更有效率。

2. 管理会计 "信息支持系统" 视角的考察。CPTPP 情境下的管理会计对策是由管理驱动的，更是由技术驱动的。CPTPP 下的管理会计对策需要从信息支持的系统功能入手寻求结构性的解决策略。

（1）从财务状况的 "资产" 要素入手，发挥管理会计的 "信息支持" 作用。结合 CPTPP 的规则条款，管理会计应当在电信业、电子商务和国有企业开放等方面发挥积极作用。诚然，CPTPP 中的电信业、电子商务等新兴业态的规范标准是根据发达国家的发展情况制定的，但是中国作为世界电子商务大国，可以在协调 CPTPP 与 WTO 规则的同时，结合 IASB 的发展趋势，通过中国电子商务会计标准的引领效果来维护我国会计在国际经贸领域中的基本权益。换言之，从结构性动因视角考察，CPTPP 将对企业经贸活动中的 "互联网＋" 及其知识资产产生影响。我国应提高在这些新兴领域进行会计标准制定的话语权，要结合 CPTPP 中对 "互联网＋" 及其知识资产的具体要求，围绕 IASB "财务报告概念框架"

中的"资产"概念新内涵，权变性地开展知识资产管理，使我国的资产确认、计量等标准率先向 CPTPP 要求的方向作出相应调整，以增强我国会计在国际会计中的影响力。

（2）从经营成果的"成本"与"收益"要素入手，扩展管理会计在区域经济边界中的作用。我国政府对 CPTPP 是持开放态度的，扩大区域经济一体化领域，加快区域及全球治理体系研究，客观上需要管理会计信息支持系统的积极推动。目前，针对 CPTPP 对企业经营成果的影响，在会计权益的认识上存在两种观点：一是认为 CPTPP 对自身利益的影响不大；二是选择新路径不符合企业现实的成本/效益原则。这里涉及的是 CPTPP 情境下的利益约束问题，即短期看可能影响不算大或基本没有影响，但长期观察可能会受到影响。管理会计必须增强"信息支持"的智能化水平，提高企业应对 CPTPP 的技术创新功能，增强 CPTPP 情境下解决问题和发现价值的能力。管理会计要从区域经济边界扩展的视角看待会计权益问题，不能只是局限于 CPTPP 对现有企业利益的影响，而是要从战略的高度考虑未来 CPTPP 在区域边界扩展中可能给企业或企业群带来的价值影响。管理会计的"信息支持"功能应在"贸易与会计一体化"上提高价值发现功能，增进对 CPTPP 的认识。即从内部与外部、宏观与微观的整体层面看待 CPTPP 情境下的公司业务发展，加快创新驱动，主动将战略、经营、资源配置和绩效管理等融入 CPTPP 情境的结构性动因之中，更好地适应市场的变化，实现企业经营的可持续性成功。

（二）CPTPP 情境下的管理会计执行性对策

结构性与执行性是一个事物的两个方面。CPTPP 作为一项长期不可逆转的高标准贸易协定，管理会计需要在主动顺应的同时加以积极引导，并从会计权益维护的执行性视角提供有效的应对策略，以维持企业在 CPTPP 情境下的竞争优势。

1. 结合 CPTPP 情境特征，切实维护企业利益。 管理会计的执行性对策就是要对 CPTPP 情境下的公司战略及关键成功因素等进行信息支持和管理控制，充分发挥其价值创造的支撑和基础功能。从宏观角度来看，我国政府在保持与 CPTPP 成员国合作的同时，积极推进 RCEP 合作，且利用 WTO 规则进一步优化贸易活动等，这种状况已成为一种"常态"。迄今为止，我国已签署并实施了 14

个自贸协定（包括中澳、中韩等），涉及 22 个国家和地区。同时，借鉴 CPTPP 精神在上海自贸区运营的基础上，相继推出了粤闽津三地自贸区以及中西部等 21 个自贸区建设。面对 CPTPP，管理会计的执行性对策需要在帮助企业降本增效的同时，发挥管理会计的"管理控制系统"与"信息支持系统"的积极作用。要在遵循宏观上的国家经贸制度导向外，积极规范有利于我国企业的会计政策措施。同时，结合 CPTPP 条款及企业与 CPTPP 成员国交易的特征，采用比较优势来调整外贸结构；采用诸如主动减税、加速折旧，以及放宽行政权限等手段提升我国企业在外贸经营中的执行力。例如，建立有法律效力的"权力清单""负面清单""责任清单"等来确定政策和市场的合理边界，消除不作为和乱作为，为市场伸展提供足够的空间。当然，政府也要平衡好不同规模、不同类型企业的利益关系，避免出现新的不平衡。从微观的执行性动因视角观察，只有充分发挥企业会计政策的市场自主性功效，如在原产地规则下引导企业的对外投资，优化企业的财务资源配置等，才能探索出 CPTPP 情境下外贸发展的新路径。例如，在既定的 CPTPP 情境特征下，有的企业已在 CPTPP 成员国投资布局，这类企业可以通过会计政策的调整来避免或减少对利益的负面影响，拓展企业的发展空间；而那些尚未在 CPTPP 成员国进行布局的企业，可以采取"借道""改道"和"绕道"的管理会计机制实现企业利益的维护，积极发挥管理会计系统的功能作用。

2. 维护会计权益，优化企业行为。管理会计重点在于为组织的管理规划与控制提供信息，或者说是提供公司价值的内部信息。即管理会计通过有效的内部管理信息提供，积极维护 CPTPP 情境下的会计权益。CPTPP 情境下的企业行为优化，既要体现宏观层面的会计制度优势，也要强化微观层面的会计政策选择。从会计权益的执行性视角考察，它既包括会计政策中的研发、折旧等政策，还包括财务资源配置、财务机制优化等内容。CPTPP 情境下的管理会计执行性对策需要同时在政府端与企业端发力，政府端的作用就是要因势利导，提供一切有利于企业发展的国内外资源支持，促进产业升级；企业端则在筹资、投资等会计政策上降低交易费用，促进企业核心竞争力的充分发挥。从企业端考察，在有形资产、经营收入等会计要素既定的情境下，加强会计权益博弈、提高收益质量等相关的无形会计要素已成为推动生产率提升的关键。要充分利用国际会计准则变革的新机遇，引导国内企业的会计政策朝有利于维护企业利益的方向转变。从宏观层面着眼，就是要将 IASB 的会计制度变化趋势嵌入 CPTPP 情境下的会计权益之中，并提出应对策略；在微观层面上，通过企业会计政策的合理配置，使 CPTPP 情境下的利益约束朝有利于我国企业资源优化配置的方向转变。我们应以一种大国的姿态主动与欧美会计组织展开对话，促使它们早日在"新兴经济体总标准"上认可中国的会计准则。同时，在 CPTPP 情境下，加快中国会计制度建设，使更多有利于维护我国企业利益的单项会计标准进入国际会计准则体系，加快提升我国企业在国际经贸领域中的会计话语权，增强企业的核心竞争力。

第四节　本章小结

世界经济发展中的经济多极化和全球化是大势所趋，CPTPP 作为一种高标准的区域性贸易规则，其所体现的"后边境"措施等仍然是全球经贸规则的客观需要。为有效应对以美国为代表的逆全球化倾向，维护贸易自由化背景下的会计权益，必须强化会计战略的自我调整。同时，利用自身的大国优势，探索符合我国和广大发展中国家利益的新治理机制。全球经贸发展的实践表明，权益的维护和利益的博弈最终都将由会计手段表现出来。或者说，会计权益维护的基础是高质量的会计准则。CPTPP 只有能够为成员国带来会计权益的维护，带来区域价值链的创新和利益增量，才能持续发展。CPTPP 情境下的会计权益需要结合原产地规则等条款进行合理维护，比如在资产保值增值的前提下制定相关的会计政策，最大限度地实现企业的价值创造和价值增值。

从财务会计角度来讲，就是遵循会计准则国际路线图的既定方针不变，通过会计准则的修订与完善引导"一带一路"沿线国家（尤其是其中的 CPTPP 成员国）朝全球化方向推进。从管理会计角度来讲，就是要坚持全球化方向不变，通过化解与应对，提高企业在 CPTPP 经贸环境下的价值增值能力。首先，结合企业发展战略，将 CPTPP 条款融入于管理会计的"管理控制系统"与"信息支持系统"之中。其次，分析 CPTPP 的内在规律，从管理会计结构性动因与执行性动因上寻求相应的对策。最后，管理会计控制系统要从整个价值链上维护企业利益，要在响应市场和顾客需求的基础上，设计 CPTPP 情境下的企业发展路径，以提高价值链的整体价值和企业的核心竞争力。从产业结构来看，围绕 CPTPP 规则将国内中低端产品转移到东南亚国家（CPTPP 成员国），同时结合"去产能"政策，主动调整国内的产业结构和产品结构。管理会计要关注 CPTPP 成员国与我国企业之间在经贸环节消耗资源的分布情况。从结构性动因考察，需要对诸如原产地规则中的产品研发、产品设计与产品制造等结构环节进行权衡，并借助于执行性动因，在生产决策、产品定价、企业流程与再造、跨职能团队的协同等方面开展动态分析，力图在为顾客创造价值的同时，提高产品和服务的盈利性、降低产品总成本。总之，在管理会计机制的作用下，从结构性与执行性视角寻求 CPTPP 情境下的企业对策，可以为企业应对 CPTPP 提供具体的操作指南或指引，促进实务运作效率与效益的提升。

第七章
CPTPP 下的扩容机制与组织协同

从国际经贸环境考察，一方面，特朗普政府以"美国利益优先"为国际经济政策目标，强烈排斥自由贸易，并指责中国强制进行技术转移并向美国市场倾销商品，[①] 对中国展开贸易战。另一方面，CPTPP 的实施已经进入扩容的新阶段，CPTPP 扩容的示范效应会给许多东南亚国家带来影响，部分国家积极谋求加入 CPTPP。2020 年 11 月 15 日，15 国领导人正式签署 RCEP 协定，这对促进"一带一路"倡议的完善与发展，以及推动 CPTPP 下的贸易全球化价值协同提供了新机遇。

第一节　CPTPP 与全球统一经贸规则的构建

CPTPP 的实施会对国际贸易规则、全球战略形势产生影响。在中美经贸摩擦不断加剧、美欧日贸易协定陆续达成、WTO 改革呼声急迫的情境下，CPTPP 的重要性不言而喻。

---

① 国务院新闻办公室 . 关于中美经贸摩擦的事实与中方立场［OL］. 中国人民政府网，http：// www. gov. cn/zhengce/2018 – 09/24/content_ 5324957. htm#1.

一、经济层面的博弈与价值链优化

CPTPP 作为一种国家组织之间的经济利益博弈，会对全球供应链布局产生影响。由于会计自身的特性、地位与作用，经济利益博弈最终必然体现在具体的会计方面，博弈的最终结果也必然是由会计权益来传导价值链的改进与优化。

1. CPTPP 下的经济利益博弈。 CPTPP 下的经济利益博弈的着力点在关税的减让上，其力度高于一般的国际大型贸易协定，势必带来成员国范围内的货物贸易转移效应。例如，以中韩 FTA 为例，协定实施一年后，中国零关税比重仅为 57.02%，美国与韩国 FTA 中的货物贸易自由化程度较高，但协定实施一年后，其零关税的比重也仅为 82.83%。CPTPP 实施后的经济效应要远大于上述的 FTA，详见表 7 - 1。

表 7 - 1 　　　　CPTPP 成员国的平均关税和协定实施前后零关税比重 　　　　单位:%

成员国	简单平均关税	最惠国（MFN）零关税产品比重	协定实施第一年零关税比重
澳大利亚	2.87	46.19	93.04
文莱	3.46	75.40	92.04
加拿大	3.73	52.23	94.93
智利	5.98	0.45	94.74
日本	4.21	40.13	86.11
马来西亚	6.54	60.63	84.71
墨西哥	6.84	56.12	76.99
秘鲁	5.12	52.92	80.04
新加坡	0	99.92	100
越南	10.58	32.33	64.22
新西兰（缺）	—	—	—

注：CPTPP 的 11 国中的相关数据是按以往 TPP 的情境模拟的，由于新西兰关税减让表处理较为烦琐，相关栏目暂时没填写。

资料来源：中国社会科学院世界经济与政治研究所国际贸易研究室.《跨太平洋伙伴关系协定》文本解读 [M]. 北京：中国社会科学出版社，2016.

从表 7 - 1 中可以发现以下几个特点：一是成员国的最惠国（MFN）关税简单平均值并不高。在 11 个国家中越南最高，也只有 10.58%，其余成员国在 2.87% ~6.84%。二是完全实施零关税的国家不多。目前只有新加坡是零关税，接下来就是文莱的比重较高，为 75.40%，智利的零关税产品的比重仅为

0.45%，非常有限。三是 CPTPP 生效后大多数国家基本实现零关税。从表 7 – 1 列示的协定实施第一年零关税比重来看，有五个国家（澳大利亚、文莱、加拿大、智利、新加坡）的零关税比重超过 90%，即接近零关税。日本、马来西亚、秘鲁三国的零关税比重也超过 80%。四是成员国较高地达成服务贸易承诺水平。这对成员国之间开展服务贸易带来积极影响，能够促进各国之间的贸易转移效应。此外，CPTPP 中的投资条款等也使成员国之间的相互投资增加。今后，随着各国投资环境的进一步改善，在 CPTPP 稳定、透明、可预见和非歧视的保护框架下，不仅是成员国之间的投资增加，非成员国向成员国开展投资的动力也会增强。总之，从经济层面考察，CPTPP 的影响主要体现在贸易与投资的转移效应上（白洁、苏庆义，2019）。虽然我国已经与 CPTPP 中的 8 个成员国签订了自贸协定，短期内影响不大。但是随着 CPTPP 的实施与扩容，过去看重中国廉价劳动力的外资企业也向越南、马来西亚、文莱等东南亚国家转移，虽然这些劳动密集型产业处于全球价值链的低端，我国产业调整需要进行结构升级，但是这些企业承载的就业能力会在短期内给我国实体经济带来冲击，许多民营企业也面临转产或停产，员工失业成为直接的受损反应。

随着 CPTPP 中市场全面准入等条款的实施，成员国的产品和服务价格将大幅度下降；成员国区域的生产将进一步紧密化，供应链网络得到扩大，成员国间的物流速度必然加快。如果仅从经济层面上看待或认识 CPTPP，可以发现其中的许多规则和条款是值得我们借鉴与应用的。从长远来说，CPTPP 中的许多内容，如保护环境、保护工人权益、减少国企的垄断、信息自由等是需要我国加快改革步伐，以成为我国经济体制完善与发展的重要参考，体现了我国经济在全球治理中的内在要求。目前，我国在国际货币基金组织和世界银行的投票权份额、在国际货币基金组织（IMF）特别提款权（SDR）的份额比重都有所提高。从推进市场化进程而言，针对 CPTPP 规则与条款，努力改善、锐意改革经济与法律体制，不仅是适应我国"一带一路""走出去"等倡议的需要，也是提高中国在全球经济治理中影响力和规则制定权，进而保障自身权益的客观要求。

2. CPTPP 下的全球价值链优化。近年来，亚太地区单边和区域自由贸易协定谈判不断加快，形成了一大批高水平的双边及区域自贸协定，经济一体化水平持续提高，全球贸易格局正在发生新的变化。其中，CPTPP 的实施使成员国之间加快了互补短板的步伐，各成员国企业的价值增量扩大，并间接地影响到非成员国原来在全球价值链中的位置。然而，若我国企业能够充分利用世界新科技带来的发展机遇，则有助于借助 CPTPP 的贸易机制变迁提升我国的产业结构，并使其向全球价值链高端进行延伸与拓展。在对待 CPTPP 的态度上，我们应予以重视，但也不必过度反应。换言之，我们对 CPTPP 持开放态度，并在世贸组织规则下让 CPTPP 与 RCEP 等其他区域自由贸易安排保持并存共进。即坚持宽容的姿态，促进未来经贸活动的发展，既要加快 RCEP 的生效，也要在国内 FTA 建设和"一带一路"倡议的进程中扩大贸易阵容。

以 CPTPP 为代表的国际贸易规则将促使诸多全球治理机制的再造与重构，并使全球不同国家和国家内部利益格局发生改变。从优化全球价值链的角度考察，CPTPP 的实施促进了中国经济的投资结构调整，正确处理由此产生的贸易转移效应和投资转移效应，反过来可能有益于我国的供给侧结构性改革。目前，CPTPP 作为跨区域的多边贸易协议，正在发挥亚太自由贸易"领头羊"的作用。如前所述，我国对 CPTPP 持积极的包容态度，也可以说是一种赞赏态度，至少它代表了全球贸易自由化发展的一种方向。换言之，基于 CPTPP 未来的扩容政策，我们要优化自身的经贸环境，在贸易与投资工作中进一步实施改革开放，包括进行制度性开放与引进。当前的一个重要抓手是，继续巩固与"一带一路"沿线国家的经贸合作，借助于亚投行、丝路基金等的资本优势，扩大双边或多边贸易合作领域，同时，积极组建多边国际金融机构，关注发展中国家在全球治理中的需求，形成全方位对外开放格局。要努力发挥中国在 RCEP 中的引领作用，并加强中日韩、欧盟各国等国家和地区的 FTA 谈判，以高效灵活的方式借助 CPTPP 中的高标准规则制定思想，争夺团结更多的亚太国家进入到由中国主导的贸易规则中来，使中国在全球经济治理中发挥更大的作用。

二、战略层面的思考与发展策略

从战略层面思考 CPTPP 的扩容机制，不仅是亚太经贸组织发展的内在要求，也是全球贸易自由化的客观需要。依据 CPTPP 高标准的质量特征，关注区域大型贸易协定的未来走向，合理选择适合中国经贸发展的战略路径具有十分重要的现实意义。

1. 美国战略目标的调整，促使 TPP 转变为 CPTPP。 金融危机之后，美国政府开始调整其全球化的经济战略，在贸易政策上制定了"出口促进战略"。为了确保这项战略的有效推进，制度建设成为首在任务。这一时期的奥巴马政府从美国利益出发，为维护亚太区域的经济与政治利益，开始谋求亚太经贸规则的主导权，APEC 曾是美国实施亚太战略的首选对象，但是由于 APEC 进程的停滞只能另辟蹊径。如前面所提及的，这时正好有一个 P4 国家的 TPP 在寻求扩容，美国政府意识到这一组织的前景与价值（能够为美国出口提供便利条件和良好的国际经贸规则）。广阔的亚太市场不仅表现在经济增长的高速发展上，其全球性的战略地位也极其重要。因此，美国加入了 TPP。按照美国贸易代表办公室（USTR）的观点，美国加入 TPP 旨在"推动亚太地区的合作与增长，加强美国与盟国之间的伙伴关系，建立起美国在太平洋地区的领导地位"。为了尽快形成一个稳定、强大的贸易集团，美国在国内市场上或者说经济上作出了一定的让步，以吸引更多的国家加入以美国为主导的 TPP 中来。可以说，这种 TPP 对美国来说，政治意义大于经济意义。由于当时的美国政府在战略层面考虑不够全面，导致党派之间（比如共和党高层对部分条款不满意）、国内不同产业之间对 TPP 有不同意见，使得奥巴马政府任期内迟迟无法通过 TPP。加之当时正值总统改选，特朗普总统上台，很快履行承诺退出 TPP，美国的经济战略开始转型。由于日本奉行"实用主义"原则，考虑到 TPP 对日本地区经济与政治均有一定的优势，因此在日本政治精英们的推动下，国内已经率先通过了 TPP。美国的退出反而激发出日本的潜在能力，除美国外的 11 个 TPP 成员国在日本的引领下继续前行，并于 2018 年 3 月 8 日达成协议，当年 12 月生效。日本政府及其他成员国也清楚地认识到，现有的 CPTPP 还难以与美国等其他发达国家抗衡。因此，其于战略层面的思考，CPTPP 力争在多边高质量贸易框架的基础上进一步实施扩容战略，并且在一些具有敏感性的规则与条款上进行适度的调整，未来这种调整可能还会实施。面对日本成为亚太地区贸易自由化的"成功者"，中国的多边贸易战略面临新的冲击与挑战。

2. CPTPP 增加了我国经贸发展的不确定性。 从 TPP 成员国占全球 GDP 的

40%，到 CPTPP 仅占 13%，经济规模的缩小使该经贸规则的影响力也相应地下降。然而，CPTPP 依托的毕竟是 TPP，其规则依然是最高标准的 FTA，其在服务业开放、农产品、社会责任、环境与人权标准等方面多与中国的现实利益直接冲突。CPTPP 的实施，对中国经济的竞争优势带来冲击，我国企业和产品、服务进入其成员国境内将面临较高的壁垒，日后我国加入 CPTPP 也将面临较高的门槛。客观地讲，CPTPP 对中国的遏制程度与 TPP 相比明显变小，但从战略层面来看，影响仍然较大。学术界就 CPTPP 对我国经济发展的影响，一直以来就存在不同观点。回顾当时人们对"TPP 影响"的讨论，许多人将其与加入 WTO 并列进行分析，现在的情况表明，这种将 TPP 与 WTO 相提并论的观点是不正确的（TPP 会受到美国贸易政策以及外交政策的较大影响，而 WTO 则相对稳定、不易受外界影响）。相应地，进一步引申下来，若现在讨论 CPTPP 与中美贸易战互相挂钩，也许这种观点随着时间的推移也将会被证明是不恰当的，其观点是不足取的。美国政府与中国贸易产生摩擦的思路，不是纯粹经济上的问题，其打压中国高科技技术，阻挠中国经济高速发展可能才是正题。中美贸易战是一种逆全球化的行为，而 CPTPP 是自由贸易框架下的 FTA。因此，不宜将 TPP 或 CPTPP 看成和入世一样的事情，否则会误导中国的经贸战略（苏庆义，2017）。同样地，也不宜将中美经贸摩擦的解决与 CPTPP 进行捆绑。这是因为：第一，CPTPP 是一个多边贸易协定，是通过共同协商谈判形成的，中国未来有可能加入该组织；中美经贸摩擦是由美国单方面挑起的，并不是中国愿意的。第二，由中美经贸摩擦引起的美方单边贸易制裁（加征关税），其本质上是一种霸凌主义，事先没有商量，且想征就征，征多少也很随意；CPTPP 尽管也会对中国经济带来一定的影响，但其体现的是一种市场化行为，中国政府或企业可以采取措施加以应对，且时间、空间都较为充裕。第三，中美经贸摩擦影响的是中美贸易，双方都没有好处，且不会有赢家；而 CPTPP 是通过协商、争端解决机制等达成共赢目标的贸易制度安排。第四，中美经贸摩擦影响的不仅是中国，且对全球价值链均会带来负面影响；而 CPTPP 是区域价值链的繁荣与发展，是以增进全球价值链共荣为目标的，等等。

三、规则层面的协同与制度建设

在全球经济动荡与不确定性事件频发的国际贸易形势下，贸易保护主义将会成为未来经贸格局的重要趋势。CPTPP 作为一种大型的国际贸易规则，对经济全球化的发展将起到积极的促进作用。

1. CPTPP 规则延续了 TPP 的精神。国际贸易规则的构建存在许多未知因素，并对全球经济的一体化发展带来阻力。近年来，因多哈谈判失利使 WTO 规则难以有所作为，加之欧盟的分化、中美的经贸摩擦等，使双边贸易谈判面临挑战。或者说，经贸规则边界与门槛的设定成为发达国家与发展中国家之间博弈的砝码。可以预见，以包容、共享为主题的"一带一路"倡议等的发展是贸易合作的主流，要达成发展中国家与发达国家共存的国际贸易规则需要作出更大的努力，发展中国家想实现跨界并融入高端价值链的路径可能已被锁定。在这种情况下，CPTPP 似乎让世界各国，尤其是发展中国家看到了贸易全球化的希望。然而，CPTPP 延续了 TPP 的精神，其所体现的高标准、严要求，使其仍不失为有雄心、全面、平衡的区域贸易协定。正是 CPTPP 存在这种精神，才能够发挥其贸易自由化的主动性。从制度建设角度上考察，CPTPP 规则将成为引领未来 FTA 谈判的模板。CPTPP 与亚太地区目前存在的 FTA 相比，有很多议题是重合的，非货物贸易规则带来的议题是相对于亚太地区 FTA 现有规则的新议题。其中，合作和能力建设、竞争力和商务便利化、发展、中小企业、监管一致性、透明度与反腐败等具有很强的先进性。加之 TPP 曾经由美国主导，所以 CPTPP 与美欧国家的 FTA 文本也具有较强的一致性。因此，CPTPP 以全面性与先进性自誉。在前面章节中，我们已经讨论过 CPTPP 的内容，即除知识产权和投资方面被搁置外，其余大致相同。

2. 强化规则层面的国际经贸制度建设。无论我国是否加入 CPTPP，重视 CPTPP 高标准的规则制定思路，并将其应用到我国的 FTA 建设中具有重要意义。CPTPP 对国内规则的配套和改革提出更高的要求，由"边境措施"向"边境后规则"的转换是明显的特征。现在看来，从规则层面强化对 CPTPP 的认识，至少有以下好处：一是促进我国与其他国家之间的 FTA 谈判。中国在亚太区域已经与东盟、韩国、澳大利亚等签署了贸易协定，今后在 RCEP、中日韩等 FTA 建设中可以借鉴 CPTPP 规则的经验。二是实现制度创新。从 CPTPP 规则的高标准上寻求内在规律，从中国制度创新的特征出发，寻求新的制度建设路径，完善现行自贸区等的规则条款。三是为参与国际贸易规则制定提供理论支持。从实用性角度来看，目前已有谈判中的或正在研究的贸易协定均无法替代 CPTPP。从理论角度来看，体现在 CPTPP 背后的原理与方法是提高我国参与国际贸易规则重塑的理论支撑。因此，从 CPTPP 规则层面进行协调与共生具有积极的现实意义。从我国现状来看，结合 CPTPP 条款及企业与 CPTPP 成员国交易的特征，采用比较优势来调整外贸结构；采用诸如主动减税、加速折旧，以及放宽行政权限等手段提升我国企业在外贸经营中的执行力。例如，建立有法律效力的"权力清单""负面清单""责任清单"等来确定政策和市场的合理边界，消除不作为和乱作为，有助于为市场伸展提供足够的空间。当然，政府也要平衡好不同规模、不同类型企业的利益关系，避免出现新的不平衡。CPTPP 作为一种贸易规则，从经济视角考察其制度本身，可以说没有"好"的制度与"不好"的制度之分，也不存在"敌"与"友"的对立倾向，有的只是该项规则是否适应本国经济与社会发展的现实情况。当前，区域贸易协定（RTA）发展很强劲，涵盖面也在不断扩张，以 CPTPP 为代表的大型经贸规则正在影响全球的供应链体系。因此，积极借鉴 CPTPP 中的规则条款，强化规则层面的经贸制度建设成为当前的一项重要课题。从宏观角度来看，我国政府在保持与 CPTPP 成员国合作的同时，加快 RCEP 生效，且利用 WTO 规则进一步优化贸易活动等，这种状况已成为一种"常态"。以中国为主导的 RCEP 等新经贸体制，有可能改变现行的国际经济秩序，产生与之并存的、以中国为主导的国际经济新秩序。但是，我们也应该有清醒的认识，国际经济力量对比的改变，会使以发达国家为主导的国际贸易保护主义得到进一步巩固。

第二节　CPTPP 扩容与发展趋势

CPTPP 生效条件相对宽松，门槛有所降低，扩容前景好。对现有的成员国来说也希望有新成员加入 CPTPP，以获得更多的国家支持，促进经济全球化的发展。

一、CPTPP 扩容与全球贸易自由化

CPTPP 正在启动扩容谈判，不仅会影响亚太区域经济一体化进程，也将为日本经济发展带来巨大收益，推动日本对外经济战略目标的实现。

1. CPTPP 的扩容条件。CPTPP 的实施使日本在国际贸易中的地位提升，尤其在亚洲自贸区建设方面展现出"领导者"的姿态。随着 CPTPP 的生效与实施，日本担任 2019 年主席国，主席国承担秘书处职责（秘书处设在日本东京）。2020 年开始实施主席国轮换，按照成员国对 CPTPP 批准的先后履行职务。日本担任 CPTPP 委员会主席是对其领导责任的肯定，2018 年不算在轮换顺序之中，换言之，按照各国批准的顺序，2021 年的主席国又将轮到日本。这有助于日本借助于 FTA 之力全力推行自己的战略目标。CPTPP 是目前世界三大区域贸易协定之一（随着 RCEP 的生效将退居第四），也是 20 多年来全球首个超大型的区域贸易协定，另外两个贸易协定是北美自贸协定和欧盟贸易协定。从扩容条件来看，它有以下优势：一是体量大。如前所述，虽然与 TPP 相比，CPTPP 在经济体量上下降幅度较大，但它还是有 5 亿人口和 13.5 万亿美元的经济体，相当于一个中国的体量。二是制度先进。作为全球三大区域贸易协定之一，其贸易规则的标准是全球最高的，后面的其他 FTA 需要以其为制度榜样。同时，CPTPP 在生效之前也已经关注扩容机构的构建问题，不仅在规则条款上有所偏重，而且对于一些规则进行了搁置，使准入门槛降低。这些体现了 CPTPP 制度安排的运作弹性与设计创新。三是区域优势。亚太地区是全球经济高增长的区域，各国的经济实力不断提升，差距逐步缩小，加入欲望强。一些国家已经多次表示愿意加入，如英国、哥伦比亚，以及周边的泰国、印度尼西亚、韩国等国家[①]。目前 11 个成员国代表已一致同意"扩大 CPTPP，强力推进自由贸易"，并通过了"新成员接纳标准和流程的决定"，正式明确了与有意加入 CPTPP 的国家或地区之间的谈判手

---

① 2021 年 1 月 30 日，英国内阁宣布，英国将正式申请加入《全面与进步跨太平洋伙伴关系协议》（CPTPP）。

续。虽然上述拟加入的国家或地区在准入方面不会一帆风顺，但可能只是个时间问题。如果 CPTPP 扩容机制被激活并成功运行，那么 CPTPP 的成员国可能波及亚洲最具活力的经济体（暂时排除印度）。需要提醒的是，在积极推动 CPTPP 扩容的同时，也应当看到其自身的矛盾与局限性。例如，迄今成员国中仍然还有尚需完成国内审批手续的（截至 2019 年 6 月为四个国家），也就是说这些成员国的积极性不高，尤其以马来西亚政府的态度为典型，面对 CPTPP 的制度利弊，表现出立场摇摆。并且，成员国之间的利益博弈仍然突出，或者说就没有停止过，早在 2017 年 CPTPP 达成共识时，11 个成员国就表示仍有少数事项待共识确认后才可签署，这些问题也许在扩容的过程中会得到有效解决。

2. CPTPP 扩容对全球贸易自由化的影响。CPTPP 生效本身就是贸易自由化的成功体现，它向全球释放出了反贸易保护主义和支持经济全球化的决心与信心。日本也由此提升了自己在亚太区域经济一体化中的地位与作用。可以从两个方面观察 CPTPP 扩容对全球化贸易效应：（1）日本的地缘经济与地缘政治地位。从地缘经济地位上来看，日本转变了以往只注重抱美国"大腿"的做法，竞争的眼光也不再只是停留在周边的中国身上，其经济政策由以往以双边为主和重视东亚区域经济合作的战略布局，开始积极地向跨越两洋（太平洋、大西洋）的更大区域拓展，主动引领 CPTPP，开始实施更广区域的 FTA 协作。从地缘政治上来看，日本借助于 CPTPP 施加其影响力，与各国（尤其是亚太地区国家）广泛结交朋友，释放善意。一方面，希望 CPTPP 能够成为目前处于谈判阶段的多个自由贸易协定的制度模板，树立日本在亚太经济与政治中的地位。目前，CPTPP 在时间上已经领先 RCEP，并得到实施，这对未来构建整个亚太地区的一体化组织有重要的影响效果，如果 CPTPP 扩容机制有效，则其在亚太自由贸易区（FTAAP）中的地位就有了制度上的保证。（2）中美对 CPTPP 的支持力度。从中国的立场来看，中国始终对 CPTPP（包括早期的 TPP）持开放的态度。并且，中国政府在许多公开场合表示，在不损害中国整体国家利益的前提下可以考虑加入该协定。之所以这样表态，是由中国的国情决定的，有些 CPTPP 的规则承诺尚难以完成，不能为了加入而加入，使自身更大的利益受到损害。中国作为一个负责任的大国，从世界第二大经济体出发，也需要有自己主导的面向全球的高标准自贸区网络，这也是中国面对是否加入 CPTPP 过程中需要考虑的。总之，中国的态度是积极的。即"只要符合世贸组织'开放、包容、透明'的原则，有利于推动经济全球化和区域经济一体化，中国都持积极的态度"。从美国的立场来看，一方面，特朗普政府提出"美国利益优先"，其对 CPTPP 态度需要以考虑是否对美国有利为基础。另一方面，日本政府想促成美国重返这项协定。自 CPTPP 生效以来，美国农户和汽车厂商感受到来自日本市场的竞争压力。并且日本政府也想借 CPTPP 和后续谈判成功的日欧 EPA 作为砝码，向美施压，希望在日美贸易协定的谈判中增加主动性，如不接受美国在双边谈判中对农业等产业方面进一步减让关税的要求。事实上，2019 年 9 月日美贸易协定正式签署，日本原有的各种计划基本失效。这方面的内容，前面也有所提及。由此可见，日本作为依赖美国保护的"实用主义"导向国家，面对美国的需求，往往只能让步。

二、中国加入 CPTPP 的主动性

在美国推动 TPP 期间，国内的主流观点认为，TPP 中的许多内容，如原产地规则、知识产权保护、国有企业等方面具有很高的条件或门槛，且制定了详细规定，使中国不能也不愿意加入 TPP 组织。随着 CPTPP 的生效并实施，中国是否会主动谋求加入该组织呢?①

1. 中国加入 CPTPP 的不同观点。对于中国应当加入 CPTPP，国内无反对声。概括来看的话，大致有两种观点：一是观望论。有学者认为，我国已与 CPTPP 中大多数成员国签订了双边自贸协定，加之有中国与东盟十国（包括日韩澳新印）的 RCEP，中国加不加入 CPTPP 对企业利益的影响不大，以静观其变为好。事实上，中国加入 CPTPP 需要日本、澳大利亚、新西兰等国的支持。近年来，随着中日领导人互访，中日经贸合作有全面升温的迹象。两国的一个共同之处就是反对单边主义和贸易保护主义，以及在 WTO 框架下维护多边贸易体制的权威性和有效性。对于中国来说，需要进一步研判加入 CPTPP 的利弊得失，促进 RCEP 的早日生效实施。若能够在 CPTPP 与 RCEP 中寻求一个均衡，那么，中

① 2020 年 11 月 20 日，国家主席习近平在 APEC 第 27 次领导人非正式会议的发言中表示："中方欢迎区域全面经济伙伴关系协定（RCEP）完成签署，也将积极考虑加入全面与进步跨太平洋伙伴关系协定（CPTPP）。"换言之，目前已经没有必要讨论是否加入 CPTPP 的问题了，重点是如何加入等问题的探讨。为了体现本书的完整性，这里继续就相关背景作一介绍。

日两国在反对贸易保护主义和推动区域经济一体化过程中的贡献将更为积极。二是加入论。这类观点的论据主要是 CPTPP 对我国总体而言是有利的。国内学者苏庆义（2019）结合李春顶、石晓军（2016）对中国加入 TPP 的经济效应曾做过的模拟测算（当时，印度尼西亚、泰国、韩国、哥伦比亚、英国等国都有加入 TPP 的意愿），对中国加入 CPTPP 进行了归纳总结。即中国不加入 CPTPP，在 CPTPP 实施的情况下 GDP 仅增长 0.25 个百分点、出口仅增长 0.09 个百分点。中国若加入 CPTPP，将会拉动 GDP 增长 0.7735 ~ 2.269 个百分点、出口增长 4.690 ~ 10.247 个百分点，显然，加入优于不加入。详见表 7 – 2。

表 7 – 2　　　　　　　　　　中国加入 CPTPP 的经济效应　　　　　　　　单位:% 变动

情　境	GDP	社会福利	制造业就业	出口贸易	进口贸易
中国单独加入	0.735	0.386	1.722	4.690	5.339
中国与其他五国共同加入	0.908	0.595	2.941	6.520	9.299
五国加入，美国重返，中国再加入	2.269	1.485	3.642	10.247	12

资料来源：根据苏庆义（2019）研究中相关资料调整而成。

随着亚太地区其他经济体的谋求加入，中国若尽早加入能更主动，越晚越被动。中国亟须尽快适应高标准高水平经贸规则，避免被排斥在贸易集团之外。中国应跳出中美双边视角，在规则改革领域积极参与区域合作和 WTO 层面的改革。在区域合作层面，中国应通过参与 CPTPP 等方式，推进贸易规则的高标准与严要求。中国提出加入 CPTPP 是需要时间的，要与成员国进行各自的双边谈判。与此同时，我国可以利用 RCEP 正式签署的时机，加快推进亚太自由贸易区（FTAAP）和中日韩自贸区协定的谈判。上述多个多边协定的齐头并进，不仅可以节省协调与谈判的宝贵时间，还可以相互之间进行制度借鉴与创新，使我国能够参与到更多新的国际贸易规则的制定中去，团结更多的贸易伙伴，形成更大的国际平台。总之，中国从国家利益出发应该加入，理由有三：一是有助于中国参与国际贸易规则的制定，中国要抓住这个机遇；二是它是一个多边体制，是赞成一体化的，赞成自由化的，是与中国的立场或利益相吻合的；三是中国先加入进去，对美国政府来说就是一个两难局面，若美国不参加，则选择了孤立，若参加，中国已经在里面了，对中国利益来说，是有利的。

2. 中国加入 CPTPP 的可行性。 现在的 CPTPP 已经实施，中国已不需要考虑亚太价值链的逆全球化问题,重点是对 CPTPP 的承诺事项,以及加入后可能对中国市场及产业的影响展开讨论。面对中美贸易战,中国是否加入 CPTPP①,与以下这些国家战略具有相关性。

(1)中国的全面开放政策对 CPTPP 的影响。从表现上来看,全面开放涉及的关税等政策会对我国与其他国家的贸易协定产生积极的影响,这其中就包括中国是否加入 CPTPP 的问题。从物质产品市场来看,主要举措有:a. 市场准入门槛降低。主动放开了国际产品进入中国市场的管制,即准入门槛得到大幅度降低。b. 关税大幅度调降。降低关税的产品目录进一步放开,涉及汽车之类的高端产品,更多是放开日用产品,已调降关税的日用产品达 1000 余类,降低幅度为 55%。c. 扩大自由贸易试验港范围。即将整个海南岛划为自贸岛,岛内全部取消关税。d. 主动放开国内市场。最具代表性的是在上海国家会展中心设立了永久性的进口贸易博览会。这种全面开放的政策实际上也是一种对 CPTPP 规则的事先释放,即逐步按照 CPTPP 规则的内容进行试验性地放开,等到条件成熟时,中国加入 CPTPP 也就水到渠成。目前,中国的全面开放,不仅达到了刺激国内消费的目的,也达到了吸引外资的功效。随着产品市场的全面开放,中国的服务市场也正在全面开放,各种国外的大学进入中国的机会已经大幅度提升。此外,中国服务市场涉及的面很宽,除了教育外,还包括金融、医疗等。现在金融开放的比重已经很高了,例如,海外金融机构在中国银行、证券、保险基金、期货的持股比例可以放宽到 51%,也就是说可以让外资控股。另外一个开放,就是开放投资市场。随着中国基础设施的不断完善、营商环境的不断优化,负面清单也从过去 60 多项降到 42 项,2020 年 1 月 1 日《外商投资法》正式实施,可以预期,一大批高质量的外国企业和科技产品将落地中国市场。

(2)全球产业链和价值链的重塑对中国加入 CPTPP 的影响。产业链、价值

---

① 在 2008 年 11 月美国正式宣布加入 TPP 的前身《跨太平洋战略经济伙伴关系协定》(TPSEP)时,国内政府部门和学者就开始关注 TPP。尤其是随着新成员的不断加入,在 2012 年 TPP 已经包括 12 个亚太地区的国家后,国内外关于中国是否应该加入 TPP 的争论开始频繁起来。但 TPP 真正引起关注和热烈争论的时间点应该是 2015 年 10 月 TPP 完成谈判时。美国退出 TPP 后,也有一波关于中国是否应该加入 TPP 以弥补美国空缺的讨论,但当时不确定性太大,其余 TPP 成员国尚未决定如何应对美国退出。

链是由供应链来连接的，中国的生产体系已经十分完整，CPTPP 可能会造成短期一些外资或内资企业实施产业或投资转移，但从供应链体系的完备性上来看，最经济且高效的还是在中国内地。换言之，经济的全球化已经将各国联系在一起，全球化的产业链中是"你中有我、我中有你"。目前的中美贸易战可能会影响全球的产业链与价值链，就是由这种产业链之间的关联性所决定的，美国加征关税的对象的约一半，即 50% 中国生产的产品是由外资企业生产的，这不仅是对中国经济的影响，更是对外资企业的影响。经济全球化与自由贸易是大势所趋，是无法改变的。在全球产业链、价值链、供应链面临新形势的情况下，中国首先要解决的是自身问题，即对外的中美贸易摩擦问题，对内的供给侧结构性改革问题。这在一定程度上耗散了中国政府对加入 CPTPP 的思考。短期内，中国经济及其中国企业不会因为 CPTPP 的实施而蒙受巨大损失，而且 CPTPP 的存在可能为中国应对美国单方面发起的贸易战起到一定的阻挡效果。从这个意义上讲，中国暂时不会加入 CPTPP。中长期来看，中国是会加入 CPTPP 的，不仅是这样一个 CPTPP，我们还会在更大范围内实现自由贸易的愿景，发挥中国力量对全球经济治理的作用。回顾历史，二十世纪七八十年代，美国曾对日本开展过贸易战，由于日本政府国内改革不充分，顾及农业和农民，以及制造业的利益，一再妥协退让，最终有了著名的"广场协议"，导致后面二十多年经济停滞。吸取日本的教训，中国应该首先搞好国内的改革，逐步积累条件，一方面积极支持以 CPTPP 为代表的促进区域自由贸易的各类协定，另一方面打造适合中国并能够在全球价值链中发挥积极作用的中国版 FTA，例如国内的自由贸易实验区（港）建设，维护好"一带一路"倡议。等条件成熟，中国将会在包括 CPTPP 在内的全球化自由贸易协定中发挥更积极的作用。

客观地说，加入 CPTPP 对中国来说也面临着挑战，主要是中国特色与国际接轨的发展模式之间的处理问题，当然谈判空间是很大的，因为中国巨大的市场价值将会是重要的砝码。有学者整合 CPTPP 文本，在全部的 31 章（除去导论为 30 章）中进行制度对比，按照接受的难易程度分为三类（将 CPTPP 中的初始条款、例外和一般条款、最终条款、竞争力和商务便利化四章合并为"其他"章节），并给出了相应的判断依据（白洁、苏庆义，2019）。详见表 7 - 3。

表 7 - 3 　　　　　　　CPTPP 条款在中国接受的难度

接受难度	条款（CPTPP 的具体章节名称）
难度较大	货物的国民待遇与市场准入、卫生与植物卫生措施 SPS、跨境服务贸易、商务人员临时入境、电信服务、电子商务、竞争政策、知识产权、劳工、监管的一致性、国有企业和指定垄断
难度较小	技术性贸易壁垒、投资、金融服务、政府采购、环境、中小企业、透明度与反腐败
基本能够接受	纺织服装、原产地规则、海关管理和贸易便利化、贸易救济、合作与能力建设、发展、争端解决机制、管理和机制条款、其他

资料来源：白洁，苏庆义. CPTPP 的规则、影响及中国对策：基于和 TPP 对比分析 [J]. 国际经济评论，2019（1）：58 - 76.

从表 7 - 3 可以看出，CPTPP 中 50% 左右的条款已经可以为我国接受，且 CPTPP 也降低了部分条款的可接受难度。但是，在当前环境不确定性加剧的情况下，CPTPP 的规则条款对中国而言接受难度还是比较大。当然，中国正在向制度开放、不断完善的方向推进，针对加入 CPTPP 的谈判条件会被相关部门重视和认真考虑。

第三节　CPTPP、RCEP 与 "一带一路"

CPTPP 与 RCEP 作为大型国际贸易规则，在全球经贸规则自由化、治理体系规范化方面与 "一带一路" 精神是一致的。实践证明，"一带一路" 倡议在 "政策沟通、设施联通、贸易畅通、资金融通、民心相通" 等方面取得了丰硕成果，正确认识 CPTPP 与 RCEP 和 "一带一路" 倡议的关系具有积极的现实意义。

一、CPTPP 与 RCEP 的联系

CPTPP 与 RCEP 都是自由化贸易下的产物，前者已经生效并实施，后者还在等待各成员国内部流程的审批，预计半年到一年能够生效并实施。RCEP 中我国的积极力量较大，但由于其较强的包容性和开放性，以及满足发展中国家利益的需要，其规则的弹性空间较大，但中国政府的积极作为将会使其发挥更大的效用。

1. CPTPP 与 RCEP 的比较。CPTPP 已经于 2018 年底正式生效并实施；

RCEP 也已于 2020 年底完成相关的谈判工作，并正式签署了协定。整体而言，CPTPP 基本保留了 TPP 原先框架，并在生效条件上进行简化。即，只要过半数成员国（6 个国家）批准，就可在 60 天内生效。RCEP 的谈判是艰辛的，在中国的牵头下于 2018 年初对谈判条件进行了调整。其内容是："在可行的情况下，参照现有'东盟 +1'自由贸易协定，充分考虑成员国的不同发展水准，包含设立特殊和差别待遇条款在内的适当形式的灵活性，并给予最不发达的东盟国家额外的灵活性等共识"。现在回过头来看这些调整与付出是值得的。在经济规模上，CPTPP 要小于 RCEP。RCEP 囊括全球 1/2 人口、1/3GDP 和 1/4 贸易额。CPTPP 占全球 GDP 的 13%、人口的 7% 和贸易总额的 15%，仍属于巨型贸易协定。CPTPP 更具先进性，特别是该协定维持了 95% 以上的 TPP 规则与市场开放框架（白洁、苏庆义，2019），并在"全面进展"的定位下，议题范围超越 WTO，且未来扩容将与时俱进，仍然可称为高品质及高标准之协定，未来可能成为其他多边 FTA 的范本。在主导权上，CPTPP 由日本主导，中国则对 RCEP 有重要影响。从亚太区域经济来看，CPTPP 与 RCEP 是实现亚太自由贸易协定（FTAAP）的两大途径（path way）。自美国政府退出 TPP 以来，加速 RCEP 谈判，成为中国主导的 APEC 和 FTAAP 发展的主要目标。然而，由于 RCEP 的特点是不同经济规模与发展层次的国家同时参加谈判，各国利益分歧较大，在贸易自由化谈判中，重视保护本国市场的印度和中国，与追求高水准贸易自由化的日本和澳大利亚等国之间仍然存在分歧，使得 RCEP 谈判困难重重，例如，正式签署时印度退出了 RCEP。

2. RCEP 的独特性。与 CPTPP 相比，RCEP 谈判还算是高速的，其正式启动至今也只有 7 年。即它是由东盟十国于 2012 年 11 月发起，邀请中国、日本、韩国、澳大利亚、新西兰、印度共同参加（"10 +6"），其宗旨是削减关税及非关税壁垒，建立 16 国的统一市场。即促进本地区供应链上的关税和规则平等化以及投资自由化，并有意引入争端解决机制。从体量上来看，RCEP 协定经济规模大，涵盖了全球经济总量的 30%。与 CPTPP 不同，RCEP 的规则标准略低，它没有劳工条款和环境保护的规则标准。与区域内的贸易协定相比，RCEP 的独特性在于：（1）专注于东亚新兴经济体中的制造业、出口导向产业。对于东亚地区产业链、供应链发展，以及促进本地区参与全球价值链发挥着积极作用。（2）整合亚太经济合作组织（APEC）开放的区域主义原则和东盟合作精神。其包容性强，照顾各方利益，具有开放性、灵活性、循序渐进性的特征。（3）多种贸易协定的整合与创新。整合原有的东盟与中、日、韩、印及澳、新等贸易协定，在现代化与高质量的原则下渐进式地进行制度安排。（4）具有一定的松散性。它不强调绝对的整体性，也不是一种综合性的贸易协定整合体系，允许参与国加入他国或相互之间开展多边和双边贸易协定。同时，RCEP 注重平等、协商的谈判方式。

二、全球化协同与共生视角的会计国际化

CPTPP 的扩容离不开"一带一路"倡议和 RCEP 等的组织协同，作为全球化共生的国际贸易"语言"，财务规则与会计规则是全球化协同的重要基础。政府作为"一带一路"倡议中的政策制定者与领导者，应积极通过多层次国际对话机制加快与 CPTPP 和 RCEP 等组织的沟通与交流，促进高标准区域贸易规则的融合与发展。

1. 全球化协同的难点与重点：基于会计的视角。"一带一路"倡议本身就是一个全球化协同的典范，它涉及亚欧非三大洲，沿线有众多的国家，官方语言达50 多种，各种宗教信仰和民族文化相互交织。从会计的国际协调来看，"一带一路"沿线国家中，有 40 多个国家或地区采用了国际财务报告准则，10 多个国家或地区仍然沿用本国制定的会计制度，其余的经济体开始着手加入到会计准则的趋同之中。会计的全球化协同不是简单地直接采用国际财务报告准则（IAFB），而是各个国家利益的博弈。自中国加入国际世贸组织以来，全面向国际会计准则转变，财政部还专门制定了会计准则与国际接轨的路线图，经过近二十年的发展，我国已融入了会计国际化趋势之中。然而，中国作为"一带一路"倡议的核心国，面对国际贸易的新形势，如何选择恰当的会计趋同策略，不仅对现行的"一带一路"倡议会计规范带来影响，还会对 CPTPP 的扩容，以及我国企业的会计权益带来影响。从跨国公司层面来看。"一带一路"倡议促进了大型跨国公司的发展，但也带来新的挑战。会计方面最大的问题就是标准不统一，面对来自不同国家的跨国公司，甄别出每个国家或地区使用的会计标准也不容易，会计标准的协调就更难，这样就使企业提供的会计信息不具有可比性，这对跨国经贸活动

的全球化协同产生阻碍。因此，加快会计准则的国际趋同成为"一带一路"倡议全球化协同的工作重点。会计视角的全球化协同的重点之一，是加快"一带一路"沿线国家或经济体的会计准则国际趋同步伐，促进会计服务市场的形成与发展。要鼓励国内有实力的会计师事务所走出国门，尤其是要为"一带一路"沿线的发展中国家提供服务，可以先从传统的财务会计服务、审计服务、簿记服务等做起，逐渐在咨询服务等方面扩大范围。可以说，这对国内有实力的会计师事务所打出品牌、升级业务是一个难得的好机会。另一个重点是加强与中亚各国以及俄罗斯的会计沟通与经验交流。中亚各国与俄罗斯具有天然的联系，俄罗斯是较早宣布采用国际会计准则的国家，中亚的哈萨克斯坦、吉尔吉斯斯坦、塔吉克斯坦、乌兹别克斯坦、土库曼斯坦等国有的可能还采用自己本国的会计标准，但其标准的基础是苏联（俄罗斯）的会计准则，传统的俄罗斯会计准则与欧美主流的会计准则有明显的差异。因此，我国的会计人员，尤其是走出去的会计师事务所会计师应该学习俄罗斯的传统会计标准。俄罗斯现行的会计准则已与国际会计准则趋同，这样传统会计准则与国际会计准则的转换就能够找到突破口，中亚国家的会计信息实现可比性也就有了保障。

2. 共生视角的会计国际化。"一带一路"沿线的众多国家，要实现协调共生，首先还是需要从会计标准入手。早期的"一带一路"沿线国家主要是我国周边的国家，且多数为发展中国家，这些国家多数经济落后，会计标准国际化对它们没有现实意义，随着"一带一路"倡议的推进，它们自身也有了与国际会计准则趋同的愿望。随着"一带一路"倡议的半径不断扩大，加之"一带一路"沿线国家对会计核算与利益分配公开透明的需要，我们可以主动提供会计服务，并且对沿线国家的会计标准进行认真总结，在结合国际会计准则的基础上提炼出有自身特色"一带一路"会计准则标准。同时，我们也可以在实施会计准则国际化的过程上嵌入中国经验，增强我国会计准则的公信力，为最终实现"一带一路"会计标准国际化打下坚实基础①。随着"一带一路"倡议的不断深入，我国

---

① 我们可以结合"一带一路"倡议的特点，围绕国际会计准则与中国会计制度的规范，进行会计标准的建设。同时，用这种会计标准形成局部的特色区域会计准则（即"一带一路"会计准则），为国际会计准则体系的建设作出我们的贡献。

企业在国际经贸活动中需要更多综合、复杂的信息加以支持，以促进企业经营管理功能的提升。如何整合互联网、大数据等技术来改造现行的会计信息系统，是我国会计在"一带一路"情境下的一项重要任务。例如，通过大量使用虚拟网络，以云计算等形式将会计信息与跨国经贸活动相连结，进而构建财务共享系统，体现业财融合的财务云管理，等等。可以通过课题研究，团结沿线各国的会计人员探讨存在的问题，并在组织上加以完善，如成立由注册会计师协会牵头的"一带一路"财务会计报告小组等。在国际贸易全球化的共生环境下，不仅需要共生的物质条件，参与主体，即全球价值链中的各国或不同的经贸组织之间，也需要有相互依存、共同发展的平台，即构建一种共生的经贸合作模式。我们要总结已经实施的 CPTPP 经验，整合"一带一路"倡议、RCEP 中的规则条款，通过中日等国的合作为将来推动亚太自由贸易协定（FTAAP）进程打下基础。中国经济在向价值链高端攀升的过程中，需要与不同国家的经济、文化、社会环境相适应，单个企业的利益维护需要与共生的环境相协调与配合，基于"一带一路"倡议的企业之间必须树立共生发展的理念。

第四节 本章小结

尽管 CPTPP 已经是区域贸易协定中最高标准的 FTA，但要发挥其在全球化经济中的积极作用，仍然需要不断地寻求前进的方向。CPTPP 的扩容，既是各成员国的一致要求，也是国际贸易规则发展的内在驱动。为了加强对 CPTPP 情境下扩容机制的理解，需要从经济、战略与规则层面认清 CPTPP 在全球统一经贸规则中的地位与作用。通过在经济层面、战略层面与规则层面思考全球价值链优化、中美贸易摩擦及其相关制度建设，可以加深人们对全球化经贸规则构建必要性与重要性的认识。美国重返 CPTPP 对于全球价值链的发展是有利的，美国特朗普政府奉行"美国利益优化"原则，这给美国重返 CPTPP 带来了巨大的不确定性，短期内加入的可能很小。一直以来，无论是 TPP 还是 CPTPP，我国都是持开放的态度；并认为，在世贸组织规则下 CPTPP 与 RCEP 等其他区域自由贸易安排可以保持并存共进的状态。当前，WTO 改革已提上日程，为了争取中国在国际贸易规则制定中的主动权，中国加入 CPTPP 具有一定的现实意义。一方面，借助于 CPTPP 的高标准严格要求自己，从经济层面获得规则红利；另一方面，有助于中国参与 WTO 改革，并且可以将符合 CPTPP 高标准的中国声音传递到 WTO 的改革中去，增进中国在国际贸易新规则制定过程中的话语权，毕竟 WTO 改革在很大程度上也是要参考 CPTPP 规则内容的。为此，中国需要未雨绸缪，并积极开展对 CPTPP 条款的分析研究，尽早实现与 CPTPP 规则的对接，化解 CPTPP 可能给中国企业带来的利益影响。

CPTPP 与 RCEP 作为大型国际贸易规则，在全球经贸规则自由化、治理体系规范化方面与"一带一路"精神是一致的。相对而言，CPTPP 的区域经济一体化要求更高，相互融合和依赖程度更深，而 RCEP 侧重于各国不同经济发展水平的包容、开放，相对更松散。改革、完善国际贸易规则已成为现阶段世界经贸格局调整的重要手段和发展方向。中国作为"一带一路"倡议的核心国，面对国际经贸活动的新情境，需要主动寻求会计趋同的策略，推动"一带一路"沿线国家的会计发展。要借鉴 CPTPP 中的规则条款，规范"一带一路"沿线国家的会计行为。会计作为一种国际商业语言，有利于降低企业跨国经营的风险，以及维护经贸规则的安全。推进"一带一路"沿线国家的会计准则协同和发展，需要加大人才培养力度，必须鼓励国内有实力的会计师事务所走出国门，促进"一带一路"沿线国家会计事业的进步与会计服务市场的繁荣。诚然，不同层级的国家在会计国际趋同过程中，效果的发挥与实施的环境会存在差异，"一带一路"倡议如何与 CPTPP 和 RCEP 进行协调与沟通，需要会计的信息支持系统和管理控制系统发挥更大的作用。

第八章
CPTPP 下的价值链攀升路径与行为优化

随着 CPTPP 创造的贸易效应持续增加，会引起全球供应链的变迁，并对区域及全球价值链形成影响，进而改变现有的国际贸易格局。针对 CPTPP 规则变化延伸的区域投资和贸易转移，通过加强全球供应链的变迁管理，嵌入会计权益维护机制，并谋求新的国际贸易竞争优势，是中国企业必须面对的重要课题，这项研究具有积极的现实意义。换言之，理解和参与 CPTPP 等各种世界经贸规则变化及其协调情况，能够更好地适应全球化进程中的制度特征，这对于中国企业加强供应链管理并攀升全球价值链高端尤为重要。会计活动在对接 CPTPP 进程中能够发挥重要作用，通过资产，以及收益与成本的有效运作，可以寻找出来自会计视角的对策措施。中国企业向全球价值链高端攀升需要在高水平贸易协定与高标准会计准则的融合上寻求一致性的方案，并结合我国企业会计权益的维护优化相关的经贸规则或政策措施。

第一节 CPTPP 下的全球价值链攀升：会计嵌入视角

随着 CPTPP 的实施，中国在短期内将会与 CPTPP 成员国开展更多形式的合作，RCEP 也会产生联动效应。可以借助于会计的内在功能，实现全球供应链、产业链的协同，通过进一步加强和完善亚太经济合作，努力推进 CPTPP 由区域价值链优化向全球价值链共生的方向发展。

一、全球价值链的发展与会计嵌入模式的构建

近年来，我国经济开始寻求新的发展方式，并试图在全球价值链中由低端向高端攀升，将会计嵌入于经济增长的模式之中，有助于促进经济运行的稳定与发展。

1. 全球价值链的变迁管理。 融入全球价值链是 21 世纪贸易规则的主流范式，典型的价值链是依赖大型跨国公司来构建的，跨国公司通过投资驱动构建产业链与供应链，使不同国家和地区（主要是发展中国家）的企业参与到由其主导的上下游分工的生产链条之中（Stephenson，2016）。全球价值链的发展取决于两项因素，一是国际贸易规则一体化和经济全球化带来的"成本/效益"，二是国际贸易模式及其制度变迁与博弈过程中产生的创新驱动。全球价值链的变迁管理，就是要适应供应链变迁的情境特征，为我国企业在全球价值链攀升中应对不确定性，抑制机会主义行为，合理规划前进方向，进而获得全球供应链的规则红利与制度红利，实现企业的可持续成功。全球供应链的发展在近 20 年已经深度改变了世界的经济格局，它对经济治理与国际规则都提出了新要求（王中美，2017）。全球价值链的重要性反映为中间品占全球贸易的比例不断上升，中间品的生产往往很难确定国家属性，某一企业设在中国，但它可能是美国公司。21 世纪初中间品进口已占到 OECD 国家进口总量的 1/2，占到大的发展经济体（如中国、巴西等国家）进口总量的 3/4（Ali et al，2011），这使得出口与进口、国内产品与进口产品之间的界限变得越来越模糊（王中美，2017）。美国以全球价值链的发展给自己带来损失为由，展开对中国的贸易战。从中间品生产情况可以说明中美经贸摩擦关键不在于中国，而是各国国内的结构性矛盾造成的。从源头上来看，是全球经贸体制出现了问题。必须重塑新的国际贸易规则，主动修正现在已经形成的全球价值链体系。全球价值链变迁是一种客观规律，中美两国必须正确面对这一国际经贸中的核心问题。近年来，中国—东盟合作呈现出高速度、宽领域、高层次的特征，中国的发展惠及东盟，东盟发展也将不断促进中国的繁荣。2019 年上半年，东盟跻身成为中国第二大贸易伙伴，而长期占据这一位置的美国滑落至第三位。全球价值链的变迁表明，价值链本身也是相互嵌套的。中美贸易战使中国的贸易格局发生改变，但这只是一种价值链发展中的变奏曲，真正的全球价值链发展

还是需要在中美共同协作的前提下才能推进。因此，加强对全球价值链演进的规律认识，并对与价值链相关的供应链、产业链进行变迁管理就变得十分重要。

2. 会计嵌入模式的形式与特征。 从价值链视角考察，会计嵌入全球价值链模式之中所形成的价值创造与价值增值机制，是一种会计视角的全球化路径变迁管理。在全球化的经贸环境下，价值链往往被分为多个环节，在供应链、产业链的驱动下企业价值的实现有时会在同一区域里数次周转，从而使会计核算更趋复杂，也表现得更具多样性，价值链各主体的交易规则将更加严格。随着投资行为在全球价值链中的不断往复，贸易合同形式的约束让位给了股权控制，成员国之间形成一种互惠的依赖路径。理论上讲，价值链关系是以成本最低为原则的，企业集群等形成的目的就是寻求生产上的成本最低；然而，事实上，会计嵌入模式的形成往往不只是考虑生产成本的最低，而是要考虑各种国际贸易规则对企业利益的影响。面对 CPTPP 等大型国际贸易规则，嵌入会计的路径选择往往集中在"借道""绕道""改道"等组织创新上。第一，借道。"借道"的组织创新特征是：借鉴或利用 CPTPP 成员国国内的一系列制度与配套设施、贸易协定等，以规避我国在 CPTPP 协议方面的空缺，具体实现的路径主要是跨国经营或参股等。在"借道"的对象选择上，涉及"资产"要素的合理规划。例如，是优先考虑越南等东南亚国家，还是在日本、澳大利亚等国家进行投资与生产布局，或者是选择目前暂未加入 CPTPP，但不久后会申请加入的国家进行事前投资；此外，是采用直接在 CPTPP 成员国投资建设生产基地，还是采用购并等方式进行生产布局等，这些均需要从提高企业竞争力的高度来加以选择。同时，企业要在"成本"与"收益"要素中寻求平衡。即无论是生产中使用的材料或其他物资等均需要在符合 CPTPP 规则的具体条款下，进行产品研发、产品设计与产品制造等的"成本"结构安排，并在生产决策、产品定价、企业流程与再造、跨职能团队的协同等各方面开展"收益"的动态分析，力求在为顾客创造价值的同时，提高产品和服务的盈利性、降低产品总成本①。第二，绕道。"绕道"的组织创

---

① "借道"策略需要进行变迁管理，重点是基于贸易转移实施的对外投资，其目的地的选择如何平衡控制，若过于集中投资于某一个成员国（如越南），可能会带来巨大的经营风险。2019 年 6 月，牛津经济研究院指出，目前越南纺织品、电脑和海鲜等产品的对美出口面临风险，而这一情况将迫使那些试图在越南开设生产线的企业重新考虑他们的"越南计划"。

新特征是：避开 CPTPP 区域协定，与 CPTPP 成员国签订新的贸易规则，如中韩、中澳、中日贸易协定，建立新的区域自贸区，双方在贸易税收、海关、进出口等方面实现互惠互利。由于原产地规则等的影响，中国与 CPTPP 成员国达成的自贸区尽管可以实现双边领域的经贸合作，但涉及全球价值链的合作方面可能会被弱化，因为 CPTPP 成员国从中国进口的价值较大的商品在区域内的竞争力将大幅下降。因此，除了宏观政府层面的"绕道"战略外，企业可以通过会计政策创新，在"成本"与"收益"视角开辟新的途径。第三，改道。"改道"的组织创新特征是：积极开辟新的贸易区域协定，在亚太地区试图建立新的合作组织与形式。例如加强与东南亚国家的合作，与东南亚国家建立新的贸易区域协定。同时，在国内按 CPTPP 规则扩大国际贸易运作，以 CPTPP 的贸易规则严格要求国内的企业等。亦即，通过在上海等国内自贸区的建设中率先规范我国的外贸核心企业，使企业的贸易行为符合或超越 CPTPP 规则，并在跨国经营活动中获取核心竞争力。要充分发挥政府的引领作用，消除不作为和乱作为，为市场提供充足的发展空间。

从会计制度上考察，CPTPP 下的价值链优化需要开展求同存异，谋求利益统一的制度建设，在这一目标的实现过程中，会计制度的利益实现路径及其行为优化，是会计嵌入模式选择的重要战略。这是因为，在推动区域 FTA 通道建设的情境下，必须协调国家、社会与市场三者的会计权益，维护各利益主体自身目标诉求。收益高于交易成本和治理成本是建立会计嵌入模式的基础，若各个利益主体无法确定自身的收益与成本，FTA（包括 CPTPP）形成与发展的主动性与积极性就会丧失。从更广泛的国际背景来看，IOSCO 甚至 WTO，都是 IASB 制定核心准则的明确和幕后的支持者。会计准则具有经济后果，会计制度及其政策选择必然会对贸易和资本流动等资源配置产生影响，只有主导会计国际话语权的国家才能在会计准则国际化趋同进程中最大化本国利益。这些观点表明，CPTPP 对企业利益的影响，除了 CPTPP 本身外，还有 WTO 等贸易组织的结构变迁及 CPTPP 与 WTO 等规则的协调，以及体现在企业财务状况与经营成果中的会计权益维护，其核心是会计的制度建设与会计政策的战略安排。会计嵌入模式及其利益传导机制如图 8-1 所示。

图 8-1 表明，CPTPP 对企业利益的影响与 WTO 等贸易规则具有一定的相关

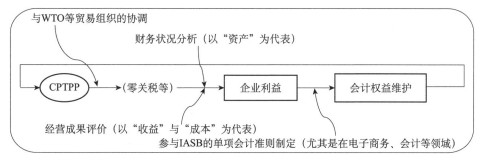

图 8-1　会计嵌入及其利益传导机制

性。CPTPP 以区域价值链为核心，是在全球化经济中的一种区域性经济形式，即从边境规则向边境内规则延伸。现行的 WTO 模式在货物贸易方面以减少进入国境的关税与非关税障碍为主，服务贸易进入以成员国在多边贸易谈判中作出的具体承诺为实施依据，这种形式已难以满足跨国公司经贸发展的需要。因此，CPTPP 等区域贸易协定应运而生。即试图在金融服务、竞争政策、政府采购等边境内措施方面建立起新的贸易与投资规则。CPTPP 与 WTO 的显著区别在于，CPTPP 相较于 WTO 更加重视劳动权益、环境保护、市场开放、反对垄断等；同时，WTO 追求的是降关税，CPTPP 追求的则是几乎完全拆除贸易壁垒的、近乎完全免税的自由贸易。从 CPTPP 对企业利益的影响进行考察，以"资产"要素为代表的企业财务状况在短时间内可能没有受到明显的冲击，而对以"收益"与"成本"为代表的企业经营成果等会计要素可能会有直接的影响，其中对纺织品和服装类企业冲击尤为显著①。从企业的长期利益考虑，必须在会计准则国际化进程中体现中国声音，积极维护企业的会计权益。要以开放的姿态，从会计权益维护入手寻求中国在全球经贸领域中的会计话语权，即在认真研究总结"成本"与"收益"等会计要素对 CPTPP 效果测试的基础上，通过"一带一路"倡议和 RECP 吸收 CPTPP 规则中的有益部分，使 CPTPP 能够"为我所用"，为中国参与未来的亚太贸易创造有利条件。

3. 由会计嵌入到共同参与规则制定：全球价值链的内在驱动。随着经济全

---

①　正因为这样，百隆东方、天虹纺织等中国纺织企业不得不通过海外产能的布局来化解企业困境，纷纷"出走"，投资越南。CPTPP 要求主要制造工序纺纱、织造和印染在成员国内进行的产品，可享受出口关税减免。免税待遇将在低加工成本优势的背景下，进一步放大越南纺织制造业的全球竞争力。

球化的推进，各种贸易协定的形成与实施会形成一定的区域价值链（如 CPTPP），即在多个成员国之间进行货物和资金周转，或者说在经贸活动中已经摆脱了国界的束缚，这时就需要由某种新的控制范畴来施加影响。经贸活动的最终结果是由会计体现的，其过程也离不开会计的核算与控制，因此将会计嵌入规则条款的运作之中，是一种实现"贸会融合"的极佳方式。贸易与会计的融合也是"业财融合"，属于会计嵌入的具体形式，或者可以称之为会计嵌入模式。会计嵌入模式下的价值链变迁，有助于正确核算和监督贸易流向的合理性，无论是日趋扩散还是更加区域化，体现在会计权益中的技术进步因素、贸易转移因素、产业结构升级因素借助于全球价值链的重构，最终将在价值的分解、融合与创新（更多地以会计的"成本"要素加以反映），新投资形成的价值创造主体（更多地体现在"资产"要素上），以及价值链攀升的路径选择（更多地以会计的"收入（或收益）"要素加以反映）等方面客观地反映出来。换言之，全球价值链模式的完善与发展，离不开会计信息支持系统和管理控制系统的积极配合。会计嵌入全球价值链变迁过程中的模式，如图 8-2 所示。

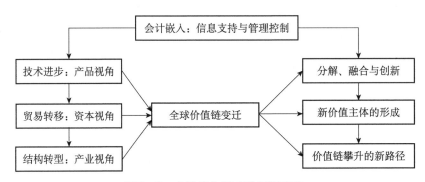

图 8-2 会计嵌入模式的创新实践

长期以来，我国企业在国际市场中往往采用国际承诺较低的方式开展竞争，今后应针对 CPTPP 情境下的贸易规则，未雨绸缪，积极改用国际合作、并购、绿地投资等国际承诺度高的方式。在传统的价值链模式下，希望由此提升本国经济在全球价值链中地位与作用的发展中国家，在国际贸易规则制定中的影响力往往很低，它们受自身经济实力的影响，只能提供廉价的劳动力，并且尽可能地满足大型跨国公司的各种要求，如靠近产业链、供应链的区域以及各种良好的经商环境（Baldwin，2011）。发达国家具有这种贸易制度的绝对权力，发展中国家只是配角。贸易自由化所倡导的国家与地区的竞争，就是想推动发展中国家经济的增长，改善其国内的投资环境，而事实上，加快发展中国家的投资准入、信息流通以及其他要素的流动，真正获得最大利益的仍然是发达国家。在这种情境下，实现利益的合理分配、加强经贸活动中的监督与管理就变得十分重要，此时，会计的功能作用就变得极为重要。强调会计嵌入模式的构建，就是在事先进行某种制度安排，使发达国家与发展中国家能够实现共商、共享、共赢。会计的嵌入促进全球价值链的贸易治理，在一定程度上影响和控制目前供应链、产业链中的缺口和走向。目前，全球价值链发展存在结构性的矛盾，导致发达国家与发展中国家的利益无法协调，主要体现在以下几个方面：一是缺乏有效的制度安排，为了节约成本或者降低资源耗费，供应链之间的合同关系变得更为松散；二是产业链的布局偏离全球价值链的需要，这主要是受一些区域贸易协定等的影响，使中间品的生产与贸易在某个区域产业链中异常繁荣，使得市场化条件下的价值最小化机制的终端（市场）变得没有意义；三是开放的贸易与封闭的某些市场（如服务、政府采购等）之间存在的矛盾；四是监管不到位，使社会常态下的交易成本由于"零成本"而失效。例如，信息技术以及其他产品被轻易模仿、改造和变化。当然，也可以说是全球产业链中的国家学习能力得到提高。为了规范这些行为，通过会计嵌入机制形成一种有效的全球价值链运作模式就变得十分必要了。亦即，高标准的贸易协定与国际财务报告准则具有密切的相关性。中国会计准则在对接以CPTPP为代表的高水平国际贸易协定过程中，可以通过"一带一路"倡议、RCEP发挥积极作用，反过来推动国际财务报告的趋同。可以率先在我国倡议的"一带一路"倡议中实施会计嵌入模式，但不能强制推行。这是因为，沿线国家的经济建设难以体现会计权益维护的本质特征，成本与收益的匹配效率与效益存在不确定性。换言之，我国与国际上大型国际贸易规则（如CPTPP）在制度建设上存在一些分歧，主要体现在：一是不同的诉求对贸易规则中的合作机制产生制约。我国与世界上一些国家，包括美、日等国，不仅在经济上具有异质性，而且在地理与资源环境，以及文化上也存在差异，要形成统一的价值观和达成基本共识存在一定的难度。二是制度距离产生的空间成本约束。由于CPTPP各成员国经济发达程度差异较大，市场份额与原来的TPP也不可同日而语。中国加入CPTPP可能会导致内部与区域交易成本居高不下，经济资源的价格与收入差距也不符合会计权益的基本要求，理论上的要素集散与外资进入的理想局面难以实现。三是市场一体化形成的收益机制作用过低。四是无法维护自由、公平贸易中的会计权益。

二、会计嵌入的演进轨迹

目前，国际贸易规则中的会计嵌入模式仍然是由大国主导的，一方面国际贸易规则影响会计制度的走向及其在贸易实践中的应用；另一方面会计准则的理论扩展也为国际贸易规则在大国之间博弈提供强有力的思想支撑。

1. 会计嵌入模式对全球价值链的贡献。CPTPP 的实施使区域价值链发生新的变化，进而影响全球供应链的布局，目前 CPTPP 成员国中会计制度尚未得到统一，制度剩余或制度空间为成员国之间合理制定会计战略提供了机遇，也为非成员国的财务战略安排创造了条件。换言之，CPTPP 的实施为会计嵌入模式的研究提供了契机，使国际经贸环境进入了一个新的阶段。从 CPTPP 文本的内涵来看，它在政府与市场关系的界定、国别之间的规则协调、保护自然环境等方面有较大创新。从 CPTPP 的外延来看，相较于 WTO 规则，CPTPP 不仅受到贸易机制的制约，还需要关注法律法规、社会团体、生态环境、商业模式和公众评价等因素，它是一种整体、多层次发展的自由贸易新模式。会计的嵌入丰富和完善了国际贸易规则的内容结构，巩固了会计规则（或制度）在全球供应链中的既有地位和竞争优势。以 CPTPP 为代表的国际贸易规则表明，会计的技术与方法是推进国际贸易协定不断演变的重要驱动力。一方面，高质量的会计准则体系围绕全球价值链的升级服务于高质量贸易投资规则的制定。另一方面，以原产地规则为代表的会计核算手段又加重了区域性歧视和分割（Aggarwai and Evenett，2013）。亦即，国际规则的引领者希望借助于大型国际贸易规则（包括 CPTPP）来控制全球价值链的走向。总之，经济全球化与信息化的迅速发展，使得具有全球和区域影响力的大型贸易组织越来越多，以区域价值链为代表的大型贸易组织，正在实施更有利于发达国家利益的全球供应链的布局与态势。

2. 努力将贸易全球化的新特征嵌入会计理论与实务之中。以"美国利益优先"为代表的逆全球化正在改变国际贸易格局：一是由多边向单边、双边转变；

二是加剧了全球价值链的锁定，低端与高端的价值链之间会架起巨大的鸿沟，最明显的是会加剧对低端价值链的锁定，进一步增大差距；三是有的产业布局已经投入了大量资源，短期内完全退出已经不可能，"沉没成本"巨大。贸易全球化已经到了一个转折点，开启了一个全新的阶段①。具体来说，有五大趋势：一是商品贸易逐渐萎缩；二是服务贸易快速增长；三是劳动力成本重要性不断下降；四是创新研发越来越重要；五是贸易的区域化更加明显，尤其是，越来越集中在亚洲和欧洲。

随着我国经济实力的不断攀升，中国制造正走向全世界。然而，中国的大多数本土企业还没有切入主流的全球供应链，低成本一直是我国外贸企业最主要的竞争优势。随着经济全球化的推进，全球制造业的要素结构发生了新变化。比如生产自动化程度的提高、智能控制系统和机器人的广泛应用，导致我国劳动力原有的成本优势已难以发挥积极的作用。同时，伴随发达国家制造业的回流，我国企业已很难承接到由价值链高端攀升过程中转移过来的国际产业，跨国公司技术溢出效应导向下的经营模式在产业链低端被锁定。就比较优势较为突出且具有较强国际竞争力的我国服装行业来说，其中最为核心或者说获利能力最强的产业链环节仍然掌握在发达国家手中，包括面料技术、印染技术以及纺织机械等（所谓低端产业中的高端部分）。以 CPTPP 和 RCEP 为代表的大型国际贸易规则，其制度溢出效应具有动态性和权变性。在会计嵌入模式不断推进的过程中，有人认为中国企业应认真理解和领会包括 CPTPP 在内的国际贸易规则的条款或内容，通过制度之间存在的差异实施"套利"，维护中国企业的会计权益（夏范社、冯巧根，2017）。其思路是：CPTPP 或者 RCEP 等 FTA 存在制度剩余空间，加之这些缔约 FTA 的国家存在贸易规则交叉或会计制度的差异，企业可以利用这种"制度空间"寻求利益博弈的条件或可行方案。从维护会计权益来说，就是要从成本与收益视角寻求利益的最大化，例如，怎样合理利用 CPTPP 或 RCEP 等的制度规范，如在原产地规则等方面存在的利益空间；企业通过投资等手段如何合理配置

---

① 麦肯锡推出了一个名为《转型中的全球化：贸易和价值链的未来》的研究报告。麦肯锡是世界顶级管理咨询公司，它的研究报告具有相当的前瞻性和权威性。这个报告很长，英文全文有 144 页。它分析了 43 个国家或地区的 23 个行业价值链以及 1995～2017 年间全球贸易、生产和国际参与的变化。

资产结构，实现贸易成本的最小化，以及会计收益的最大化。作为共同加入这些 FTA 的国家来说，同样可以利用这种制度的差异性来"获利"。例如，贸易规则在 CPTPP 的规范中可能要求较高，而在 RCEP 中要求也许相对偏低。还有，不同的行业可能在 CPTPP 中的要求与 RCEP 中的要求也存在差异，这些均为企业开展利益博弈提供了基础或条件。客观地说，这种利用制度的"差异"寻求到的制度剩余空间只是理论上的设想，或者仅仅是实务中的短期思维，高标准、严要求的国际贸易规则以及高质量的会计准则体系在未来的演进中，一定会很快熨平这种制度差异，会计嵌入模式的完善与发展，必须借助于制度创新来实施"套利"，这才是未来价值链向高端攀升的重要路径选择。

三、从非缔约国向缔约国转移：重新思考价值链攀升路径

CPTPP 形成的区域价值链是一个封闭的经济圈，在一定程度上影响我国的对外贸易发展。其中，一个重要趋势就是贸易由非缔约国家向缔约国家的转移。这种以贸易转移等为代表的供应链变迁，将在很大程度上影响全球价值链的既有攀升路径。

1. 正确看待价值链攀升路径的位移。CPTPP 的影响除了体现在全球供应链上的重塑外，还更多地体现在规则与制度的引领方面。即使是置身事外的非缔约方国家和地区，也不得不在规则和标准上更加靠近 CPTPP 的要求，并由此开展制度博弈。主要是基于 CPTPP 范围的封闭区域供应链，应用歧视性的关税和非关税措施使成员国与非成员国在关税减让和准入开放上存在利益差异。各国基于价值链路径变迁的特征是：（1）自觉性。考虑到 CPTPP 的供应链价值，无论是 CPTPP 的成员国还是非成员国都会以高标准的贸易规则要求自己，以改善自己的贸易、投资和技术等各种软硬环境。前者可能有一定的被动性，而后者主要是自觉性。但两者均是基于本国收益与成本比较后的决策。（2）主动性。基于 CPTPP 的产业链价值，若不搭乘 CPTPP 的"快车"，产业链可能会萎缩或面临断裂。这样的话，非成员国的企业就会主动地进行产业转移，以重新调整原有的产业链，使企业在区域价值链中保持持续的竞争力。CPTPP 中影响各国价值链定位的主要条款有：海关管理和贸易便利化（海关便利措施、关税减让）、跨境服务贸易、

金融服务与电子商务（服务业开放）、原产地规则和原产地实施程序、政府采购、投资（主要是投资前和投资后规则）、合作与能力建设（如相互认证）等。（3）利速性。即加入 CPTPP 的速度越快，获得的好处越多。CPTPP 扩容是自身发展的需要，也是全球价值链扩展的需要。成员国通过提高整体标准，可以对拟加入 CPTPP 的非成员国增加代价（如规则成本），而 CPTPP 的制度安排是有一定弹性的，除了搁置措施外，还有放宽边界的条款安排。这对较早加入 CPTPP 的国家来说将会更有利，后续的竞争力会增强。CPTPP 的重要标准有：数据传输、隐私规则、竞争政策、国有企业、劳工与环境措施等。（4）溢出性。通过 CPTPP 的制度实施，使缔约成员国周围围绕的国家或地区获得制度溢出的效应。但是，由于 CPTPP 是一个区域封闭系统，其利益的直接溢出可能性较小。这也是 CPTPP 具有扩容价值的地方，否则非成员国也会失去加入的积极性。从制度安排上来看，CPTPP 通过相关规则强调成员国的公开性原则，采取相互认证而非统一的标准，在透明度原则上向 WTO 的《贸易便利化》协议看齐。这方面的相关条款有：协调一致的标准（降低第三方成本）、透明度标准（有利于第三方）、CPTPP 缔约国中的发展中国家需要符合更高的标准才有可能让出的低端产业的空白。CPTPP 中的特惠规则和重要标准等是拟加入 CPTPP 国家的重要考虑变量。因为，它通过对现有成员国技术创新的保护，给非成员国想借此实现价值链攀升带来阻力。如前所述，国际性的大型贸易协定往往是由发达国家主导的，这些国家的跨国公司作为既定的创新和技术控制者，不会轻易让出自己的利益，我国中兴与华为公司的案例很好地说明了这一点。

2. 以开放的姿态寻求 CPTPP 下的价值链攀升路径。改革开放 40 多年来，我国利用全球价值链形成的贸易自由化体系，形成了中国向价值链中高端攀升的发展模式，这种行进路径作为一个典型模式影响着全球的供应链和产业链，并成为世界第二大经济体。从全球供应链来看，中国已经成为国际贸易的重要枢纽，中国的贸易从亚洲开始向全球延伸，影响全球价值链的发展轨迹。从亚洲经济来看，中国在全球供应链中的一个角色是中间品反复进出的一个集散地，成为亚洲"分享生产"版图中的重要枢纽，这与我国人口众多、加工体系完整有密切的关联性。换言之，亚太地区劳动密集型产品生产效率的高低，从中国的中间品进出速度上就可以作出客观的判断。CPTPP 的实施，要求成员国遵循"原产地规则"

等要求，必然会影响区域及全球供应链的格局。以"纺纱前沿"条款为例，它使得越南不能直接向中国进口纱线等中间品，然而，就越南本国的制造业而言，想在短期内建立整条的供应链几乎不可能，并且转换成本和经营效率等均会受到影响。在这种情况下，中国企业的"改道""借道""绕道"等会计嵌入手段将发挥积极的作用。我们要以开放的姿态看待 CPTPP，毕竟它是一种经济全球化的贸易规则，是符合未来发展趋势的 FTA，也是能够引领全球价值链变迁的重要制度保障。

从价值链攀升角度看 CPTPP 对我国经济的影响，主要有两种情况：一是对中国对外贸易总额发生影响。短期内，可能会减少中国的对外贸易额，由于进入壁垒以及贸易运输成本等的影响，有的企业进行产业转移，有的企业可能会因失去成本优势而选择向国内销售。二是对产品竞争力的影响。随着 CPTPP 的实施，各成员国内的劳工、环保等标准将会生效，这种制度会传导至我国企业，使制造成本，如环保成本、人工成本、信息成本等均有所提高，进而使相关工业产品的价格相互攀升，中国工业产品的竞争优势将难以维系。三是对产业结构的影响。我国正在稳健推进供给侧结构性改革，有些传统工业制造业尚需要嫁接或稳步转型。CPTPP 的顺利实施，迫使我国要加快这种转型，导致转型成本的增加。同时，对农业带来明显的影响，东南亚的大米等农产品就会加速进入中国市场，虽然它能促进我国的农产品供给，但会给中国农业和农民带来利益的损失。客观地说，CPTPP 间接地促进了我国的经济结构转型，这对政府来说是一个机遇，对企业来说是个挑战。如何寻求新兴产业，怎样优化企业的产品结构迫在眉睫。我们要正确看待 CPTPP，正确引导农业产业结构的升级，加快塑造出崭新的食品安全观念，造福全体中国人民。

第二节　全球价值链的行为优化：基于 CPTPP 的观察

中国正在寻求全球价值链高端攀升的路径，CPTPP 为我国打开了一个新的"窗口"。我们借鉴 CPTPP 的思路，通过全球工业化、信息化与产业化的融合打造新的价值链体系，促进中国经济的发展。

一、经济利益视角的行为优化

面对 CPTPP 可能对我国经济产生的影响，我们应结合全球价值链攀升的路径安排，积极实施供应链变迁的管理，合理布局我国产业结构及未来方向。对于我国与 CPTPP 成员国经济依赖度高的产业或产品生产，可以通过对外投资和国际产能合作渠道，逐步转移到越南、马来西亚等国，利用好"原产地规则"的制度剩余空间，间接地享受零关税等自贸政策，在产品进入这些成员国的同时，切实维护企业的会计权益。

1. 结合中国的经济体量看待 CPTPP。中国在全球自由贸易体系中的分量和地位正在上升。作为第一货物贸易大国，中国一直坚定维护多边贸易体系，持续主动向所有贸易伙伴降低贸易壁垒。同时，中国还积极推进自贸区建设，围绕亚太自由贸易区和区域全面经济伙伴关系协定，进行更多的改革、开放和创新实践。2018 年，中国经济总量突破 90 万亿元，稳居世界第二位；进出口总额首次突破 30 万亿元，居世界第一位；经济增长 6.6%，经济增量 1.4 万亿美元；对世界经济增长的贡献率约 30%，是全球经济增长最大、最持续的贡献者。① 我们对 CPTPP 持有客观、正面的态度，通过高标准地构建 FTA，一方面使国内自由贸易试验区建设具备高水平、高标准的制度要求；另一方面借鉴 CPTPP 的便利化、简捷化要求营造国际化的经营与投资环境。同时，也需要清醒地认识到，CPTPP 成员国区域的服务贸易开放、允许跨境资本流动、ISDS 机制的实施会对中国经济发展的安全、社会稳定，以及中国在地缘经济中的地位产生冲突。亦即，这些因素在短期内可能会对中国经济与社会层面有一定的影响。一方面，随着劳动力、土地等要素成本的持续上涨，中国外贸遭遇到来自新兴经济体国家的冲击；另一方面，以美国为代表的贸易保护主义行为，又使我国货物出口受到发达国家的挤压。当前，全球经济尚处于低迷期，整体需求不振。与之相应的是，中国的对外贸易连年下滑、出口红利渐失。作为世界经济霸主，美国"关起门来搞经济"，

---

① 国家统计局：2018 年 GDP 超 90 万亿元　稳居世界第二位［OL］. 中国青年网，http：//news. youth. cn/gn/201901/t20190121_ 11849899. htm.

必将进一步恶化全球贸易环境，中国对外贸易与投资环境也会受到影响。加之中美贸易战使美国推出更多的贸易保护举措，而且美国的盟友等经济体也有效仿的可能，这对中国经济秩序产生冲击。对此，我国要巩固和利用好自身在"一带一路"建设、G20 峰会、金砖峰会、RCEP、FTAAP、上海合作组织、亚投行等区域或跨区域的经贸组织或机构中的影响力，通过广交朋友，打破全球供应链对中国企业的封锁，以更开放的姿态寻求全球价值链的攀升路径。

2. 直面 CPTPP，强化企业价值链管理。 一直以来，CPTPP 成员国都是中国的贸易伙伴，在国际经贸活动中是一种既合作又竞争的关系。中国与东南亚国家的出口贸易结构相似度高，中国出口产品中机械和交通运输工具占比高达 46%，轻纺制品达 16%，墨西哥、马来西亚和越南的出口中，机械与运输工具占比则在 33% ~41% 之间，越南的轻纺制品占比更高达 22%（叶文辉，2016）。目前，我国制造业的成本约束越来越明显，而越南却借助于 CPTPP 的优势，以更加低廉的人工成本和良好的投资环境，承接相关国家的产业投资。一方面，CPTPP 通过对内降低关税壁垒、设立原产地规则等措施，进一步抢占我国传统制造业的市场份额。另一方面。由于中国服务业长期受到严格管制，外商投资占比非常低。CPTPP 规则中的服务业贸易放开，使外资积极转向 CPTPP 成员国。同时，CPTPP 的实施，对中国纺织产业的冲击也在显现，产业转移与投资效应正在发生。即为了避免经济利益的冲击与影响，许多企业实施了战略转移，即所谓的"借道"，部分纺织品企业将工厂从中国搬到 CPTPP 成员国。部分行业则全部转移到了 CPTPP 的成员国，劳动密集型的纺纱和面料生产线基本迁往了越南，给中国产业链带来影响。

直面 CPTPP，我们要加强全球价值链管理。全球统一的经贸规则是在矛盾中前进的。无论是北美自由贸易协定、跨太平洋协定、跨大西洋协定，作为全球经贸规则高标准的 CPTPP，其实施自然会引起区域价值链的变化，需要尽早加以应对并且重塑现有的价值管理格局。自贸区作为对接 CPTPP 的重要平台，将会自动修正区域甚至全球的供应链模式。我国的会计制度建设要做好与 CPTPP 成员国的对接与实务衔接，力求在贸易往来中的标准、信息披露一致，并尽最大可能实现双方的认可与趋同。国际会计准则本身的出发点与制定流程已经更多地体现国际经贸高水平、严要求的质量诉求，以便于国际经贸活动中投资、融资等的经营决策。会计制度体系作为价值链管理的重要组成部分，将会承载着价值创造与价值增值方面的会计确认、计量与报告。我国的会计准则制定应紧跟国际会计准则的最新动态，加快会计准则的国际协调与沟通，实现高标准贸易协定与高质量会计准则的互补与融合。作为试验田的国内高水平自贸区或自贸港，可以探索与CPTPP 等国际贸易规则应用的一致性。高标准下的 FTA 规则将会与制度、发展水平、技术、环境、劳工等相挂钩，我国会计准则在与高标准国际贸易协定对接过程中将会面临着诸多挑战，例如：国有企业条款与反垄断可能会冲击我国以公有制为主体的经济体制；环境保护和劳工条款将是新一轮的贸易壁垒与贸易瓶颈，环境保护将会与环境成本的内部化、环境会计流程的一致性等实施互认检验，劳工标准将会与人力资源会计的确认、计量等相统一。在全球统一经贸规则短期内难以达成的情境下，国与国、区域与区域之间的合作，将会成为未来的重要平台与窗口。直面 CPTPP，强化企业价值链管理是维护企业自身利益，实现企业价值创造和价值增值的重要方式或手段。

二、战略路径视角的行为优化

CPTPP 将是未来国际贸易规则重要范本，也是国际经贸活动的重要平台与窗口，承载着国与国之间沟通与合作的重要任务。全球价值链正在分化，正在呈现高端、低端的双锁定，发展中国家要实现超越并达到发达国家的经济水平，将十分困难。

1. 结合 CPTPP 情境特征，切实保障企业利益。保障企业利益需要对 CPTPP情境下的公司战略及关键成功因素等所涉及的信息进行确认、计量、收集、分析与报告，从而为公司战略决策、战略规划与预算、管理与经营控制，以及财务报告等会计管理机制提供发挥作用的基础与保证。从宏观角度来看，我国政府在保持与 CPTPP 成员国合作的同时，积极利用 RCEP，且围绕 WTO 规则进一步优化贸易活动等，这种状况已成为一种"常态"。迄今为止，我国已签署并实施了 14个自贸协定（包括中澳、中韩等），涉及 22 个国家和地区。同时，借鉴 CPTPP精神在上海自贸区运营的基础上，相继推出了粤闽津等多地的自贸区，并准备在海南实施自贸港的创新实践。面对 CPTPP，需要在维护会计权益的管理机制上寻求帮助企业降本增效的良策，发挥会计管理控制与信息支持系统的积极作用。要在遵循宏观上的国家经贸制度导向之外，积极规范有利于我国企业的会计政策措施。同时，结合 CPTPP 条款及企业与 CPTPP 成员国交易的特征，采用比较优势来调整外贸结构；采用诸如主动减税、加速折旧，以及放宽行政权限等手段提升我国企业在外贸经营中的执行力。例如，建立有法律效力的"权力清单""负面清单""责任清单"等来确定政策和市场的合理边界，消除不作为和乱作为，为市场伸展提供足够的空间。当然，政府也要平衡好不同规模、不同类型企业的利益关系，避免出现新的不平衡。从微观视角观察，只有充分发挥企业会计政策的市场自主性功效，如在原产地规则下引导企业的对外投资，优化企业的财务资源配置等，才能探索出 CPTPP 情境下外贸发展的新路径。例如，在既定的 CPTPP 情境特征下，有的企业已在 CPTPP 成员国投资布局，这类企业可以通过会计政策的调整来避免或减少 CPTPP 对利益的负面影响，拓展企业的发展空间；而那些尚未在 CPTPP 成员国进行布局的企业，可以采取"借道""改道"和"绕道"的会计政策引导规避 CPTPP 对企业利益的影响，维护相应的会计权益。

2. 维护会计权益，优化企业行为。 维护会计权益的重点之一是为组织的管理规划与控制提供信息，或者说是提供公司价值的内部有用信息。通过有效的内部管理信息提供，积极维护 CPTPP 情境下的会计权益。CPTPP 情境下的企业行为优化，一方面，体现为宏观层面的会计制度优势。例如，制定诸如"CPTPP 下的成本核算指引""CPTPP 下的转移定价指引"等会计制度体系。另一方面，强化微观层面的会计政策选择。从会计权益的执行性视角考察，它既包括会计政策中的研发、折旧等政策，还包括财务资源配置、财务机制优化等内容。CPTPP 情境下的会计权益维护需要同时在政府端与企业端发力，政府端的作用就是要因势利导，提供一切有利于企业发展的国内外资源支持，促进产业升级；企业端则在筹资、投资等会计政策上降低交易费用，促进企业核心竞争力的充分发挥。从企业端考察，在有形资产、经营收入等会计要素既定的情境下，加强会计权益博弈、提高收益质量等相关的无形会计要素，已成为推动生产率提升的关键。我国应加快对国内原产地规则的修订与完善，提高电子商务等新兴领域会计标准制定的国际话语权。权变性地开展"互联网＋"与智能制造下的会计规则研究，使我国的资产确认、计量，以及成本、费用核算等标准率先向 CPTPP 原产地规则方向进行变迁管理，以增强我国会计在国际经贸活动中的影响力。

3. 提升 CPTPP 下会计权益维护的"话语权"。诚然，强调会计制度与会计政策的协调配合，目的就是要提高中国会计在国际经贸领域中的"话语权"。会计话语权对于促进我国企业与 CPTPP 成员国企业之间的会计权益维护具有积极的意义。虽然会计准则已经国际化，但会计权益的维护程度仍存在一定的差异。换言之，只有主导会计国际话语权的国家才能在国际贸易规则变迁的财富重新分配中占据优势地位。CPTPP 作为以美国为主导的国际贸易新规则，迟早会对国际会计准则产生影响，进而引起不同国家之间企业利益的再平衡。通过会计制度与会计政策的协调配合，主动调整我国相关的会计规则，制定新的会计标准（如提炼出一些具有中国特色的单项国际化会计标准）。其积极意义在于：一方面，可以缩小本国会计准则与国际会计准则的差距；另一方面，将我国具有优势的行业准则提炼成具有影响力的会计标准，不仅可以提高我国会计的国际话语权，还可以最小化本国会计准则的制度变迁成本。近年来，我国在主动参与会计准则国际化方面，已经取得了一些积极的成果，如企业改制上市的资产重估计量、新兴市场经济体的公允价值计量等已融入国际财务报告准则（IFRS）的标准体系。尽管 CPTPP 可能对我国企业利益会带来一定的影响与冲击，但它也使我们下定决心加快改革，通过会计制度完善与会计政策优化来维护我国的会计权益。我们应以一种大国的姿态主动与欧美会计组织展开对话，促使它们早日在"新兴经济体总标准"上认可中国的会计准则。同时，在 CPTPP 情境下，加快中国会计制度建设，使更多有利于维护我国企业利益的单项会计标准进入国际会计准则体系，加快提升我国企业在国际经贸领域中的会计话语权，增强企业的核心竞争力。

三、制度规则视角的行为优化

CPTPP 的全面性与先进性，既是一种压力，也是一种动力。中国应以开放包容的心态对待 CPTPP 规则，并主动与成员国开展经贸合作。CPTPP 作为一种区域性的制度安排，其规则的内部封闭性特征会对中国企业的利益产生一定的影响，加强对 CPTPP 规则与条款的学习，提高应对的能力，是中国企业向国际价值链高端攀升的客观需要。

1. 宏观与微观结合视角的制度规则优化。宏观层面需要优化的会计制度内容有：（1）在 CPTPP 协定与 WTO 等规则的协调与融合中需要对会计权益维护与制度安排进行甄别与有效性选择；（2）结合 IASB 的发展趋势，考察其对中国企业利益影响的程度；（3）各种政府间的贸易协定可能存在的会计权益与制度博弈问题；（4）各国政府的财政、税收与金融等政策变化可能对会计制度的影响情况等。面对以"互联网＋"与智能制造等为代表的新经济时代特征，与 CPTPP 相关的会计制度建设应关注商业模式和经贸流程的变迁及其规律。例如，中国作为世界电子商务大国，可以在协调 CPTPP 与 WTO 规则的同时，结合 IASB 的发展趋势，通过中国电子商务会计标准的引领效果来维护我国会计在国际经贸领域中的基本权益，这项工作将具有重要的理论价值和积极的现实意义。换言之，从会计权益角度考察，CPTPP 可能对企业经贸活动中的"互联网＋"及其电子商务产生影响。我国应提高在这些新兴领域进行会计规则制定的话语权，要结合 CPTPP 中"互联网＋"及其电子商务等规则对资产的具体要求，围绕财务报告概念中的"资产"概念新内涵，权变性地开展知识资产管理，使我国的资产确认、计量等标准率先向 CPTPP 要求的方向作出相向调整，以增强我国会计在国际会计中的影响力。

微观层面需要考虑的会计政策问题有：（1）在认真研究 CPTPP 条款的同时，结合 WTO 规则以及中国政府与各国之间的贸易协定，从组织创新视角选择会计政策；（2）围绕"收益增加"和"成本控制"设计具体的跨国经贸路径，强化借道、绕道与改道过程中企业利益维护与会计权益博弈中的经贸制度安排；（3）加强会计制度变迁管理，通过设计诸如会计准备金政策等以应对 CPTPP 情境下可能存在的各种风险。换言之，会计政策要围绕 CPTPP 全面市场开放、公平竞争等要求，在区域生产和供应链网络发展，以及扩展区域经济边界等方面发挥积极的作用。亦即，CPTPP 强调成员国企业生产的一体化，实现供应链上的网络价值对接，使供应链网络上的企业以链接的方式实现低成本、快速反应。它极大地拓展了成员国企业的规模经济效应、范围经济效应和共生经济效应，而对非 CPTPP 成员国则产生一定的负面效应①。对此，企业需要通过会计政策配置，强

---

① 因 CPTPP 条款的约束，使传统供应链的协作关系弱化而产生各种不利影响甚至是威胁。

化我国企业与 CPTPP 成员国企业在研发、生产技术、材料供应、商业流程等方面的合作，在不违反 CPTPP 条款的基础上动态提升企业间的合作成效，扩展基于分工基础的产业链与价值链。例如，随着"互联网＋"的大力推进，中国纺织企业的传统制造模式已开始向智能化、网络化方向发展，尤其是在制造平台交互化、去中心化的虚拟价值链经贸模式中，许多传统纺织生产企业开始从产品制造商向产业链上的资源整合商（或被整合者）转变。我国企业可以利用 CPTPP 倡导的"区域生产和供应链网络"，促进客户与企业将产品设计、生产和供销体系等整合在一个共同平台上进行互动，以实现 CPTPP 成员国与我国企业之间的合作与共赢。

从长远来看，CPTPP 通过建立行业新标准等市场规则影响国际竞争环境，进而对我国企业的全球化经营战略和外贸收益产生冲击。同时，一些原本属于一国管辖的国内政策向区域层面扩展，使国内企业的跨国经营增加了环境的不确定性，使面临的财务风险大大增加。此外，涉及电信业、电子商务等新兴业态的规则将冲击我国现行的管理体制，扩大了我国数字新媒体产业（TMT）现行的会计制度和会计政策的波动性，以及未来被动调整的可能性，并由此改变企业的利益格局。面对 CPTPP 情境下的企业利益影响，一方面，我们要在宏观政策层面上加快自由贸易区的战略配置，设计并制定中国版的国际经贸新规则；以及制定具体的 FTA 的战略布局路线图和时间表，扭转我国在国际贸易投资新规则制定中的被动局面。同时，要根据我国改革实践及利益诉求提出具体的引领性新规则，比如在电子商务等中国具有优势的新领域体现中国的理念。此外，要深化改革，完善市场环境、法规建设，逐步提高知识产权、环境、劳务等保护水平，优化国内的政策法规体系，清除制约市场规范运行的制度性障碍。另一方面，在微观层面上深化企业，尤其是国有企业改革，促进产业升级优化，营造宽松的投资环境；积极引导企业创新驱动，提高其在国际市场中的核心竞争力。同时，加强对我国企业的海外投资及利益保护，建立和健全财务风险预警机制和突发事件的应急处置机制，维护企业在"一带一路"沿线国家的正当权益[①]，并结合会计权益

---

① 中国将借助"一带一路"倡议扩大与欧洲和非洲等地的贸易联系，形成横跨欧亚大陆的新交通线路和新的繁荣中心。

的维护制定出具有针对性的操作指南或应用手册。

2. 倡导或构建符合人类命运共同体的贸易规则。2017 年 10 月，习近平总书记在党的十九大报告中提出要"坚持和平发展道路，推动构建人类命运共同体"。这是"人类命运共同体"理念第一次被正式提出，2018 年 3 月，该理念被写入我国《宪法》序言。此后的多次国际重大会议上，习总书记提出"人类命运共同体"理念，主动为世界发展贡献中国智慧，增添正能量。倡导或构建"人类命运共同体"的贸易体制是一种战略性的长远发展目标，我们在经贸规则上除了坚持"非歧视性原则"外，更要强调贸易壁垒削减的"共同但有区别责任原则（CBDR）"。要支持 WTO 的改革与完善，不断深化我国贸易法规政策与 WTO 的对接协调，要主动配合 WTO 改革，并有意识地在 WTO 框架下倡导或构建符合发展中国家需求的多边自贸区秩序，并逐渐在这些区域性国际规则中获得主导地位。CPTPP 的实施，在一定程度上势必会影响我国在全球经贸规则中的话语权，并降低我国在亚太经济一体化中的地位与作用。为了提升中国经济的开放形象，推进东亚及亚太经济发展步伐，我国可以提出符合人类共同体意愿的 FTA，通过深入研究全球贸易体系的规律，在兼顾广大发展中国家利益诉求的同时，与联合国及世界贸易组织等保持多边渠道的功能价值，积极发挥我国在全球价值链中的影响力，使中国在全球贸易治理中有更大分量的话语权。中国应当注重倡导和推行经贸争端解决规则的建立。CPTPP 在众多成员国发挥水平不一的情况下，如何大幅度广泛削减贸易壁垒，如何进一步符合各方利益需求，是 CPTPP 未来建设的方向。中国在参与塑造国际贸易规则的过程中，需要从战略、投资与规则等的综合视角主动加强与 CPTPP 成员国的联系，以全局视野规划亚太经济的新格局，通过参与或主导亚太自由贸易协定来超越和发展 CPTPP 的规则水平，继续秉承开放包容、互利共赢的原则协调多方差异，积极推动经济全球化的步伐。

3. 主动融入国际贸易集团，争取最大限度的规则制定权。中国正在以更加开放的姿态拥抱世界，一方面提升国内对外开放的程度，增加对外开放的部门和领域，促进中国更加迅速更加平衡地将国内涉外经贸规则，包括对外贸易法、外资管理法、境外投资法等与国际普遍性的经贸规则体系相对接。另一方面将"一带一路"倡议、RCEP 等作为运作平台，与更多的国家之间加强经贸合作。由于

CPTPP 的原产地规则等条款，我国向缔约 CPTPP 的成员国进行中间产品和最终产品出口的贸易交易无法享受关税减免等的优惠，使得中国在多数关乎制造强国发展的关键行业，如 IT 行业、机床制造业等的中间产品和最终产品出口均会受到负面影响，进而阻碍《中国制造 2025》战略中重点行业领域在区域乃至全球价值链中的地位提升。对此，我们应该在坚持改革开放的原则下，广交贸易伙伴，自觉地以高标准、高水平 FTA 为目标，构建广泛的贸易网络，通过国内 FTA 的示范效应让全球贸易组织关注中国，并争取我国在国际贸易规则中的制定权。我们要秉承"大国外交、文化先行"的战略路线，进一步将我国经贸领域的开放政策融入国际贸易规则既有的框架之中去，增强自信性和自觉性，积极参与国际贸易规则的制定，通过展示中国的能力和话语来塑造有利于全球化自由贸易的新规则，为中国经贸活动顺利推进营造更为积极、宽松和公平的规则秩序与环境，为"人类命运共同体"的贸易规则制定贡献我们的力量。

第三节　本章小结

在全球化竞争中，虽然我国不具备供应链的完整体系，但往往固定在供应链的双向节点上，拥有大量的进出口贸易量。21 世纪的贸易模式是一种全球供应链协同发展的模式，一个国家的贸易格局或类型是由其所在的供应链位置决定的，而不像过去可能只是某种商品的单纯出口或进口的国家或经济体。全球供应链与贸易措施的演进较为复杂，本来是为了规避或减轻贸易措施的影响，却成就了供应链的发展。CPTPP 也可以理解为是一种全球供应链模式的应用场景。与过去的贸易形式有所不同，全球供应链所创造的贸易流向日趋扩散化和区域化，并且呈现出区域性扩散和区域化集中并进的趋势，这可能与当地企业一旦进入全球供应链，很快就能够融合其内在关联结构，并产生由供应链关系所促进的学习效应有关。CPTPP 等国际贸易规则的兴起与发展与 WTO 的发展不尽如人意也有密切的相关性，多哈回合最后达成的《贸易便利化协定》并未突破传统 WTO 的框架，与发达国家的愿望相距甚远。对此，许多区域贸易协定（RTA）开始被推崇，以 CPTPP 为例，其涉及议题的宽度和深度都在一定程度上超过了 WTO。当前，我国应结合 CPTPP 的贸易准则，围绕全球价值链高端攀升的目标，实施全方位的开放，通过行之有效的改革措施，优化全球价值链攀升的路径，重塑中国制造的全球竞争优势。

CPTPP 的生效与实施，虽然会给我国的跨国经营企业带来利益上的影响，但也给我国一些新兴行业提供了发展机遇。我们要主动学习、理解和深化对 CPTPP 的认知，主动出击，采取积极有效的应对措施，来维护企业的会计权益。CPTPP 情境下的会计变迁管理要求企业的技术创新必须与管理创新相结合，通过围绕 CPTPP 的顾客需求转变企业的价值创造，并使企业实现真正的价值增值，提高企业的竞争力，体现产品或服务的竞争优势。同时，会计权益维护要适应 CPTPP 的要求，围绕"一带一路"倡议寻求新的平衡，即通过会计制度建设和会计政策优化实现企业利益的保护，加快会计管理工具的开发与创新，主动将 CPTPP 条款嵌入会计的管理控制与信息支持系统之中，加快开发具有专用性特征的会计工具，并强化通用性工具的设计与应用。例如，针对 CPTPP 情境下的区域生产，中国企业围绕产业优化升级，与 CPTPP 成员国共同构建集群的区域经贸模式，并在转移定价、劳工工资、环境保护等方面加强合作。我们要在政府端与企业端共同发力，政府端的作用是因势利导，使有限的资源发挥最大的支持会计管理工具创新的效应。企业端则在会计提供各种信息支持和控制系统的基础上，努力降低企业的交易费用，使企业核心竞争力得到真正的发挥。

第九章
国际贸易规则重塑下的 CPTPP
走向及其会计对策

世界经贸规则动态变化的需求与走势必须引起中国政府的高度重视和积极应对，参与国际贸易规则的重塑是我国积极应对单边主义、孤立主义和贸易保护主义的必然选择。CPTPP 等区域贸易协定（RTA）的兴起影响着国际贸易的稳定与健康发展，国际多边秩序和全球治理体系离不开国际贸易规则的支持。当前，以美国为主导的全球治理变化带来的挑战仍然是影响国际贸易规则重塑最重要的因素之一。提升中国会计的国际话语权，不能仅仅体现在国际会计准则的制定与应用过程中，还需要在国际贸易规则重塑中发挥积极作用。

第一节　全球价值链重构中的国际经贸环境

"以开放为导向，维护多边贸易体制"是全球价值链重构的立足点。它要求，努力构建一个开放型的世界经济，推动贸易自由、协商共享的国际新秩序，重塑国际贸易的规则体系。

一、全球治理与国际贸易规则

随着世界各国相互依存程度的日益加深，在变动的国际局势中，没有哪一个国家可以独善其身，寻求合作实现互利共赢成为应对国际挑战的主要途径。以全球治理理论为指导，正确处理中美、中日等的经贸关系，积极应对 CPTPP 等新规则挑战，是增强我国在国际贸易体系中话语权的战略选择。

1. 全球治理对价值链全球化的影响。从国际经贸视角考察，全球治理是顺应国际经贸环境单边主义、贸易保护主义等趋势而提出的旨在对国际经贸活动进行共同管理的理念和指导思想。治理是宏观层面的国家管制、中观层面的行业制度、微观层面企业供应链与价值链协同的综合体现，是一种立体式的方法组合。在新的国际经贸环境下，矛盾冲突与利益协调将成为一种常态，各方经过不断的调适会逐渐走向趋同与合作，在这一过程中正式的经贸规则与非正式的协调、沟通制度均发挥出了积极作用。从国际经贸活动的角度来看，全球治理对价值链的影响体现在以下几个方面：（1）通过国际贸易规则重塑体现贸易自由化精神。即无论属于哪个贸易协定的国家都可以申诉自己的权利，是一个反复协商、共同参与的全球治理过程。（2）尊重贸易活动的多元化和多样化。通过全球治理优化贸易结构，增进贸易效率与效益。（3）程序规则与实质需求相统一。通过各国之间的相互参与、谈判和协调体现全球治理，对程序规则与实质需求一视同仁。（4）原则性与灵活性相结合。尊重全球秩序，优化基础性制度安排与程序性规则的秩序，通过全球治理与全球秩序的协调，重塑国际贸易规则。目前，在全球价值链的治理中主要有两大阵营：一是以中国为首奉行坚定支持国际自由贸易和多边主义的全球化理念的国家。主导 CPTPP 的日本也可以归入这类。二是以美国为代表的贸易保护主义、单边主义的国际贸易思潮。当前，中国已经成为捍卫多边主义、国际规则和自由贸易的重要力量。

在国际贸易规则中，以 CPTPP 为代表的大型国际贸易规则（MEGA）被称为国际贸易投资新规则，是适合全球价值链重构对贸易规则的需求与响应的结果。区域贸易协定（RTA）之所以这么被热捧，并且涵盖内容不断扩张（Ravenhill，2008），就是因为 CPTPP 之类的 RTA 能够带动全球价值链向着有利于规则制定国的走向运动，影响着价值链的全球治理。客观地说，全球价值链下贸易治理还有很多缺陷，包括 CPTPP 在内的各种 FTA，只不过是在发达国家主导下的贸易规则革新，发展中国家只能被动地顺从或适应，即所谓的先反对、被动接受、开始迎合，一直到最后内部开展激烈的竞争，这种状况客观地反映出现阶段全球治理在国际贸易规则方面存在滞后与不足的现实。必须突出全球治理和贸易自由化融合的重要性，完善现行的全球经贸规则体系，推进全球化价值链的有序发展，通过多边贸易等手段解决经济全球化发展过程中存在的结构性问题，为众多发展中国家创造更多平等参与和共同发展的机会。

2. 逆全球化对现有贸易格局的影响与冲击。受各国政治与经济利益等多重因素影响，国际经贸环境已使得全球利益格局发生改变。逆全球化思潮的出现，影响了全球经济协作与共同发展，使世界经济持续低迷，区域价值链的不平衡又加剧了不同地区之间的经济不平等，资源禀赋差异带来的分配不公，从移民问题到难民问题的延伸，使国际经贸规则动荡不安，全球经济发展方向变得扑朔迷离。这种与全球化相悖的逆全球化现象，阻碍了全球供应链与产业链的合理布局，不同国家或地区在全球价值链中的位置发生动摇。逆全球化的国际贸易特征表现在：FTA 由多边向单边、双边转变，低端与高端的价值链会间隔巨大的鸿沟，最明显的是会加剧对低端价值链的锁定，使差距进一步扩大（吴梦启，2016）。逆全球化使不同国家在利益上展开新的博弈，各种贸易争端与摩擦将推动会计准则与贸易规则发生进一步变迁与重塑（Gwen and Wahid，2014）。逆全球化影响着国际经贸环境，无论是北美自由贸易协定，还是跨太平洋协定、跨大西洋协定等，作为国际贸易规则的表现之一，都将引起并且重塑现有贸易的格局。亦即，逆全球化通过贸易规则变迁，以及全球价值链的重塑等影响不同国家与组织间的会计权益，并进而冲击企业的经济利益。

逆全球化使自由贸易理念被边缘化，贸易保护主义不断升级。《全球贸易预警》报告显示[①]，作为全球第一大经济体的美国，从 2008 年到 2016 年对其他国家采取了 600 多项贸易保护措施，仅 2015 年就采取了 90 项，位居各国之首，是德国、英国等国家的两倍多。据世界贸易组织统计，2015 年 10 月至 2016 年 5 月，G20 集团成员实施了 145 项新的贸易限制措施，月均新增措施数量为 2009 年以来的最高水平。遏制贸易保护主义、降低贸易成本将是未来一个时期各国还需采取的措施。作为逆全球化的一个重要特征，贸易保护主义使中国企业面临的反倾销数量骤增，2016 年中国出口产品遭受 27 个国家和地区的贸易救济调查事

---

① 转引自：商务部发布《世界经济贸易形势》专题报告（2017 年 7 月 16 日）。

件达 119 件①。各种形式的贸易保护主义不仅影响了经济全球化的深入发展与合作，也导致全球贸易增长遇阻（赵瑾，2005）。因此，必须在维护会计权益的前提下，积极应对反倾销调查等经贸活动，提高企业在国际贸易争端中的主动性与积极性（刘爱东，2012）。中国作为全球价值链的重要环节，以及全球最大的中间品贸易大国对全球贸易存在巨大的贸易创造效应，我们要利用好"一带一路"倡议等对外贸易的平台，尽快结束 RCEP 谈判（高虎成，2017）。逆全球化下的会计权益是指贸易保护主义等行为对企业利益的影响与冲击，借助于资产、成本与收益等要素进行博弈的相关会计制度主张和权利诉求（冯巧根，2016）。现阶段，借助于会计手段测试美国贸易保护主义政策的实施后果，对于维护企业利益具有重要的现实意义（陈植，2017）。美国日益浓烈的贸易保护主义色彩，既不利于美国经济增长，又增加了世界经济的混乱和不确定性（于春海，2017）。客观地讲，全球化的经贸规则短期内无法实现，但是通过区域贸易协定（RTA）之间的务实合作、寻找利益的共同点，将会成为推动国际贸易规则重塑的重要推手，并为未来全球统一经贸规则的形成提供实践基础。总之，在逆全球化思潮的助长下，贸易保护主义以本国利益优先的利己主义为特征使全球多边机制不振，贸易协定碎片化，进而对企业及相关者利益产生影响，尤其是对会计权益中的成本与收益要素产生冲击。

3. 国际贸易规则变迁下的价值链新特征。 从中国的经贸环境来看，CPTPP 实施中的既有经贸规则会给中国经济带来不确定性，中美经贸摩擦也会给中国经济带来巨大压力，并使全球价值链面临巨大冲击。国际贸易规则变迁给全球价值链带来了新的特征：（1）价值链的"长度"缩短。由于 CPTPP 等 RTA 的广泛兴起，供应链的范围被限制在一定的范围之内，使链条的长度变短。加之，能源及其附属运输成本的不断提高，碳排放等环境成本的增加，使国际经贸活动中的贸易成本大大增加。（2）竞争加剧。由于新兴市场的加入，中间品和原材料的争夺变得激烈，不断上演的价格战带来了高昂的经营代价，这种竞争从全球治理的角度来看往往是低效或无效的。（3）信息成本压力减轻。价格战会加快技术的

① 商务部：2016 年中国遭遇贸易救济调查案件 119 起 [OL]. 央视网，http://news.cctv.com/2017/01/05/ARTI8mfxt4AltlwnlwJC7lZS170105.shtml.

进步，使那些以速度为核心竞争力的行业加快技术改造，相关信息产品的成本也会迅速下降，进而使那些依赖于信息技术支撑的产业和产品发生结构性变迁。例如，以电子技术形成的垄断租（monopolistic rent）很快被瓦解，相应的全球价值链面临重构。（4）发展中国家与发达国家的贸易不平衡加剧。目前，亚太经济体的经济增长还保持着较强的势头，而欧美市场在明显萎缩。国际贸易规则应向全球价值链变迁的方向接轨，进一步推动亚太经济一体化的步伐。

国际贸易规则面临调整，价值链重塑的因素变得复杂，具体表现在：（1）贸易、投资和服务融合的趋势得到显现；（2）国际贸易深入到边境之后，即国内经济管理的进一步开放、协调与便利化；（3）贸易成本的上升，跨境服务开始得到重视，并成为重要的一种贸易模式；（4）通过专利、信息等技术手段，以及人才流动和企业竞争等组织手段，强化传统的以松散为特征的合同关系；（5）从促进全球价值链有序发展的要求出发，呼吁限制各种传统的贸易救济方式；（6）为维护全球价值链中的发展中国家利益，贸易保护性质的原产地规则、特殊与差别待遇、能力建设等条款仍然受到重视。由此可见，与传统的国际贸易模式相比，合作共赢的国际贸易框架成为全球治理下各国的内在追求，通过经贸层面的国际协作成为全球价值链的重点，包括多边谈判、重点谈判（针对某些领域议题），以积极响应全球价值链的需求。事实上，中国已在上海等自贸试验区试行 CPTPP 相关的新贸易规则，负面清单制度也在全国得到了推行。

二、CPTPP 与全球价值链的战略相关性

在全球价值链重构中，中国和美、日、东盟各经济体的力量是最重要的。CPTPP 作为 TPP 的承载体，是美国奥巴马政府"亚太再平衡"政策中最关键的遗产，是美国政治利益和经济利益总框架背景下的战略考量，其目的非常明确，就是不能让中国来书写国际贸易规则。而特朗普政府废除 TPP，采用直接的贸易战形式来控制中国的经济崛起。

1. 中国应对 CPTPP 的战略思考。如前所述，随着美国退出 TPP，日本带头使 TPP 变成了 CPTPP，在亚太地区贸易规则制定方面发挥了重要的影响力。同时，为中国的贸易规则制定带来挑战。相应地，中国借助于 RCEP，有助于成为

推动亚太自由贸易区建设的"领头羊"。事实上，CPTPP 的实施将迫使中国在全球价值链中的战略布局发生改变。结合东艳（2018）的观点，我们认为应当做好以下工作：一是设计与全球价值链相关的国际经贸活动路线图。即制定未来 5 ~ 10 年中国自贸协定（FTA）谈判的战略布局线路和时间表，探寻中国与 CPTPP 规则衔接的路径与方法。二是中国要主动出击，参与到国际贸易规则制定的程序中去。当前，各有关方面应对 CPTPP 进行整理分析，分规则、分条款地进行解读，编制出相关的指引或指南。通过对包括 CPTPP 在内的区域贸易协定的深度认知，提出自己的见解，以及有关国际贸易规则的建设方案。三是深化改革，加速建立国际化的、规范的营商环境和法律体系。基于高标准的国际贸易规则，制定出高标准的中国版国际贸易投资新规则模板。四是加速产业发展，提高产品国际竞争力，净化市场竞争环境。

日本有将中国作为未来加入 CPTPP 的主要扩容对象的考虑，中日政府国家层面的交流也在不断增强。基于地缘经济与政治的考虑，日本国内的政治精英们对中国加入 CPTPP 持开放态度，并想借此展示日本的战略胸怀，从而进一步提升日本经济在亚太的影响力。面对 CPTPP 的实施，中国政府表示，无论是过去的 TPP 还是现在的 CPTPP，中国一直持开放和包容的态度，并对 CPTPP 秉承贸易自由化和多边化理念表示赞同。中国应充分利用 CPTPP 可能提供的有利条件，加快国内经济结构的优化升级，逐步摆脱产业在全球价值链中被"低端锁定"的状况。同时，以全面开放促进发展，从全局出发统一优化国内价值链，培育市场化的高标准规则，减少政府补贴等行政行为，破除区域和行业垄断，重塑中国在全球价值链中的重要地位。

2. CPTPP 下全球价值链的战略定位：各种区域贸易协定的共生效应。 当代贸易的变化，来自价值链的全球化，随着产品越来越复杂，需要更大范围的分工合作，同时，贸易与投资、生产与消费、知识与人力之间的互动也越来越紧密。CPTPP 实施不久后，2019 年 2 月 1 日，日欧经济伙伴关系协定（EPA）也正式生效①，日本在国际经贸活动中的接连成功使其在亚太地缘经济中的位置向上攀

---

①　日欧 EPA 共覆盖 6 亿多人口，国内生产总值（GDP）占世界经济总量的 28%，贸易总量占全球贸易总量近 4 成。（相关信息参见：日欧 EPA 生效成为全球最大自贸区［OL］. 新华网，2019 - 2 - 2.）

升。这两项贸易协定的生效共同为日本的自由贸易"旗手"身份增添可信度，巩固了日本在亚太地区合作方面的战略先机。然而，未来的国际贸易规则重塑，还必须综合考虑其他 RTA 与 CPTPP 的战略相关性。其中，涉及 RCEP、中日韩自贸协定，以及亚太自贸区（FTAAP）的建设等。2014 年，APEC 领导人北京峰会上批准了实现 FTAAP 的"北京路线图"。此后几年里，亚太自贸区（FTAAP）进程明显提速。2016 年秘鲁利马峰会上，APEC 成员签署了《FTAAP 利马宣言》，被视为 APEC 各经济体领导人全面推进 FTAAP 的"首个实质性动作"。《FTAAP 利马宣言》还明确将 RCEP 和 CPTPP 并列为未来 FTAAP 实现的两种路径。如今，CPTPP 率先生效并实施，较之 RCEP 更是占得先机；加之其内容全面且标准较高、扩容前景较为乐观且由自贸协定大国日本"领衔"等特点，极有可能成为未来实现 FTAAP 的首选路径，从而使中国在 FTAAP 建设中处于不利境地。对此，中国应深化与 APEC 成员之间的贸易往来①，这些成员之间的经济差距较小，经贸谈判容易取得结果。要加快缔结中国与东盟、中日韩之间的区域贸易协定，明确区域价值链的定位和发展战略。同时，重塑中国在国际经贸活动中的地位，应主动以区域经济治理的领导角色开创互利共赢的新格局。中国要对包括 CPTPP 在内的所有 RTA 持包容态度，并且选择重点的 FTA 进行谈判，或者仅积极参与不发表意见，目的是了解各个贸易协定的成员国的诉求，以及它们对新规则的期盼程度，从而结合这些信息促进区域全面经济伙伴关系的形成与发展。

第二节　国际贸易规则的本质与 CPTPP 走向

国际贸易规则的本质是开放、共赢、共享。CPTPP 作为一种区域贸易协定，其在多边主义和维护国际贸易自由化方面与国际贸易规则的本质是一致的。

---

　① APEC 成员都是对中国经济有重要战略意义的国家或地区，亚太地区也是中国国际贸易最为集中的区域，因此，推动区域经济伙伴关系是应对 CPTPP 的一个重要途径。

一、理性思考和正确处理中美贸易摩擦

"寄希望于通过经贸摩擦来促进经济繁荣，只是一种神话、一个幻想。"① 目前，中美之间的贸易摩擦已上升为经贸摩擦，双方要保持克制，继续保持畅通的协商谈判，要避免两国摩擦进一步的升级，尤其是防止进入"冷战"状态。"高筑关税壁垒、大打贸易战"不是解决问题的根本方法，求同存异，找出问题的根源，从中美两国长远发展的大计入手才是解决中美摩擦的正确路径。

1. 中美贸易战对企业利益的影响。当前，中美贸易摩擦已经从经贸领域向其他领域扩散，中美关系将面临全面的结构性变化。即中美贸易摩擦已升级为"中美经贸摩擦"，未来我们发展的外部环境、内在条件将会发生深刻变化。结合中美两国的国家利益和制度博弈，中美贸易战的形势，如图9-1所示。

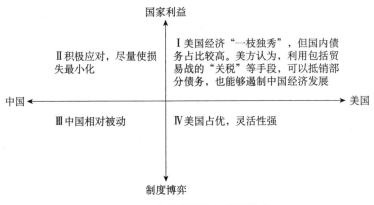

图9-1 中美贸易战的利益博弈

结合图9-1，我们对贸易战的特点及其对企业的影响作一简单分析。

（1）美国发起贸易战的特点。面对中国的快速崛起，美国奥巴马政府也想遏制中国的发展，其采用的方式是间接控制手段，最典型的就是奥巴马政府提出的 TPP，通过经济结盟，孤立中国，降低中国对东南亚及全球经济的影响力。奥巴马政府的政策特点有以下几点：一是间接性。表面上，仍然坚持贸易自由主义、多边主义等的原则；而实质上，中国在许多方面无法达到 TPP 的要求，如知

---

① 中美经贸摩擦的这些问题你真的清楚吗？（之七）［OL］．中国青年网，http：//news. youth. cn/gn/201906/t20190611_ 11979574. htm.

识产权保护、国有企业、劳工与环境条件等。二是政治性。从美国国家利益上来看，战略上是有意义的，能够获得全球经贸规则制定的领导权；但从经济利益上来看，即从战术上来看，将对美国利益带来一定的影响，也解决不了美国的结构性矛盾。特朗普政府的政策特点表现在，特朗普从竞选美国总统时起就提出要"美国利益优先"。他被认为是近年来，最能代表民意的总统候选人之一。特朗普上台第一件事就是废除 TPP，面对中美贸易摩擦，通过"减税"及重塑全球经济主导权开展中美贸易战，并将中美贸易摩擦上升为中美经贸摩擦。特朗普政府的政策特点是：一是直接性。通过关税等手段，直接对输美产品加征高关税。在经贸规则上，反对以往的自由贸易规则，并对 WTO 加以威胁，美国已经退出了一些国际组织，比如气候变化组织等，强调双边主义或单边主义。二是经济性。"美国利益优先"，而对美国不利的，均要逐步调整或直接废除。

（2）中美贸易战对中国企业的影响。2019 年中国贸易现状是"东盟取代美国"，成为我国第二大贸易伙伴。2019 年 1～5 月，受中美贸易摩擦影响，我国对美贸易持续下滑，美国已下降为我国的第三大贸易伙伴。前 5 个月，中美贸易总值为 1.42 万亿元，下降 9.6%，占我国外贸总值的 11.7%。其中，对美国出口 1.09 万亿元，下降 3.2%；自美国进口 3352.7 亿元，下降 25.7%[①]。我们结合港口企业的调查情况发现：中美贸易战下的港口货运存在结构性压力。从南京港和上海港的情况来看，报表上的数据显示，2019 年 1～5 月份营业额略微上升，而我们调查后的实际情况是：重箱（销售美国等地货物）在减少，国内贸易略有增加，但大多是轻箱或空箱。前者是利润较高的业务，后者是利润低且不稳定的业务。从汽车的销售情况来看，南京地区的 4S 店反馈的信息是，国内汽车销售在 2019 年 1～5 月份上升，6 月以后有待观察。1～5 月份销售额的增加，主要是由汽车环保标准由国 5 上升为国 6 之际产生的，也是去库存带动的销售。同样，在对华为南京公司、中兴南京公司的调查中，对方领导表示，表面上来看，中美贸易战影响不大，销量基本持平，但销售利润率有所下降（主要是销售结构发生变化引起的），即实质上受到一定的冲击。

2. 从国际贸易规则的本质看美国的贸易失衡。 国际贸易规则是维护一个国

---

① 顾阳. 外贸稳中提质趋势不改［N］. 经济日报，2019 - 6 - 11.

家或一个地区与其他国家或地区进行商品、劳务或技术交换活动的原则与具体操作规范。美国的贸易失衡是自身经济结构问题，跟美国在全球产业链里的位置、美元的强势地位及其国内储蓄率都有密切关系，根本不可能通过贸易战的方式来解决。美国用贸易战的方式追求贸易平衡，其主要动机是缓解国内民众与精英阶层的矛盾，阻挠有利于中国的全球化发展，重塑并发挥美国在全球经济与政治中的自身优势及其影响力。近期，面对美国在贸易上对中国的极限施压，对美出口比重较高的企业受到的负面冲击最大。通过对江浙两省部分企业的调查可以发现，昆山地区的一些台资企业，如生产空气净化器的一些企业，大都采取全部出口的销售方式，其中有的企业对美出口占比高达 75% 以上，这类企业受美加征关税的影响，订单有明显的下滑趋势。有的企业以家用水泵为主业，其产品也主要出口欧美各国，部分企业则全部出口美国。这种特殊企业很难在国内开拓市场，因而中美经贸摩擦对它们的影响是致命性的。中美经贸摩擦对企业还产生明显的间接影响。例如，浙江宁波地区有家半导体封装企业，60% 是美国客户，这些企业也间接受到中美贸易摩擦影响，据统计，元器件采购量下降了 20% ~ 30%。同时，美国加征关税还致使企业成本上升，国际竞争力有一定程度下降（冯圆，2019）。以高科技企业来看，南京高速齿轮制造公司主要从事高速、重载、精密齿轮传动装置的研发和生产，是我国为数不多的几家高速齿轮生产的高科技公司之一。目前，该公司的产品全部被列入目录，即在 10% ~ 25% 的征税目录范围之内（刘志彪等，2019）。与竞争对手西门子、采埃孚相比，南京高速齿轮制造公司的风电传动产品质量和价格与其接近，但西门子、采埃孚在欧美和印度都拥有生产基地，不会被额外征收关税，因此南京高速齿轮制造公司将丧失价格优势。目前，企业正在积极对冲中美经贸摩擦的不利影响。调研显示，南京高速齿轮制造公司正在采取策略对冲美国目前征收的关税。一是与外商谈判关税成本的分摊；二是加大海外布局减少关税影响（刘志彪等，2019）。亦即，企业为了生存向全球范围内扩张，在其他国家建立分公司或子公司。上述策略不仅可以开发全球非美市场，还能通过这些国家将相关商品输送到美国。由此可见，美国所谓的贸易战也不可能起到什么实质性作用，因为在全球化大分工的背景下，没有任何一个国家能独立生存，特朗普所谓借助对外加税、对内降税的方式也不可能让企业把工业重新转移到美国国内。

3. 中国的崛起是一种历史必然。客观地讲，特朗普上台后，美国经济短期内确实取得了巨大的成绩，但这些成效主要是前期的减税和其他措施刺激的效果，是通过"透支"美国经济实现的。如果凭此错误地认为有足够"实力"向中国这一主要贸易伙伴发动"贸易战"，通过极限施压榨取并获得单方面的最大利益，是一种不切实际的空想。中国正在通过加快国内的改革消化这种不利的外部形势，中国经济将会不断与全球范围内其他经济体进行对接，并进行经济要素禀赋的力量交换，从而形成更大的能量。长期来看，中国主动进行产业结构的优化升级，体现了中国和其他发展中国家合作发展的新思维，并正在形成以中国为中心的区域价值链。

中国与世界的经济联系已经难以分离，中国经济长期向好趋势难以改变，并开始从量变向质变飞跃，新时代的中国经济正在迈向高质量的征程之中。目前，中美之间的科技差距已在逐步缩小，并且在 5G、人工智能等领域，中国甚至已经超过了美国。从市场体量来看，中国将很快取代美国成为世界第一大市场。欧盟国家作为美国的重要盟友，在对华态度上已经有了质的变化。并且，有一种普遍的共识在形成，即应该让中国崛起。从中欧贸易关系来看，欧盟各国将在不久后承认中国市场经济地位。目前，中欧之间已经多次提出要坚决维护多边机制，反对单边主义和保护主义，以及建立互惠互利的合作关系（张二震，2019）。其中，尤其以中德两国最明显，两国不仅在上述若干方面达成共识，还在进一步开放等方面形成一致的行动方案。它意味着欧盟国家不会追随美国的步伐来遏制中国的崛起，中美贸易战将会使美国陷入孤立。客观地说，中美经贸摩擦将会成为一种"常态"，这是因为，美国既不想与中国走向对抗，又想进一步规划和不断调整其对华策略，即尽最大的努力让中国接受美国优先的原则。事实上，面对中国全面开放的新机遇，美国的企业家们已经开始加快对中国的投资。中国通过学习借鉴 CPTPP 等 FTA 中的高标准规则，实行更开放的贸易、投资便利化措施，通过进一步开放服务贸易领域，寻求与世界各国在全球价值链中的利益共同点，这将成为新时代中国经济发展的重要驱动力。

二、基于 CPTPP 看国际贸易规则的本质

即便在美国退出 TPP 之后，剩余 11 国仍然力挺该协定，于 2018 年 3 月签署

了 CPTPP，该协定于同年 12 月 30 日正式生效。作为一种国际贸易规则，CPTPP 从共同签署到生效，速度之快，效率之高，表明这些缔约国对国际贸易全球化的极大认同。CPTPP 是国际贸易规则本质属性的体现，是经济全球化发展的一个方向。

1. CPTPP 符合经济全球化的内在要求。 CPTPP 力图实现从传统、单一、狭义的贸易协定向现代、广义、综合的贸易协定转变，低局部性的竞争政策向数字经济、国有企业开放等新贸易领域转变延伸，贸易能力建设则向包容中小企业发展和成员国相互协调的方向推进，传统的区域经济向吸纳亚太地区其他经济体共生的方向转变等推进，其目的在于最终实现全球贸易的自由化。一种被认为是高标准、严要求的国际贸易规则，为什么美国却不满意这种规则呢？这是因为，随着市场开放程度进一步扩大，全球经济的波动也愈益剧烈。在这种情况下，科技的进步导致美国就业的人数相对减少，以及资本和劳动之间的收益差距不断扩大，伴随着金融资本的全球化运作而带来巨大风险。

日本之所以愿意引领 CPTPP 的成功实施，这与日本的国情与文化是紧密相关的。日本与 30 多国加速推进市场开放计划，包括 CPTPP。这些计划有意向美国展现自由贸易优点，与规避自由贸易所需付出的代价。日本推动的自由贸易措施使国际竞争对手能优先进入市场，这不仅会蚕食美国市场占有率，还会压缩美国农业出口商的利润空间[①]。经济全球化带来的世界分工是一个不可逆的过程，在一个全球分工业已成熟的时代，特朗普要"让美国重新强大"仍然离不开经济的全球化。对于美国来说，贸易保护主义不是解决国内外问题的法宝，相反可能会使其遭受更大的损失。在逆全球化的经贸环境下，CPTPP 作为自由贸易、多边谈判与协商的国际大型经贸协定，主动对协定内容进行调整，并使后加入者的门槛也有所放宽，同时降低和取消了一些货物贸易的成本。但是，作为跨太平洋地区的第一个大型 FTA，其高标准、严要求的特征仍然保持着，其促进全球贸易自由化、参与全球经济共同治理的理念值得赞赏。

2. CPTPP 具有开放、包容的扩张机制。 随着全球经济的发展，现行的 WTO

---

① 美国特朗普政府早就洞察到日本的"雄心"，事先准备了应对的方案。并且，于 2019 年 9 月将这些方案付诸实施，具体内容体现在"日美贸易协定"之中，有兴趣的读者可以查阅。

体系明显落后于国际经贸活动的现实，WTO 中的谈判功能和决策效率无法满足全球价值链体系扩展的需要，以争端解决机制设计著称的 WTO 规则已陷入困境，WTO 无法支撑经济逆全球化下贸易增长的内在要求。作为一种国际贸易规则，CPTPP 设计的争端解决机制不亚于 WTO 规则，并在时间、程序和便捷性上更具优势。可以设想，当利益和矛盾平衡能够在 CPTPP 中得到满意的解决时，亚太地区的国家或地区参与扩容的热情就会更加高涨，成员国作为受益者就更愿意维系和推进 CPTPP 的发展。以我国为例，通过采纳 CPTPP 贸易规则，中国能够缓解与美国及其他国家的紧张关系；通过加入一个动态的区域贸易网络，中国能够加速其经济增长，并使市场多元化；通过实施更高的国际贸易标准，中国能激发自身改革的活力，有助于经济向更现代化、更开放的方向发展。我国政府的一贯立场是只要顺应亚太区域经济一体化方向，符合透明、开放、包容原则，有利于维护以 WTO 为核心的全球自由贸易体系，中方都积极支持。未来 CPTPP 的扩容机制建设，应重点放在引导亚太地区各种不同贸易协定的沟通与协调上，寻找最有利的"接口"，为共同抵制贸易保护主义、构建开放型世界经济发挥建设性作用。

当前，中国正处于改革发展的转型期，国内的科技产业、新兴产业正处于建设期和成长期，国内产业结构、产能结构也正处于调整期。在贸易管理措施的选择和采用上，往往需要更长的时间从 WTO 优惠水平调试发展为 CPTPP 优惠水平。因此，中国在与亚太地区的经济体之间进行多边自由贸易协定谈判的过程中，往往需要依据"兼顾发展中国家经济发展"的原则，对部分正当的贸易壁垒采取更加宽容的态度。中美贸易摩擦除了是因为各国经济结构不合理外，全球化制度的不完善也是一个重要原因。从美国发起贸易战的主要利益诉求来看，一是要解决贸易逆差；二是要遏制中国高端技术发展；三是转移国内矛盾；四是选举中的政治考量。中美贸易摩擦将是一个长期化趋势，而且已经变成经贸全方位的摩擦，即开始从贸易领域向其他领域扩散。在这种情况下，CPTPP 的开放、包容理念更加受到中国的欢迎，也为中日关系的巩固与深化发挥了积极作用。美国学者迈克尔·普卢默（2019）认为，加入 CPTPP 或将有力展现中国开放的形象，我国学者通过对比中美双边经贸磋商与 CPTPP 规则的相关性后认为，"中国经过和美国的双边谈判，已经积累了谈判大部分 CPTPP 高标准经贸规则的经验，而且对于接受这些规则已经有相应的研究和判断,如果中美双边谈判完成(实际上已经完成绝大部分内容),中国加入 CPTPP 的谈判难度会大大降低"(苏庆义,2019)。详见表 9 − 1。

表 9 − 1 中美双边经贸磋商与 CPTPP 规则的重合之处

中美双边谈判涉及的 CPTPP 规则	中美双边谈判未涉及的 CPTPP 规则
关税壁垒(货物的国民待遇与市场准入)、非关税壁垒(海关管理和贸易便利化、卫生与植物卫生措施、技术性贸易壁垒)、投资、服务业(跨境服务贸易、金融服务、商务人员临时入境、电信服务)、电子商务、竞争政策、国有企业和指定垄断、知识产权	原产地规则、纺织服装、贸易救济、政府采购、劳工、环境、合作与能力建设、发展、中小企业、监管的一致、透明度与反腐败、管理和机制条款、争端解决机制、其他

资料来源:苏庆义. 中国是否应该加入 CPTPP [J]. 国际经济评论, 2019 (4):107 − 127.

三、CPTPP 下的中美关系及其对全球经济的影响

美国对传统意义上的全球统一经贸规则失去了信心,期望以双边、单边推进多边谈判,将自己的经贸理念嵌入国际贸易规则的制定之中,以迫使其他国家在相关议题上让步。以中美贸易摩擦为典型的中美贸易战,就是由于国际贸易规则"真空"导致的结果。中美经贸谈判的成效关系到国际贸易规则的重塑,并对全球价值链的走向产生积极的影响。

1. 美国退出 TPP,但其利益和欲望不会丢。美国"退出"TPP,并不是不要利益,而是想要享受更大的利益。美国试图制订新的、对自己最有利的协定,然后展开谈判。即以双边取代多边,更大程度地维护美国的利益。美国已相继达成《美墨贸易协定》、新版《美韩自由贸易协定》《美国—墨西哥—加拿大协议》(USMSA)、新版《美日自由贸易协定》,与欧盟等经济体的贸易协定谈判也在紧锣密鼓地推进中,美国正在以自己的节奏重塑世界贸易格局、重写国际贸易规则。正确处理发达国家与发展中国家、新兴经济体国家与发达经济体国家等的关系,是全球化经济过程中必须面对的问题。如果一味地强调自身利益,而没有一点利益牺牲的精神,想在全球价值链中发挥主导作用是困难的。所以,"不许别国占美国便宜"的想法与做法是不可取的。美国借关税手段来重塑国际贸易规则显然是行不通的。面对 WTO 规则的不完善,正确的做法是积极地提出建议,并参与其中加以改进。

在"让美国重新强大"的口号下，美国从自身利益考虑，要求中国进一步开放市场进程，减少乃至取消对本国本土市场的保护；通过高关税遏制全球市场占有率过高的低端产品生产与商品销售，提高美国劳工的就业率等。特朗普政府对中国实施单边贸易政策，很大一个原因也是想遏制中国经济的快速增长（对中国经济增长担忧）。其手段包括：对中国禁售科技产品、打压中国高科技企业、对中国科技产品提高关税、限制中国企业投资、知识产权转让等。近期，开始出台或加码采取限制科技人才的交流、求学等政策。事实上，贸易取决于比较优势，有比较优势，就会有共赢。中国工业生产的主要是中低端、低附加值产品，而美国生产的主要是高端、具有高附加值的产品。中美贸易之间是互补的。大量的中间品也不只是中国本土企业在生产，许多是外资企业设在中国的生产基地制造的，征收高额关税同样会使这些外资企业（包括美资企业）受到伤害。诚然，大量的中间品或终端消费使美国失去了就业机会，但廉价的商品以及较低成本的中间品给美国民众和企业带来巨大的收益。加之，中国作为仅次于美国的大市场，能够为美国的高附加值产品提供消费的场所。中美共同打造自由化的全球价值链不仅能够使中美两国生活更好、利润更高，也能够为全球经济的发展带来强劲的动力。

2. 中美将会围绕 CPTPP 进行国际贸易规则重塑的博弈。随着日美贸易协定的达成，美国加入 CPTPP 的可能性变小，尤其在短期内基本上不会发生。这并不能表示，美方就不重视 CPTPP，或者说中美之间的博弈与 CPTPP 就没了关联。我们认为，美国仍然会利用 CPTPP 与中国展开在国际贸易规则上的博弈，理由如下：一是 CPTPP 中的许多规则条款留有美国的痕迹。我们不能忘了，CPTPP 来源于 TPP，尽管为了达成 11 国的 CPTPP，对原 TPP 的规则条款进行了删减和修改，但其基本精神是保留的。换言之，美国与中国在国际贸易规则制定的博弈中，肯定会贯彻 CPTPP 高标准的规则要求，认真研究 CPTPP，为未来中美博弈提供理论与方法基础是十分必要的。二是美国在经济实力、科技实力，以及与世界各国谈判的经验上都比我们强。美国可能利用中国经济结构调整中存在的问题，以 CPTPP 规则来要挟中国，迫使中国放弃在国际贸易规则重塑中的主导权，或者在当前的中美贸易谈判中谋取自身更大的利益。日本与美国之间的贸易交道打得比较早，也大都以日本让步为结局。我们不能因此而惧怕美国，我们必须要有信心与决心，这信心来自中国众多的人口和巨大的市场规模。美国不与中国做生意，欧洲各国和其他国家愿意与我们进行贸易交往。但是，对于 CPTPP 的高标准规则，我们还是需要借鉴学习的。这也是我们有决心的体现。我们要认真分析日本与美国在贸易摩擦中的经验教训，并引以为鉴。当初日本不愿意开放国内农业等市场，而是先行开放了金融市场，盲目自由化金融加上扩张性的财政政策使日本形成了巨大的泡沫经济。目前，我国在许多领域或多或少存在行政性垄断、缺少竞争、开放准入不足等问题，必须进一步扩大开放、积极引入竞争、实现市场优胜劣汰，并且加速高规则建设的步伐，体现国际化的要求。从微观角度来看，美国发起的贸易战冲击了中国政府的降成本政策，到 2016 年 8 月，国务院 "降成本" 方案中针对减税降费已经投入巨大的财力，或者说原来认为已经没有多大剩余空间了，但美国政府的国内减税、国外产品征税政策迫使中国政府不得不再降税，进而带来财政收支风险。面对这种现实情况，我们只能迎难而上。发展实体经济要优先推进降成本的供给侧改革，重点是在相关领域进一步打破垄断、鼓励竞争，促进生产要素流动或配置优化，从而实现整个经济系统的低成本。

第三节　国际贸易规则重塑下的会计对策

无论是贸易战，还是逆全球化经贸环境的应对，企业欲获得成功并保持领先地位，需要满足两个条件：一是战略、文化、组织之间保持协调与配合；二是面对环境不确定性，做好变革的充分准备。前者属于企业管理中的结构性动因，后者属于企业管理中的执行性动因。两者协调配合均离不开会计的信息支持和管理控制。

一、基于自贸区和 "一带一路" 倡议的中国会计师执业能力

中国经济的发展离不开执业会计师们的辛勤工作。随着 2009 年中国成为世界第一大货物贸易出口国，不到五年，于 2013 年又成为第一货物贸易进出口国，

中国会计服务的市场规模也因此不断扩大。近年来，以自贸区建设和"一带一路"倡议为载体，中国会计师在国际贸易规则构建及运行中的服务作用正在加速提升。

1. 适应国际贸易规则重塑的贸易要素双向流动。 从贸易大国转变为贸易强国，中国必须加快供给侧的结构性调整，当前的现状是传统的比较优势正在弱化而竞争优势尚未形成。要素流动理论是衔接比较优势理论和竞争优势理论的桥梁，国际贸易规则重塑情境下贸易要素呈现出新特征。以中国为例，首先是"一带一路"倡议推动下的中国产能向沿线国家或地区转移；其次是自由贸易试验区全方位的开放政策，通过引进全球领域的各种稀缺要素，在消化、吸收和改造、提高的基础上不断得到培育和发展。我国实施的开放型贸易战略是适应国际贸易规则重塑的重要制度安排，优化了要素结构，提高了要素质量，实现了贸易要素流动的顺畅与高效。即由过去的不可流动转向以单向流入为主，再进一步实现双向流动（吴杨伟、王胜，2017）。这种以"自贸区"和"一带一路"倡议为抓手的双向要素流动为国际贸易规则重塑提供了实践素材，有助于提高中国在全球经济规则制定中的话语权。近年来，进口政策调整为"引进来"提供了政策支持。世界上的经济强国往往是进口大国，通过进口可获得更大的市场效应，加快替代国内的低效资源，提高资源配置效率。"2018 年，美国仍是世界最大的进口国，中国位居第二，但这种差距并不大且正在迅速缩小。据国际货币基金组织的数据可知，2008 年，中国的进口占全世界的比重为 6.7%，远远低于美国的 13.2%。到了 2018 年，美国的份额略下降，即为 13%，而中国的份额猛增到 11%。中国很可能在未来两三年内超过美国成为世界最大进口国。中国的消费市场增速也比美国的快四倍。跨国公司很难放弃中国"①。

对于自贸区的"引进来"和"一带一路"倡议的"走出去"，这种要素的双向流动，既促进了国内的供给侧结构性改革，又推动了沿线国家的经济发展。首先，在经济层面上，这种要素双向流动促进了国际经贸活动中的产业升级与集聚，提高了我国经济在全球价值链中的地位。或者说，进一步将中国要素禀赋优

---

① 特朗普很可能输掉更大的对华科技战［N］. 乔恒，译. 环球时报，2019－8－2.
该文章作者为 Yuwa Hedrick-Wong。

势与 CPTPP 成员国的要素升级相结合，优化各自在全球价值链中的分工，实现要素收益的最大化。其次，在规则层面上，要优化适应国际贸易规则重塑的贸易要素双向流动，加快自身主导的区域经济合作，同时倡导回归多边谈判。要推动"一带一路"倡议向纵深发展，引导沿线国家实施全方位的进一步开放，以丰富企业"走出去"的成果，提高要素流动的效率与效益。同时，对外积极应对和主动参与 CPTPP 等大型国际贸易规则的改革和建设，通过多边机制和全球治理等方式展示中国经贸活动的创新性成果。最后，在战略层面上，对外要加快亚太地区区域价值链的提升，逐步打造覆盖整个欧亚大陆的全球化价值链；对内要加强政策制度的落实与有效执行，通过制度型开放促进内部体制解放，完善要素价格机制，降低经营与投资成本，为创造良好的营商环境提供制度保证。

2. 提高中国会计师在国际经贸活动中的执业能力。 中国会计师在国际经贸活动中的经营模式主要有三种，一是加入 CPTPP 成员国的企业之中，如拥有一定的股份等；二是跟随 CPTPP 成员国的全球企业"走出去"，通过提升自身产品或服务质量，以对方国名义进入 CPTPP 成员国的市场之中；三是在境外设立公司，即自建国际性公司。国际性公司应具有三个主要特征：（1）具有国际化的经营理念和全球化视野；（2）用世界一流的技术或标准在全球范围内经营，权变性地采取市场营销战略；（3）能够在世界范围内寻找市场机会、感知竞争对手、配置人力资源。在与 CPTPP 成员国合作时，协议约定的互利共赢合作模式，应提前找出自身经营领域和资源的比较优势，也清醒认识到 CPTPP 缔约国的平台优势，平等沟通，从而建立合理的运营管理体制。在确保国家经济信息安全的前提下，积极与国际其他伙伴展开互利共赢的合作。在与 CPTPP 成员国沟通中，双方应当求同存异、平等对待、采取切实有效的措施克服各种阻力和困难，积极推进会计文化的对接和全球资源的整合。

中国执业会计师在加入其他国家的大型事务所后，应积极维护该企业所的声誉，参与国际业务培训，学习先进企业的运营理念、先进技术和管理方法，提高会计执业人员的国际化素养，最终为全球价值链向高端攀升做好准备。实践表明，只有合作才是平等、坦诚、互惠的，才能建立稳固的合作关系，实现合作共赢。根据事务所拥有或控制的资源情况，考虑这些资源在业务服务的某一国家或地区情况，即东道国的比较优势，事务所国际化路径的 8 种情形如图 9-2 所示

（薛婉如，2017）。其中，标注色区域的路径适合中型会计师事务所。结合图 9 - 2，对 8 种情形逐一说明。

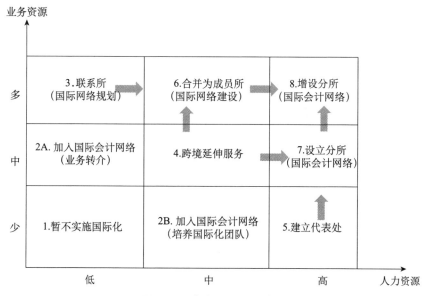

图 9 - 2　事务所国际化路径

情形 1：会计师事务所在人力资源和业务资源方面均不具有优势时，暂不需要实施国际化。因为即使勉强加入国际会计网络，也没有能力开展国际化业务。

情形 2：会计师事务所具有人力资源和业务资源中的任何一种比较优势时，可以考虑选择适合的国际会计网络公司，利用国际会计网络培养国际化团队（2A），并向情形 5 发展；也可以利用国际会计网络在东道国成员所的鉴证与咨询服务能力（2B），为客户提供地道的当地服务。

情形 3：会计师事务所有较多的业务资源，但不具备为东道国该类业务服务的能力时，应考虑选择东道国适合的事务所，发展联系所，保持事务所对业务资源的一定控制。逐步积累培养人力资源优势，向情形 6 发展。

情形 4：会计师事务所在某一领域有一定的业务资源，且在这一业务领域有比较优势时，在东道国允许的情况下，可以自主开展跨境业务服务。如中国国有企业、上市公司的内部控制建设、内部控制评价和内部控制审计服务。

情形 5：会计师事务所在某一业务领域的业务资源不多，但具有这一领域的专家型人才时，可考虑设立代表处，逐步服务客户、扩大影响、创建品牌，以期进一步发展至情形 7，实现国际会计网络在东道国的扎根。

情形 6：会计师事务所通过与情形 5 中联系所的沟通交流，逐步积累人力资源方面的优势，能够实现与联系所在技术标准、质量控制、人员管理等方面达成一致后，吸收为成员所。当人力资源能力进一步提升后，开设更多分所以提供更好的服务。

情形 7：会计师事务所在东道国设立代表处后，随着品牌逐步成熟、在业务领域的影响逐步增强，择机开设分所，实现高程度控制。

情形 8：会计师事务所所在的国际会计网络在业务领域的市场份额进一步扩大，人力资源的服务能力进一步增强，比较优势明显，就可以在东道国多开设分所，以达到业务全覆盖、全球竞争战略的有效执行。

中国会计师在国际经贸活动中的执业能力培育应多头并举，一是自我培养。中国注册会计师协会已经开展了 10 多年的国际化人才培养项目，积累了一定数量熟悉国际发达资本市场的国际化人才，具备组建国际化服务团队的基础。二是招聘留学生。会计师事务所根据所服务客户境外子公司等商业活动密集的国家（地区），招聘我国到对方留学的学生或者对方到我国留学的学生，这样便于解决由语言、文化、政策等方面的差异带来的不便，特别是针对"一带一路"沿线的非英语国家（地区），这种方式更加高效。

二、参与 WTO 改革和国际会计准则制定中的中国会计话语权

WTO 改革将是全球经济治理和大国博弈的重要议题，也必定会围绕多边贸易体制基本原则、规则制定和发展方向进行斗争，且将持续存在，甚至白热化。与 WTO 规则相比，CPTPP 不仅要受到贸易机制的制约，还需要关注法律法规、社会团体、生态环境、商业模式和公众评价等因素，它是一种整体、多层次发展的自由贸易新模式。结合国际会计准则理事会（IASB）的会计制度变迁观察 CPTPP 与 WTO 等贸易规则的走向，可以促进政府会计制度优化与企业会计政策选择行为的统一，维护企业利益，加快组织创新，进而丰富基于全球贸易情境的会计理论和方法体系。

1. WTO 的改革方向与中国的态度。2018 年 G20 第 13 次峰会对 WTO 改革提

出了方向：一是坚定维护以规则为基础的多边贸易体制；二是支持推进 WTO 改革与现代化进程；三是推进 WTO 改革应坚持平等磋商。WTO 改革的主要原因有：（1）WTO 规则体系已远远落后于世界经济贸易发展的现实；（2）WTO 谈判功能和决策效率低下日渐凸显；（3）WTO 争端解决机制恐将陷入瘫痪；（4）全球日益增长的贸易紧张局势对 WTO 造成前所未有的冲突；（5）WTO 改革与中美贸易摩擦缠绕在一起也是推动改革的一个动因。中国于 2001 年加入 WTO，到 2018 年 12 月 11 日已迎来第 17 个年头，中国本可以自动获得市场经济地位。但当时美国的奥巴马政府表示，将推迟承认中国市场经济地位，并强烈呼吁对中国比较友好的欧盟也不要承认。这样一来，先是美国，之后，欧盟和日本也相继宣布拒绝履行承诺，不承认中国的市场经济地位。当前，西方舆论中部分人士混淆"市场经济国家"与履行议定书第 15 条义务这两个不同的概念，片面强调少数成员关于"市场经济国家"的国内法标准，刻意淡化履行议定书第 15 条的国际义务。这种观点在国际法上是站不住脚的。条约义务必须遵守是国际法的基本原则，按照议定书第 15 条的规定如期终止对华反倾销"替代国"做法是国际条约义务，必须严格遵守，这一点是明确和不容置疑的，与所谓"市场经济国家"没有任何关联。中美作为世界上最大的两个经济体和 WTO 框架内的两个重要成员，中美双方如果在贸易问题上有不同的看法和分歧，完全可以在现有的 WTO 框架内解决。

2. WTO 视角下的 CPTPP 及其对企业利益的影响。影响企业利益的因素是多方面的，除了 WTO 外，还有组织结构变迁、WTO 与 CPTPP 规则的协调。当前，中美贸易摩擦与 WTO 改革、适应 CPTPP 交织在一起，使企业会计权益维护的压力增大，并且面临较高的企业收益风险。以贸易转移效应为例，主要有两种情况：一种是向东南亚转移；另一种是过去中等发达国家和地区向我国东部地区转移的产业，现在有回流的趋势。由于电子信息行业"两头在外"的代工模式，中美贸易摩擦也使得代工企业存在整体外移的潜在风险。国内苹果产业链中的环节都没有被列入美国加征关税目录之中，这与国内具有较为完善的国际代工能力有关。但问题还是存在的，即由于苹果供应链体系是全球采购的，对国内供应链没有依赖，如果长期处于"两头在外"的代工模式，苹果代工企业将存在整体外移的可能。相对于东南亚等地区，东部沿海地区长期以来形成的产业链、供应链仍然具有显著的优势。据刘志彪等（2019）的调研可知，有些服装企业成本尽管上升较快，但考虑到长三角地区具备快速反应的配套能力，企业仍坚持在苏州设部分工厂。虽然纺织服装行业向东南亚国家转移较快，但如果是阿玛尼等顶级品牌代工，江浙地区的技术、工艺、供应等配套仍然具有优势。有家生产纺织纤维的民营上市公司，虽然下游厂商受中美贸易摩擦的影响较大，企业成本上升也较快，但由于上下游的炼化、印染等环节的供应配套优势，行业在江浙地区集聚的现状没有根本变化。这说明即使在化纤、服装这样的传统行业，由于具备完善便捷的供应链，产业在中高端产品上相对于东南亚等国家仍具有优势。同样细分行业的"隐形冠军"企业由于在行业内具有话语权，内外部的不利因素影响相对较少。如有家主营阿巴斯甜品的公司，出口量占全国的 60% 以上，美国市场是其第一大市场。公司表示，虽然美国已经开始对中国生产的阿巴斯甜品征收10% 的关税，但是在阿巴斯甜品这个细分行业中，世界上只有 7 家主要生产企业，其中 5 家在国内，1 家在日本，1 家在法国。法国的企业即将关停，日本企业产品价格偏高。所以预计中美经贸摩擦并不影响可口可乐、百事可乐、卡夫等美国公司采购中国产品。东部地区制造业企业已经进入"机器换人"智能化发展的关键阶段，有企业引进意大利智能加工系统，研发出化纤行业首套生产智能物流系统，部分车间用工人员减少了 1/3，故障率也大幅降低。智能化改造不仅降低了用工成本，而且提高了生产效率，从而提升综合经济效益。

调研显示，企业正在积极对冲中美经贸摩擦的不利影响。针对美国征收的关税，有以下两种方法：一是与外商谈判关税成本的分摊。出口企业与美国客户之间的议价能力或成本转嫁能力，关系到加征关税成本会在多大程度上能够被吸收。大多数企业反映，在目前 10% 关税目录中的产品，大多数企业尚可以通过多种方式分担；征收 25% 的关税产品，则基本上很难消化这一成本。二是加大海外布局减少关税影响。通过海外建设工厂，既可以利用国外的工程师或者价格相对低廉的劳动力，又可以采取迂回战略直接面对美国市场。近年来，不少企业借助"一带一路"倡议大力开拓国际市场。通过国际化市场调整减少关税影响。如一家生产印刷电路板的全球性企业，正在考虑将昆山公司产品由销往美国改为销往欧洲各国，印度尼西亚工厂的产品由销往欧洲各国改为销往美国。

3. 提升中国会计的国际"话语权"。无论是参与 WTO 改革，还是应对 CPT-

PP 的影响，强调会计制度与会计政策的协调配合，就是要提高中国会计在国际经贸领域中的"话语权"。会计话语权对于促进我国企业与 CPTPP 成员国企业之间的会计权益维护具有积极的意义。虽然会计准则已经国际化，但各国会计权益的维护程度仍存在一定的差异。换言之，只有主导会计国际话语权的国家才能在国际贸易规则变迁的财富重新分配中占据优势地位。国际贸易规则的重塑离不开 CPTPP 规则的范本引领，这样，CPTPP 迟早会对国际会计准则产生影响，进而引起不同国家之间企业利益的再平衡。CPTPP 的实施与国际会计准则的演进具有许多相似之处。"在国际会计领域，美国利用自身会计职业团体强大和会计准则制定历史悠久的优势地位……，使众多国家纷纷效仿 FASB 成立本国会计准则制定机构……，美国藉此获得了会计国际话语权的单级主导地位"（刘家松，2015）。尽管 CPTPP 可能会对我国企业利益带来一定的影响与冲击，但它也使我们下定决心加快改革，通过会计制度完善与会计政策优化来维护我国的会计权益。我们应以一种大国的姿态主动与欧美国家及日本的会计组织展开对话，促使它们早日在"新兴经济体总标准"上认可中国的会计准则。同时，在 CPTPP 情境下，加快中国会计制度建设，使更多有利于维护我国企业利益的单项会计标准进入国际会计准则体系，加快提升我国企业在国际经贸领域中的会计话语权，增强企业的核心竞争力。

三、围绕 CPTPP 规则制定具体的会计操作指引

在不确定性与未知性因素增加的情况下，为避免企业利益受到影响，从国际贸易规则重塑视角积极寻求 CPTPP 经贸环境下的会计应对策略十分重要。

1. 基于 CPTPP 规则的企业利益维护。影响企业利益的因素，除了 CPTPP 本身外，还有组织结构变迁、CPTPP 与 WTO 规则的协调，以及会计制度与会计政策的选择等。具体如图 9 - 3 所示。

图 9 - 3 表明，综合考虑 WTO 等国际贸易规则可能发生的变化，在组织管理的路径创新和会计制度安排的协同配合下，应用 CPTPP 文本结合企业实践，可以选取影响企业利益的因素进行变量测度与设定，同时利用沪深两市中与 CPTPP 成员国开展跨国经营的样本企业进行影响因素的测度和变量的评价，据此获得企

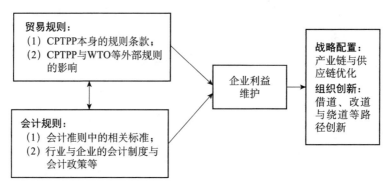

图 9 - 3   企业利益影响因素的基本框架

业利益的主要影响因子，进而构建企业利益维护与会计权益博弈的理论模型。此外，图 9 - 3 中强调了 CPTPP 与 WTO 等规则协调的原因是：CPTPP 的关税减让、原产地规则，以及贸易仲裁等规则可能与 WTO 规则不一致，因此 CPTPP 与 WTO 之间的协调状况也是企业利益维护中需要考虑的一个重要因素。比如，WTO 规则对于 CPTPP 成员国与非成员国的倾销案件往往难以产生直接的效应，这样 CPTPP 条款中的许多方面，如原产地规则与贸易争端的解决机制等将对我国企业的会计政策选择产生影响和冲击。目前，WTO 仍然是参与国家最多的全球性多边贸易机制，而且是唯一一个能够包容全球各种不同发展阶段国家或地区的多边贸易机制。立足于宏观与微观两个不同的层面便于设计较为全面的会计权益维护框架。一方面，从企业的组织能力提升与优化视角着眼。当前，大量小型外贸组织正面临生存困境，如何提升这些组织的能力，并为其提供具体的"改道、绕道和借道"等市场进入空间；如何在国内政府端的减税、减少行政干预等措施支持的同时，强化对 CPTPP 成员国会计制度变化趋势的研究，并从企业端入手加强会计政策的博弈（提供有用的指南与指引）等，已成为当前及未来一个时期的重要课题。另一方面，从 CPTPP 下的会计制度优化与会计政策选择着眼。会计权益维护涉及的内容主要包括：在既定的 CPTPP 规则下，提供怎样的制度安排以维护企业的利益免受影响或冲击；如何从财务资源或财务机制上引导企业组织开展管理创新，合理选择有效的发展路径；以及采用何种会计政策激励大型外贸企业发挥经济引领作用，防范及规避 CPTPP 情境下的各种风险等。可以将上述思考的逻辑关系整理成下面的图表，如图 9 - 4 所示。

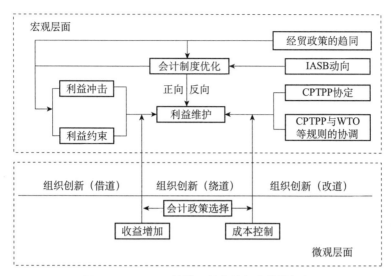

图 9 - 4 CPTPP 情境下的会计权益维护框架

图 9 - 4 表明，"借道、绕道、改道"是组织创新的客观选择，在会计权益维护上应重点考虑如何合理配置股权结构、选择投资核算方法，以及如何围绕企业的路径创新形成典型的案例，并据此提供具备操作性的会计指引等。同时，图 9 - 4 中基于决策效率判断会计制度优化的效果设计，为政府管理当局的对策或建议寻求提供了重要的支撑。进一步讲，通过对 CPTPP 情境下路径选择的可行性与有效性的比较分析，再结合国际经贸发展的客观规律，能够促进管理当局制定出切实有效的会计政策指引或指南。

CPTPP 情境下会计权益维护的制度建设。图 9 - 4 中的宏观层面需要优化的会计制度内容有：（1）在 CPTPP 协定与 WTO 等规则的协调与融合中需要对会计权益维护与制度安排进行甄别与有效性选择；（2）结合 IASB 的发展趋势，考察其对中国企业利益影响的程度；（3）各种政府间的贸易协定可能存在的会计权益与制度博弈问题；（4）各国政府的财政、税收与金融等政策变化可能对会计制度产生的影响情况等。在这方面，苏庆义（2019）总结了自 2015 年以来我国经贸制度改革与 CPTPP 的趋同状况，他认为，虽然 2015 年的 TPP12 还没有达成协定，但国内学者在这一年的 10 月份已经开始集中讨论中国是否加入 TPP 的问题，此时的政策也开始趋同。本章将其总结的制度变迁情况摘录于表 9 - 2。

表 9 - 2　　　　2015 年以来中国改革开放领域的进展及对应的 CPTPP 规则

对应的 CPTPP 规则	中国改革开放领域的进展
货物的国民待遇与市场准入	2016 年 1 月 1 日起，降低部分日用消费品进出口关税。 2017 年 12 月 1 日起，进一步降低部分消费品的关税，这些消费品涉及 187 种类别。 2018 年有 4 次大范围降低关税，关税总水平已经从上一年的 8.9% 降至 7.5%。尤其是 2018 年 7 月 1 日对 1149 个税目的日用消费品进行降税，11 月 1 日降低 1585 个税目的关税税率。 2019 年 4 月，习近平在第二届"一带一路"国际合作高峰论坛开幕式上的主旨演讲中指出，中国将进一步降低关税水平，消除各种非关税壁垒
非关税壁垒	世贸组织的《贸易便利化协定》自 2017 年 2 月 22 日起正式生效，中国作为签署方，认真履行协定
投资	已全面落实准入前国民待遇加负面清单管理控制。2019 年 3 月通过《外商投资法》
服务业	2018 年 6 月底，国家发改委和商务部公布了《外商投资准入特别管理措施（负面清单）（2018 年版）》。两部委称，2018 年版负面清单自 2018 年 7 月 28 日起施行。2018 年版的负面清单由原来的 63 条缩减至 48 条，在银行、汽车、铁路干线网、电网、加油站等 22 个领域推出了一系列重大的改革措施。其中包括，大幅扩大服务业开放，比如在金融领域，取消银行业外资股比限制，在证券公司、基金管理公司、期货公司、寿险公司的外资股比放宽至 51%，2021 年取消所有金融领域的外资股比限制
商务人员临时出境	近些年中国在自贸区和双边自贸协定谈判中进一步放松了自然人限制，特别是中韩自贸区协定中的自然人流动承诺水平达到了与 CPTPP 相当的水平
电子商务	2019 年 5 月 13 日，中国向世界贸易组织提交《中国关于世贸组织改革的建议文件》。该文件包括推进电子商务议题谈判开放、包容度
政府采购	习近平主席在博鳌亚洲论坛 2018 年会开幕式上的主旨演讲中指出，中国加快加入世界贸易组织《政府采购协定》进程
竞争政策与国有企业	2018 年 10 月 14 日，中国人民银行行长易纲在 G30 国际银行业研讨会发言，指出"考虑以竞争中性原则对待国有企业"。这是中国部级以上官长首次对"竞争中性"正面表态。 2019 年 3 月，李克强总理在政府工作报告中指出，按照竞争中性原则，在要素获取、准入许可、经营运行、政府采购和招投标等方面，对各类所有制平等对待
知识产权	2018 年，中国重新组成国家知识产权局，完善执法力量，加大执法力度，显著提高违法成本

资料来源：苏庆义. 中国是否应该加入 CPTPP [J]. 国际经济评论，2019 (4)：107 - 127.

　　表 9 - 2 中的制度变迁为我们进一步研究 CPTPP 情境下的会计制度（包括财务制度等）演进提供了研究范式。中国改革开放 40 多年来，围绕企业"走出去"和"引进来"，已经颁布了许多有关会计与财务方面的制度规范，通过对此进行整理、归类，有助于我们研究 CPTPP 情境下会计权益维护的对策措施。并

在此基础上丰富中国的会计制度体系。例如，面对以"互联网＋"与智能制造等为代表的新经济时代特征，与 CPTPP 相关的会计制度建设应关注商业模式和经贸流程的变迁及其规律。中国作为世界上的电子商务大国，可以在协调 CPTPP 与 WTO 规则的同时，结合 IASB 的发展趋势，通过中国电子商务会计标准的引领效果来维护我国会计在国际经贸领域中的基本权益，这项工作将具有重要的理论价值和积极的现实意义。

换言之，从会计权益角度考察，CPTPP 可能对企业经贸活动中的"互联网＋"及其知识资产产生影响。我国应提高在这些新兴领域进行会计规则制定的话语权，要结合 CPTPP 中对"互联网＋"及其知识资产的具体要求，围绕财务报告概念征求意见稿（ED）中的"资产"概念新内涵，权变性地开展知识资产管理，使我国的资产确认、计量等标准率先向 CPTPP 要求的方向做出相向调整，以增强我国会计在国际会计中的影响力。

图 9 - 4 中微观层面需要考虑的会计政策问题有：（1）在认真研究 CPTPP 条款的同时，结合 WTO 规则以及中国政府与各国之间的贸易协定，从组织创新视角选择会计政策；（2）围绕"收益增加"和"成本控制"设计具体的跨国经贸路径，强化借道、绕道与改道过程中企业利益维护与会计权益博弈中的经贸制度安排；（3）加强会计制度变迁管理，通过设计诸如会计准备金政策等以应对 CPTPP 情境下可能存在的各种风险。换言之，会计政策要围绕 CPTPP 全面市场开放、公平竞争等要求，在区域生产、供应链网络发展，以及扩展区域经济边界等方面发挥积极的作用。亦即，CPTPP 强调成员国企业生产的一体化，实现供应链上的网络价值对接，使供应链网络上的企业以链接的方式实现低成本、快速反应。它极大地拓展了成员国企业的规模经济效应、范围经济效应和共生经济效应，而对 CPTPP 非成员国则产生一定的负面效应[1]。对此，企业需要通过会计政策配置，强化我国企业与 CPTPP 成员国企业在研发、生产技术、材料供应、商业流程等方面的合作，在不违反 CPTPP 条款的基础上动态提升企业间的合作成效，扩展基于分工基础上的产业链与价值链。例如，随着"互联网＋"的大力推进，中国纺织企业的传统制造模式已开始向智能化、网络化方向发展，尤其是

---

[1]　因 CPTPP 条款的约束，使传统供应链的协作关系弱化而产生各种不利影响甚至是威胁。

在制造平台交互化、去中心化的虚拟价值链经贸模式中，许多传统纺织生产企业开始从产品制造商向产业链上的资源整合商（或被整合者）转变。我国企业可以利用 CPTPP 倡导的"区域生产和供应链网络"，促进客户与企业将产品设计、生产和供销体系等整合在一个共同平台上进行互动，以实现 CPTPP 成员国企业与我国企业之间的合作与共赢。

2. 将会计权益嵌入"走出去"活动之中，构建价值链的联盟机制。 企业"走出去"是冲破逆全球化价值链的一项重要战略选择。一方面，优化会计要素。通过明晰利益各方在资产、成本与收入要素上的差异，梳理出共性与特性，加强制度的协调与衔接，降低企业整体的制度成本。例如，结合 2018 年 IASB 对资产概念的新定义，扩展资产管理的边界。即适应美国政府国内优先的战略，客观地看待美国的逆全球化现象，主动"走出去"，鼓励国内企业到美国进行投资，并将资产监管的对象扩展到国与国之间，广义化企业的资产概念。另一方面，重新思考会计的质量特征。即调整可靠性与相关性的边界。短期内，在应对美国逆全球化的贸易政策上，会计可以通过拓宽相关性的"度"，使资产的范围和内涵适应逆全球化情境的要求。例如，通过适应"美国至上"的理念来最大化我国企业的自身利益。在会计信息披露的手段上，可以采用诸如调整合并报表中的相关栏目，使国外投资的资产以更合理的方式在会计报告中加以揭示等。这样既可以规避国内民众对海外投资活动形成的一些认识误区，例如，认为中国企业在美国等海外投资就是资本出逃等；还可以通过有效的会计信息支持系统的配合，进一步提高我国政府（如税务机关）对海外投资资产的管控（税务管理）能力，增加我国的财政收入。此外，"走出去"企业不仅要注重与全球供应商的会计权益平衡，还要做好跨国公司与子公司在不同国家经贸活动中的成本核算标准与实际差异的协调工作。政府要因势利导，提供更多的经贸与会计等方面的政策红利与制度供给，为我国企业跨境投资扫除障碍。当前，在中国企业"走出去"的对象国或者产业投资中，要注重与先进技术、全球品牌，或者有国际营销渠道的公司加强合作，要主动帮助那些受国际环境影响、在资金或经营中陷入困境的高科技企业解难纾困，并在合作共赢的基础上采取跨国并购等方式有选择性地开展资本经营，获取国内所需的战略性资产，进而提高中国企业"走出去"的质量。

企业要在全球价值链框架内形成联盟机制，并结合 FTA 的国家特征，从合作方式、会计核算、业务流程，以及成本控制等方面加强协调与沟通。积极探索在多边关系下的区域协作与认可，并在价值链的联盟机制中争取话语权，通过互惠合作获得更大利益（王岚、李宏艳，2015）。同时，企业需要在价值链联盟机制中努力提升产品竞争力与附加值，并在会计准则的方法选择上合理配置成本核算与控制流程，加强收益分配机制的规范与完善。从会计的管理控制功能着眼，价值链的联盟机制是资源配置的自然选择过程。对于美国新政府的制造业回归战略，若无视价值链活动规律，则必将事倍功半，并带来成本效益的负增长。在"互联网＋"的环境下，我国企业可以利用电子商务与网式价值管理的领先优势，提升价值链联盟的运行效率与效果。即从会计制度上总结提炼价值链联盟过程中的电子商务等方面的单项会计准则，并通过互联网新经济的通道向全世界传播和普及中国式的电子商务会计。这样即便美国新政府实施贸易保护政策，乃至进一步进行"贸易战"，我国企业仍然拥有一个可以突围的路径选择。所以从这个角度来讲，经贸活动之间的竞争核心还是会计之争。

第四节　本章小结

国际贸易规则重塑是客观必然的。随着全球经济增长的放缓，中国经济面临的外部不稳定、不确定因素增多，要想加强对国际经贸活动中利益的协调、平衡与优化，实现中国经济的平稳发展，需要会计的信息支持和管理控制。作为一种大型国际贸易规则，CPTPP 既会受到国际贸易规则重塑的影响，也会对国际贸易规则制定产生积极的效应。这是因为 CPTPP 是迄今为止最高标准的 FTA。CPTPP 最为核心的内容是关税减免，它对中国企业与 CPTPP 成员国的贸易交往带来重大影响。结合 CPTPP 情境下的企业利益约束与冲击，寻求切实有效的会计对策，具有重要的实践价值。CPTPP 情境下的企业利益影响因素除了 CPTPP 本身外，还有组织结构变迁、CPTPP 与 WTO 规则的协调，以及会计制度与会计政策的选择等。

在既定的 CPTPP 情境下，有的企业已经在成员国投资或开展实体经营，可以借助于会计政策的调整来减少企业利益的冲击或者进一步提升企业的利益空间；而那些尚未在 CPTPP 成员国有实体经营投资的企业，可以采取组织创新的形式实现企业利益的维护。必须将 CPTPP 贸易规则嵌入会计制度或会计政策的执行之中，以减少 CPTPP 对企业利益的影响和冲击。即结合 CPTPP 贸易规则对"借道""绕道""改道"等路径配置其相对应的会计政策，为企业提供可操作的指南或指引；同时，围绕 CPTPP 贸易规则的变化研究会计制度的变迁规律，借助于会计政策博弈设计理论模式，并结合成功企业的案例研究，丰富和完善会计应对的方案组合。此外，要综合发挥宏观与微观的制度创新效应，为国际贸易规则重塑下的企业利益维护提供会计对策。从宏观层面来看，一是在 CPTPP 协定与 WTO 等规则的协调与融合中思考会计权益维护与制度博弈的统一问题；二是结合国际会计准则理事会（IASB）财务报告准则制定的路线图，谋划中国的对策，维护企业的利益；三是针对各种国际间的区域贸易协定（RTA），嵌入会计权益的操作指引；四是思考政府的财政、税收与金融政策对会计政策的影响。企业微观层面考虑的会计政策主要有：（1）在认真研究 CPTPP 条款的同时，从企业利益维护的视角选择相应的制度安排；（2）设计具体的贸易发展路线，即针对借道、绕道与改道进行会计政策配置；（3）加强国际贸易规则重塑下的制度变迁管理，通过设计各种会计准备金政策来应对 CPTPP 等规则变化可能产生的风险。

第十章
结论与展望

2017 年 1 月美国退出 TPP 后，日本担当起了重构 TPP 的重任，更名为 CPT-PP，并于 2018 年 3 月在智利签署这一新协定，同年的 12 月 30 日，CPTPP 开始生效。虽然 CPTPP 的经济规模和战略影响力远弱于原来的 TPP，但在国际贸易规则方面，CPTPP 仍然是部分亚太经济体中实施更高标准的规则之一，并承载着亚太经济体抢占新一代经贸规则制定主导权及重塑经贸新秩序的宏远抱负。CPTPP 的实施对世界贸易版图、战略布局产生了一定影响，尤其是在中美贸易摩擦、日韩贸易摩擦、美欧贸易摩擦、世贸组织改革等新形势下，CPTPP 的重要性明显上升。诚然，贸易规则的背后是利益，而利益的协调、平衡与优化离不开对会计权益的维护。必须从经济、战略与规则层面分析 CPTPP 对全球价值链以及中国企业产生的影响，并从宏观的会计制度与微观的会计政策上加以积极应对。

第一节　研究结论

有关 CPTPP 的研究要求我们，既要针对 CPTPP 的规则条款，分析并寻求相应的对策措施；也要在维护自身会计权益的同时，积极参与和引导国际贸易规则的重塑与改革，贡献于开放型的世界经济。中国正面临美国贸易战的严峻形势，必须坚定捍卫公平、自由的贸易环境。当前，在 WTO 等已有的多边体制难以发挥全球经济治理的情况下，以 CPTPP 为代表的大型区域贸易协定（MEGA）在一定程度上响应和满足了全球价值链的新需求。这些 MEGA 中客观存在着重塑封闭的区域价值链和增进主导国经贸控制权的属性，在一定程度上也表现出与现有全球价值链攀升路径的不一致性。这种价值链中存在的重合与冲突需要通过设计会计保护机制，以及构建会计嵌入模式来维护国家和企业的利益。从会计视角客观看待 CPTPP，并结合会计权益维护及其制度博弈来评价和分析 CPTPP，编制针对 CPTPP 等 FTA 的会计操作规范指引，加快 WTO 的改革步伐，重塑国际经贸新规则等，这些问题正是本书需要探讨的主要内容。现将主要研究结论概括为以下几个方面。

1. CPTPP 是成员国利益博弈的均衡产物。 CPTPP 使日本的国际经贸地位得到提升，为其在中美两个大国之间博弈提供了"筹码"。具体而言，日本的战略主动权与规则主导权得以巩固，使日本能够据此发挥高水平贸易自由化的优势，助力日本经济的发展。CPTPP 的生效是各成员国利益博弈及其均衡的结果，CPTPP 的实施能够为亚太地区经济体提供降低彼此之间贸易壁垒的平台，巩固或建立新的贸易体系，拓展和强化成员国的贸易伙伴网络。同时，也为亚太地区一些欠发达国家提供发展空间。以日本和越南而言，CPTPP 能够使日本企业有机会深度开发正在迅速发展的越南政府采购市场（以前外企不能参与），日本的银行、保险、建设、物流与会计等具有优势的服务产业将有机会进军越南市场。比如，原来向越南出口的工业产品只有 42% 获得关税豁免，现在，即 CPTPP 生效后这一比较上升为 70.2%，进而为日本农产品和食品进军越南市场创造了便利条件。对于越南来说，可以利用 CPTPP 实现企业收益的最大化，即促进贸易投资发展，同时通过投资环境的改善、行政手续和税收改革促进生产，尤其是促进纺织品贸易等的进一步扩大。对于未来有加入欲望的国家来说，基于 CPTPP 的扩容可以在更大范围内聚集贸易伙伴，使 CPTPP 倡导的贸易自由化得到进一步落实。

2. CPTPP 下企业利益维护的本质是保护企业。 在国际经贸活动区域化、集团化趋势加剧的情境下，CPTPP 使日本跃升为亚太经济一体化的"领头羊"。从 CPTPP 的文本来看，相较于 TPP 其内容有所减少，且门槛也有所降低，但坚持"全面与进步"的标准更加鲜明。其 11 个成员国横跨亚太地区，总体经济投射力较强。与过去的生效标准相比，现行的 CPTPP 条件宽松、容易运行；由于 CPT-

PP 的吸引力逐步增强，其扩容前景较为乐观。CPTPP 的生效，对区域经贸环境产生了一定冲击，使亚太经贸合作的"印太化"趋势加快，并降低了中国在国际贸易规则制定方面的话语权。当前，作为全球多边贸易规则载体的大型 FTA 大都为发达国家所主导。面对国际贸易规则制定中的新形势，我国除了深化改革、扩大开放外，眼下最重要且最应该做的是保护企业利益不受损失或少受损失。必须采取精准的会计政策措施，给予企业会计权益积极和充分的预期。比如，加强企业产品的创新驱动，尊重企业家贸易转移诉求，合理规划 CPTPP 成员国投资的"资产"组合与"成本""收入"比较的内涵，建立丰富的、多样化的宏观与微观政策预案，以及提供主动应对的财务管理工具箱，以应对风险，实现企业的价值创造与价值增值。中国仍然是国外资本投资的热土。2019 年上半年，中国新设外资企业超过 2 万家，实际使用外资 4783.3 亿元人民币，同比增幅达 7.2%。在贸易保护主义蔓延、国际贸易放缓、全球跨国投资连年下滑的当下，中国吸引外资情况却逆势上扬①。中国具有广阔的市场空间，世界经济发展离不开中国的力量。麦肯锡全球研究院发布的 2019 中国报告称，中国作为全球影响力巨大的贸易强国，外资对中国经济的热度不会降低，尤其是各国央行，以及政府基金对中国的投资持续增加。这些反过来证明，中国保护企业利益的决心是吸引全球资本的重要动力。

3. CPTPP 与其他规则的协调与促进。CPTPP 规则在亚太地区具有不容小觑的政治经济影响力。在中美贸易摩擦常态化的国际经贸环境下，不同的 FTA 之间通过博弈寻求平衡将成为"常态"。对于中国而言，构建 FTA 的两个原则，即"基于普适性非歧视性原则"和"基于自由进程中'成本/效益'原则"，需要对多元、复杂的利益进行平衡，并且对多阶段、多主体、动态反复的"成本/效益"开展比较。对此，基于综合的考量，中国必须重视 RCEP，发挥其优势，增强其融合能力。亦即，要结合 CPTPP 规则要求，加快 RCEP 协议的生效步伐，以及推进中日韩 FTA 协议早日签署。同时，积极支持 WTO 改革，努力探寻符合人类共同命运体需要的贸易体制。借助于 RCEP 签署加快和 FTAA 的谈判进程同时包容亚太地区其他区域自贸区的建设，通过合作提升中国在全球贸易治理中的话

---

① 李雁争. 工信部：中国仍是最有魅力的投资热土［N］. 上海证券报, 2019 - 07 - 24.

语权。在当前国际贸易规则重塑的格局下，我国应注重对国内已经构建的自由贸易区的升级与维护，以高标准来缩小与世界开放水平高的自贸区差距。"一带一路"倡议是经济全球化发展的内在要求，中国将在"人类命运共同体"的理念下积极地扩大开放力度，包括对欧美等国家的全面开放，并以合作、共享为动力，始终秉持"共商共建共享"的基本原则，以中国智慧和中国方案为全球经济治理贡献新倡议和提供新动能，不断完善和发展现有的全球化经济治理新机制。我们在保持战略定力的同时，要主动调整思路，积极协调 CPTPP、RCEP 和WTO 等的规则关系，主动扩大国内的自贸区及自贸港建设，通过"一带一路"倡议深化金砖国家间的合作等途径，构建全球自贸伙伴网络，并且照顾广大发展中国家的利益，使中国的话语权体现在全球贸易的治理体系之中。当然，还需要加快我国加入 CPTPP 的步伐或进程。

4. CPTPP 是中美经贸摩擦的"解药"。在全球经济趋缓的情况下，中美经贸摩擦给世界经济带来了更大不确定性。世界各地的人们对全球经济衰退忧心忡忡。面对这种国际经贸新形势，中国将以更开放的姿态及普惠式的全球贸易政策应对贸易保护主义，通过包容全球产业链、价值链的发展来对抗中美经贸摩擦。换言之，中美经贸合作互利共赢，打贸易战没有赢家。目前，中美之间的双边货物和服务贸易额已达 7500 亿美元，双向投资已达 2500 亿美元，经贸合作带来的收益将惠及两国人民①。当前的中美贸易战，已经不是中方让利这么简单，而是美国方面不想让中国快速发展。亦即，中美经贸摩擦不断升级，中美贸易战的实质是遏制"中国制造 2025"，是争夺高科技主导权的大国博弈。随着中美贸易战成为一种"常态"，中国企业需要尽快适应这种变化，并且围绕全球价值链出现的新特征寻找自己的位置，积极地采取切实有效的经贸手段，主动作为。2019年 1 月，美国研究 TPP 的著名学者彼得·佩特里和迈克尔·普卢默在一篇题为《为什么说 CPTPP 将是美中贸易战的"解药"》的文章中提出以下观点：通过采纳 CPTPP 贸易规则，中国能够缓解与美国及其他国家的紧张关系；通过加入一个动态的区域贸易协定，中国能够促进自身的经济增长，并使市场多元化；通过

---

① 商务部新闻发言人就美有关人士发表公开信答记者问 [OL]. 新华网，http://www.xinhua-net.com/2019－07/25/c_ 1124799588. htm.

实施更高的国际贸易标准，中国能激发出改革的活力，有助于经济向更现代化、更开放的方向发展。长期来看，中美贸易的结构性矛盾很难在短期内解决。加入CPTPP 或将有助于展现中国开放的形象，释放中国希望改进自身的真实、可信的信号，"美国更希望且愿意与加入 CPTPP 的中国进行谈判"。

CPTPP 作为一种高标准、严要求的 FTA，其进一步扩容离不开中美两国的态度。中美经贸摩擦不断升级的原因就是缺乏一个好的贸易制度安排，中美如果都能够按 CPTPP 的高标准规则规范自身的经贸活动，双方的可理解性就会增强，经贸活动的合理性就会被双方所认可。对于是否加入 CPTPP，这需要进行全面、综合的考虑，中国现有"一带一路"倡议与 RCEP，是否加入要考虑"一带一路"倡议与 CPTPP、RCEP 与 CPTPP 的协调，以及对相关规则的差异度进行综合考量，这不仅是经济上的思考，还需要进行政治上的战略把握。中国能否在CPTPP 规则中发挥主导作用，关系到中国经济未来长期的可持续发展，这不是学者们用统计方法进行实证检验就能够判断出来的。作为美国来说，既然废除了TPP，再重新加入的可能性就有很强的不确定性，仅仅由日方主动让出领导权也难以让美国自愿加入，美国会在权衡各种利益的基础上作出布局，从国际经贸组织或规则重塑的角度思考，或许美国会重新谈判或组建一个 FTA 或国际经贸组织，以便更符合美国的国家利益。从这个角度来讲，美国短期内也是难以加入CPTPP，未来是否加入也需要根据国际经贸环境变化加以权衡。然而，即便中美两国暂时均不加入 CPTPP，但在处理国际经贸活动时能够按 CPTPP 的要求进行规范的话，那么，CPTPP 就会成为中美贸易战的有效"解药"。

5. 注重会计保护机制在 CPTPP 中的作用。在应对 CPTPP 的对策方面，除了制度规则和技术手段外，国家或经济体的特征以及组织文化等因素都是影响CPTPP 走向的重要因素。例如，中国政府积极地在国有企业等条款上进行改革（如借鉴澳大利亚的竞争中立原则）、加大知识产权保护等，是为应对 CPTPP 而在制度和技术手段上提供的支持，而中国自身的经济体量以及会计文化等则是具有中国特色的应对 CPTPP 的创新之举。结合 CPTPP 核心条款，分析其对我国企业利益的影响，并力图从会计准则的视角衔接 CPTPP 的具体规则。即借助于会计准则（规则）与经贸规则的比较研究提出"信息支持"和"管理控制"的应对手段，以渐进和激进的方式展示会计准则体系形成与发展的自然进程。应对

CPTPP 情境下的会计保护机制就是借助于会计准则中的"资产""收入""成本"要素，在会计"信息支持"和"管理控制"功能的协助下，积极响应全球价值链攀升的价值创造需求，实现企业的价值增值。其中，在贸易转移机制下，如何设计会计战略，是构建会计保护机制的一项重要内容。这是因为，贸易量的大小是决定产业是否向成员国进行转移的前提，而收益则是保证投资和经营活动可持续成功的保障，响应全球价值链而进行的资产组合是管理者明智决策的内在要求。不少企业借助"一带一路"倡议大力开拓国际市场。通过国际化市场调整减少关税影响，这也是会计保护机制发挥作用的体现之一。例如，地处江苏昆山的一家电子企业，借助其在印刷电路板生产中的全球产业链优势，结合 CPTPP 等国际经贸环境的变化主动调整企业的会计战略，一方面将其国内生产产品的销售目的地由美国改为欧洲各国，另一方面将其在国外，如印度尼西亚的工厂的产品销售地由欧洲各国改为美国。这种变迁行为是从会计战略视角综合考虑了市场、成本、经济等因素后形成的会计保护机制，为全球产业链的优化以及成本的平衡寻找出更有利的投资发展机会。目前，这种贸易转移中会计保护机制在支持企业成本平衡，实现利益维护中已发挥出积极作用，如纺织品等的生产企业由国内向越南等 CPTPP 的东南亚成员国进行投资建厂及生产经营等。表面上来看，受中美贸易战的影响，中国出口到美国的产品会受到利益上的损失，实际上，据我们调查，一些在产业链上具有优势的企业，如一些锂电池企业（如浙江长兴的锂电池厂家），在美国与欧洲国家的销售区域选择上，可能更喜欢美国，而且美国方面也答应增加的关税由美方企业承担（因为欧洲一些国家的反倾销税可能远高于美国的关税），这就是产业链优势带来的博弈均衡，必须要鼓励企业正常的经营行为，要从产业链、价值链的发展中寻求客观规律。数据显示，截至 2019 年 4 月，韩国在过去近四年中运往越南的不锈钢和冷轧钢比同期暴增了 332%。日本对越南投资总额达近 600 亿美元。据日本贸易振兴机构（JETRO）调查结果可知，70% 日本企业希望扩大在越南业务。据越南公布的数据可知，2019 年上半年越南累计吸引外资 184.7 亿美元，创下历史新高。① 总之，高标准贸易协定的

---

① 中国买家小心，被美国天价"过路费"吓怕，越南竟把矛头指向亚洲 [OL]. 个人图书馆，http: //www. 360doc. com/content/20/0731/07/71021328_ 927742107. shtml.

执行需要会计保护机制加以护航，使会计理论与会计实务实现自动对接与融合。亦即，在中国会计准则国际趋同与国际化的过程中，需要中国元素与国际元素的跨界整合，发挥会计独特的"信息支持"与"管理控制"的保护功效。

6. 构建会计嵌入的全球价值链管理新模式。构建会计嵌入模式，就是要协调并探索会计制度与经贸制度之间的关联性，提高中国会计在全球会计体系中的话语权。对于中国企业来说，基于全球价值链的会计影响，一是如何确保资产的保值增值，这涉及国内与国外、发达国家与发展中国家，以及不同行业等之间的投资布局。既要积极进行对外的绿地投资，也要考虑资本的回报收益，合理进行投资的结构性安排，使资本转化为资产的过程中实现价值创造与价值增值，这是会计嵌入机制的重要功能之一。对此，围绕全球价值链高端攀升的路径选择与行为优化，我们设计了会计嵌入 CPTPP 的价值链模式，例如，从贸易成本的结构性上合理规划成本费用的分配，以及思考生产成本的降低与运输成本控制的紧密联系等。再比如，结合会计嵌入所形成的收入、成本机制，可以从经济、战略、制度规范等视角思考全球价值链的走向。中美经贸摩擦作为一个长期且不确定性的影响因素，企业不能等待，不能仅仅依靠政府。亦即，需要通过市场的手段，借助于会计嵌入模式，针对不同性质企业的特征，评估企业受到中美经贸摩擦影响的程度。例如，有的企业可能受到的影响很小，而大多数技术含量低、以加工贸易为特征的企业可能受到的影响就会很大。美国打贸易战，就是要在高科技方面遏制中国，如让中国企业在技术应用上花费巨额的成本，使这些企业几十年的收益积累转化为需要持续付出的技术成本，中兴通讯就是一家典型的受到美国制裁的中国企业代表。因此，企业合理规划科研成本时必须注重会计嵌入的结构模式。例如，需要开展预算管理与成本控制，管理会计在这方面将大有作为。另外，在全球价值链的变迁管理中，会计嵌入中的"收入"要素能够客观地反映企业的经营成果。例如，从企业的报表上看销量提高了，但收入（销售额）并没有相应增加。即表面上看似乎没有受到国际经贸环境的影响，但从利润结构上分析，发现收益明显减少，或者没有盈余，有的企业甚至是亏损的。原因主要在于，一是借道、改道与绕道带来的巨大贸易成本，使会计利润被侵蚀；二是将过去销往发达国家的产品转向对东南亚国家进行销售，导致利润率低且账款回收率慢，甚至出现坏账增大的风险。

7. 优化 CPTPP 的应对策略。 必须客观评价企业的收益质量，重新反思企业采用的改道、借道与绕道等短期思维，并引导企业向宏观与微观经济利益统一的最优博弈均衡路径方向转变。通过改革开放带来的要素双向流动，即自贸区建设和"一带一路"倡议，激发出中国国际经贸活动的新动能。自贸区建设使中国经济主动置身于开放的全球化经济新格局之中，"一带一路"倡议为全球治理模式提供中国力量和中国范本。亦即，通过依托区域要素禀赋，优化资源配置，实现全球价值链双向开放，既嵌入全球供应链又融入国内产业链。这种"双向嵌入"为中国企业应对 CPTPP 提供了新的思路，即借助于制造业的供应链优势，使中国制造的"隐形冠军"持续发力，并融入智能制造的基因，促使企业集群区域生产积极性进一步高涨，创新驱动的潜能得到释放，产业转型升级的动力增强，经济结构持续优化。例如，相较于东南亚等地区，我国东部沿海地区长期以来形成的产业链就具有明显的核心竞争力。这种创新驱动的竞争优势也是应对 CPTPP 的重要利器。如面对 CPTPP，东部沿海地区的传统化纤、服装等行业，借助于先进的供应链系统以及完善便捷的物料配送和企业的技术创新，使得产品的提级换代速度加快；通过供应链上中高端产品的生产与布局，企业产品向东南亚等国家出口占据重要地位，具有无法替代的排他优势，基本不受"原产地规则"的影响。东部地区制造业企业已经进入"机器换人"的智能化发展阶段，对于抵御 CPTPP 的影响也发挥出了积极的正面效应。例如，我们对浙江湖州地区的一些丝绸企业进行调查，发现这些企业通过引进意大利的纺织智能加工设备，研发出国内化纤行业首台（套）生产智能物料系统，使直接生产部门中的员工成本下降了 1/3，生产效率大大提升，维检率明显改善，管理效益与经济效益得到大幅提升。更重要的是，由于产品质量的提高，使产品排除在 CPTPP 的清单之外，企业利润得到明显改善。优化 CPTPP 的应对策略还包括支持制造业企业拓展海外布局。当前，打造园区、抱团出海是化解 CPTPP 冲击的路径之一。我们通过调研了解到，"一带一路"沿线国家是江苏徐州工程机械企业产品的重要市场，根据徐工集团的建议，中国应发挥好海外产业园平台的作用，通过企业先行、政府跟进搭台的方式，加快沿线国家产业园区建设。此外，也有企业建议政府部门可以参考新加坡在中国建立工业园的方式，为企业在海外建立基地提供优质服务（刘志彪等，2019）。

第二节　未来研究展望

　　CPTPP 源自 TPP。美国奥巴马政府的 TPP 是一种间接针对中国的贸易政策，而特朗普政府采取的则是直接针对中国的贸易战手段。TPP 是一个具有雄心、全面、高标准、平衡的区域贸易协定，奥巴马政府在主导 TPP 时便表示，该协议意在引领 21 世纪的国际贸易规则，决不能让中国等国家书写全球贸易规则。特朗普政府废弃 TPP，改用贸易战，其根本逻辑不排除西方政治精英们对中国崛起的恐惧和担忧，但从经济利益角度来看，主要原因可以归纳为认知上的差异、利益上的失衡以及中国成长的阵痛（戴翔等，2018）。近年来，国际经贸环境风起云涌，一波不平又生一波。2019 年 8 月 2 日，日本政府决定将韩国从可享受出口管制优惠待遇的"白名单国家"中剔除，使日韩贸易摩擦加速升级。日本作为 CPTPP 的引领国，日韩贸易战会对东北亚经济乃至整个亚洲经济产生影响，并对 CPTPP 扩容产生直接的负效应。中美贸易战是围绕争夺高科技主导权的大国博弈，是美国试图通过新的贸易秩序来达到实现其主导全球化经贸规则的政治目的。无论是单边主义还是逆全球化，无非是想以退为进，维护"美国至上"的本国利益，阻挠中国高科技产业的发展。客观地说，中美经贸摩擦是未来研究 CPTPP 问题最相关的影响变量。结合本节的研究主题，我们认为，未来有三个问题值得研究。

一、中美经贸摩擦升级与 CPTPP 走向

　　已经明确的一点是，中美贸易战已经打响，中美经贸摩擦也不再只是经济问题，它涉及地缘政治问题。作为全球最大的两个经济体，这种经贸摩擦将呈现长期化的常态特征。中美两国 GDP 合计占全球总量近 40%，并且还互为最大贸易伙伴，双边货物贸易额即将接近 8000 亿美元关口。① 中美经贸问题具有长期性、

---

　　① 国务院新闻办公室．关于中美经贸摩擦的事实与中方立场［OL］．中国人民政府网，http：//www. gov. cn/zhengce/2018 – 09/24/content_ 5324957. htm#1.

复杂性、艰巨性。中美经贸摩擦是美国特朗普政府一种单边主义和贸易保护主义行径，虽然表面上看只是中美对抗，但从全球价值链变迁视角考察，是生产网络的断裂以及对全球供应链系统的破坏，也是对国际贸易规则的肆意践踏。虽然中国不希望有经贸摩擦的发生，但对来势凶猛的特朗普贸易战，中国不怕打、必要时不得不打。任何唯我独尊、自我优先、损人利己的做法都是不得人心、不受欢迎的，面对恐吓威胁，中方做好了打持久战的准备，也会坚守原则底线，绝不作出不应有的让步。当前，全球经济已经受到中美贸易战的影响，贸易战已对全球经济发展的稳定性和公平性带来伤害。

在中美经贸摩擦不断升级的情况下，以 CPTPP 为代表的国际贸易规则何去何从，值得深入研究。对于中国而言，与美国的经贸摩擦会给全球经济带来进一步的不确定性，使资本流动速度减缓。但是，中国通过更开放的制度安排以及吸引外资的良好政策和配套措施，全方位保护外企合法权益，使中国依然是最受外资青睐的国家。此外，中国经济体量所展现的超大市场和强劲内需是中国经济应对中美经贸摩擦的优势所在。美国对 CPTPP 的心理最为矛盾。美国总统特朗普于 2018 年在参加达沃斯世界经济论坛年会演讲时提出有条件重返 TPP（CPTPP）是美国在特定环境下表现出的一种策略。即展现美国主动缓和与盟国的关系，改变自身的国际形象，为单边主义的推行做辩护，试图重塑区域或多边贸易的新秩序，寻求更有利于本国发展的贸易环境，为中期选举以及遏制中国发展等提供舆论上的支持。因为中美经贸摩擦确实对特朗普的选民以及美国的部分利益集团产生了不利影响。加入 CPTPP 有利于美国寻找其产品的可替代性市场，这是特朗普政府考虑重新加入该协定的原因之一。另一个原因则是为了遏制中国，并维护其在世界经济体系中的领导地位。由此可见，美国的战略目的在于新旧秩序的转换，退出既有的国际多边机制并非放弃国际多边机制，而是为了取道双边，以重整国际多边机制。它表明中美经贸摩擦将逐步向综合性摩擦转变，摩擦范围将从双边扩展到亚太地区和多边领域。

围绕 CPTPP，中美两个大国在国际贸易规则主导权上的博弈将成为一种国际经贸活动新"常态"。对于我国而言，应当利用中美贸易战的契机，对内深化改革、调整对外经济发展战略；对外积极支持 CPTPP，并主动参与各类新国际贸易规则的讨论和制定。比如，跳出中美双边视角，在规则改革领域积极参与区域合作（CPTPP）和 WTO 层面的改革。为了尽快与全球高标准区域贸易协定的新规则进行对接，中国可以考虑加入 CPTPP，这对改善我国的外贸发展状况、提升中高端制造业产出和进出口水平具有积极意义。总之，CPTPP 在权力结构、规则标准、利益分配上仍有扩展的空间，从而给亚太地区各国继续进行制度博弈留有机会。当前，美国发起的贸易战不仅对亚太地区经济造成负面冲击，还使其同盟伙伴关系出现裂痕，导致亚太经济力量分化重组。CPTPP 的扩容趋势和地区权力关系的调整将迫使亚太地区各国进一步强化高标准的规则应用，这也许是中国力争亚太地区博弈主动权的机会所在。

二、CPTPP 的结构性矛盾与扩容机制构建

持续壮大 CPTPP 的组织架构，积极发挥其在 21 世纪引领国际贸易规则制定的主导地位，这是 CPTPP 发展目标的体现。总的来讲，CPTPP 继承了 TPP 的原则、内容与方法，保留了 TPP 市场开放的全球化精神，比如将国有企业、劳工权利、政府采购及数据流通等写入了贸易协定。同时，更注重全面平衡和完整性，以确保所有参与者的商业机会和其他利益。同时，CPTPP 保留了固有的管理权，包括缔约方灵活制定立法和监管重点等方面的权利。从贸易的角度来讲，CPTPP 的实施，尤其是体现在"原产地规则"中的零关税政策，诱使我国企业向东南亚成员国进行贸易转移，但总体上来看，短期内对我国贸易的影响不会太大。

未来 CPTPP 的研究难以回避两个问题：（1）CPTPP 的结构性矛盾。虽然日本在美国退出 TPP 后一直扮演着制度领导者与协调者的角色，但日本不像美国一样具有压倒性的霸权优势，它提出的倡议往往需要得到加拿大、澳大利亚等其他成员尤其是获得中等发达经济体的支持和同意后才能顺利推行，这意味着 CPTPP 内部的制度协调难度较之于 TPP 可能会有所加大。同时，成员国内部的结构性矛盾也很明显。例如，日本在制造业领域的竞争优势是绝对性的，越南、马来西亚等发展中国家难以企及。在贸易机制的效应上，一些发展中国家，如马来西亚、文莱等国仍然表示出谨慎态度，并在 CPTPP 运行的步调上难以保持一致。（2）CPTPP 的扩容问题。整体而言，CPTPP 对其生效条件进行了简化。即只要过半数成员国（6 个国家）批准，就可在此后 60 天内生效。CPTPP 生效就意味

着扩容已被提上议程。目前，印度尼西亚、菲律宾、泰国、哥伦比亚、斯里兰卡、韩国及中国台湾，以及英国等亚太地区内外经济体明确表达了对加入该协定的兴趣。事实上，在 CPTPP 的公开文本中，也写有"欢迎其他国家或单独关税区加入"。构建有效的扩容机制，CPTPP 成员国将能够与更多国家建立起自贸联系；更重要的是，CPTPP 倡导和实施的贸易规则会在更大范围内得以传播。随着 CPTPP 影响力的扩大，CPTPP 中原始的成员国将自动获得规则主动权，新加入的成员国需要在业已规划好的 CPTPP 规则框架下行事，而非成员国则可能被排斥在 CPTPP 的贸易集团之外。换言之，CPTPP 非成员国将来可能会面临较大的规则压力。

三、CPTPP 对中国企业利益影响的实证研究

CPTPP 的实施才刚刚开始，相关的数据资料尚难以获取，针对 CPTPP 进行实证研究，目前看来还不具备条件。现在能做的，就是预测。本书中提出的会计保护机制、会计嵌入模式等都是对 CPTPP 影响程度进行管理控制的手段，也是经贸活动预测的重要工具。可以结合实证需要，通过会计手段加快相关信息资料的收集，为未来研究 CPTPP 对企业利益的影响提供实证所需的数据储备。长远来看，随着 CPTPP 贸易创造效应的不断提升，投资拉动所产生的新贸易竞争优势，对中国的影响会越来越明显。特别是国际贸易新规则一旦被改写，将对中国构成最大冲击。目前，在 CPTPP 的 11 个成员国中，只有日本、加拿大和墨西哥还没有与我国签订自贸协定。因此，只要重点分析加拿大和墨西哥市场的转移效应就能大致评估 CPTPP 对中国的影响。总体来看，由于日本出口加拿大和墨西哥的产品与我国没有太大的替代关系，加上北美自贸区的存在，CPTPP 的实施对加拿大、墨西哥出口产生的贸易转移效应不明显，进而对中国的影响也不会太大。

我国新一轮的制度红利将全面释放，其中最具代表性的是《外商投资法》，该法于 2020 年 1 月 1 日实施，这是自 2018 年 12 月中央经济工作会议提出"制度型开放"后的重要成果，由商品和要素流动型开放转向规则等制度型开放的新体系正在形成。中国的制度型开放为对接国际高标准贸易规则提供了良好的嵌入

平台和融合机制。未来，中日两国可以进一步携手推进区域性经贸合作，推动亚洲多边合作机制。RCEP 的正式签署有助于加强中国、日本及周边国家的经贸联系，扩大合作基础。同时，中日之间可以讨论中国加入 CPTPP 的相关事宜，在 CPTPP 范围内加强中日合作，以经济领域带动其他领域的合作。中国加入 CPTPP 的时机已经成熟，而 CPTPP 的牵头国——日本既希望中国加入进而壮大 CPTPP 的实力，同时也想借机巩固中日关系。

参考文献

[1] 安徽省注册会计师协会课题组．基于企业国际化的国内会计师事务所"走出去"策略研究［J］．中国注册会计师，2016（11）：31－36．

[2] 白洁，苏庆义．CPTPP 的规则、影响及中国对策：基于和 TPP 对比分析［J］．国际经济评论，2019（1）：58－76．

[3] 白树强，郭明英，程健．TPP 对中国纺织服装贸易竞争力的影响［J］．开放导报，2015（1）：65－67．

[4] 蔡海龙，刘艺卓．跨太平洋伙伴关系协议（TPP）对中国农业的影响［J］．农业技术经济，2013（9）：13－19．

[5] 蔡亮．挑战与动因：日本参加 TPP 谈判的战略意图探析［J］．日本问题研究，2012（4）：7－14．

[6] 蔡鹏鸿．TPP 横向议题与下一代贸易规则及其对中国的影响［J］．世界经济研究，2013（7）：41－45．

[7] 蔡彤娟，郭小静．TPP 到 CPTPP：中国面临的新挑战与对策［J］．区域与全球发展，2019（2）：5－16．

[8] 曹广伟．亚太经济一体化视域下 CPTPP 的生成机理及其后续影响［J］．商业研究，2018（12）：90－96．

[9] 常思纯．日本主导 CPTPP 的战略动因、影响及前景［J］．东北亚学刊，2019（3）：56－68．

[10] 陈德铭．经济危机与规则重构［M］．北京：商务印书馆，2014．

［11］陈继勇，吴颂．TPP 促进东亚经济再平衡的不确定性及中国的对策［J］．武汉大学学报（哲学社会科学版），2014（6）：5 – 11.

［12］陈静，卢进勇，邹赫．中国跨国公司在全球价值链中的制约因素与升级途径［J］．亚太经济，2015（2）：79 – 84.

［13］陈淑梅，赵亮．广域一体化新视角下东亚区域合作为何选择 RCEP 而非 TPP？［J］．东北亚论坛，2014（2）：50 – 58.

［14］陈伟光．逆全球化暗流与中国应对［N］．中国社会科学网 – 中国社会科学报，2016 – 12 – 23.

［15］陈毓圭．论财务制度、会计准则、会计制度和税法诸关系［J］．会计研究，1999（2）：13 – 19.

［16］陈植．美国贸易保护风雨欲来 外管局沪上监测企业承压［N］．21 世纪经济报道，2017 – 2 – 16.

［17］仇朝兵．TPP 未来发展面临的三大问题［J］．国际经济合作，2015（4）：4 – 11.

［18］川濑刚志，刘洁．TPP 谈判与国企监管规则制定［J］．国际经济评论，2014（5）：168 – 170.

［19］崔连标，洪雪雯，宋马林．"一带一路"倡议能否缓解 TPP 对中国的负面影响？［J］．财经研究，2018（8）：4 – 17.

［20］崔岩．二战后日本应对经济新常态的经验、教训及启示［J］．河北经贸大学学报，2018（1）：36 – 42.

［21］崔岩．日本平成时期经济增长与周期波动研究［M］．北京：社会科学文献出版社，2016.

［22］戴翔，张二震．供给侧结构性改革与中国外贸转型发展［J］．贵州社会科学，2016（7）：131 – 136.

［23］戴翔，张二震．我国外向型经济发展如何实现新突破——基于空间、结构和活力三维度分析［J］．南京社会科学，2017（9）：13 – 19.

［24］［美］道格拉斯·C.诺思．制度、制度变迁与经济绩效［M］．杭行，译．上海：格致出版社，2008.

［25］东艳，苏庆义．揭开 TPP 的面纱：基于文本的分析［J］．国际经济评

论, 2016 (1): 37 - 57.

[26] 东艳. 全球价值链视角下中国贸易结构转型分析 [J]. 亚太经济, 2016 (4): 48 - 53.

[27] 樊莹. CPTPP 的特点、影响及中国的应对之策 [J]. 当代世界, 2018 (9): 8 - 12.

[28] 樊勇明, 沈陈. TPP 与新一轮全球贸易规则制定 [J]. 国际关系研究, 2013 (5): 3 - 15.

[29] 范黎波, 施屹舟. 理性看待和正确应对"逆全球化"现象 [N]. 光明日报, 2017 - 4 - 2.

[30] 冯巧根. TPP 情境下的管理会计对策研究 [J]. 财经理论与实践, 2016 (6): 60 - 66.

[31] 冯巧根. TPP 下的企业利益格局与会计应对策略 [J]. 华东经济与管理, 2017 (2): 5 - 11.

[32] 冯巧根. TPP 下的企业利益影响与会计权益维护研究 [J]. 会计研究, 2016 (8): 30 - 36.

[33] 冯巧根. 制度变迁的成本分析: 以会计制度为例 [J]. 财经理论与实践, 2008 (5): 34 - 39.

[34] 冯淑萍. 中国对于国际会计协调的基本态度与所面临的问题 [J]. 会计研究, 2003 (1): 3 - 8.

[35] 高程. 从规则视角看美国重构国际秩序的战略调整 [J]. 世界经济与政治, 2013 (12): 81 - 97.

[36] 高慧峰. "跨太平洋伙伴关系协议 (TPP)" 视角下的大国博弈 [J]. 国际经济, 2012 (3): 66 - 68.

[37] 高兰. 日本 TPP 战略的发展特征及其影响 [J]. 世界经济研究, 2011 (6): 75 - 80.

[38] 葛成. 跨太平洋伙伴关系协定 (TPP): 美日战略的分与合 [J]. 亚太经济, 2015 (3): 9 - 14.

[39] 宫桓刚. 原产地规则的适用对反倾销反规避的影响 [J]. 财经问题研究, 2014 (10): 114 - 118.

［40］归泳涛. TPP 的政治学：美日协作的动因与困境［J］. 日本学刊，2017（1）：28－51.

［41］郭道扬. 会计制度全球性变革研究［J］. 中国社会科学，2013（6）：72－90.

［42］郭巍，孙黎. 中国纺织业"走出去"的探索与思考［N］. 中国经济时报，2016－03－08.

［43］韩晓梅，徐玲玲. 会计师事务所国际化的动因、模式和客户发展——以"四大"在中国市场的扩张为例［J］. 审计研究，2009（4）：74－80.

［44］何力. TPP 与中国的经济一体化法动向和对策［J］. 政法论丛，2011（3）：26－33.

［45］贺小勇，陈瑶. "求同存异"：WTO 改革方案评析与中国对策建议［J］. 上海对外经贸大学学报，2019（2）：24－38.

［46］胡波. 论会计服务国际化的影响因素：以鉴证业务为例［J］. 中央财经大学学报，2010（8）：91－96.

［47］黄冠. 全面且进步的跨太平洋伙伴关系协定的政治经济影响［J］. 陕西师范大学学报：哲学社会科学版，2019（2）：155－163.

［48］黄洁. 美国双边投资新规则及其对中国的启示——以 2012 年 BIT 范本为视角［J］. 环球法律评论，2013（4）：156－164.

［49］姜国华，李远鹏，牛建军. 我国会计准则和国际会计准则盈余报告差异及经济后果研究［J］. 会计研究，2006（9）：27－34.

［50］姜文学. TPP 在美国重塑国际贸易秩序中的双重功能［J］. 财经问题研究，2012（12）：81－89.

［51］姜跃春. 亚太区域合作的新变化与中日韩合作［J］. 东北亚论坛，2013（2）：60－65.

［52］金明善. 现代日本经济论［M］. 沈阳：辽宁大学出版社，1996.

［53］金中夏，李良松. TPP 原产地规则对中国的影响及对策——基于全球价值链角度［J］. 国际金融研究，2014（12）：3－14.

［54］金中夏. 全球化向何处去：重建中的世界贸易投资规则与格局［M］. 北京：中国金融出版社，2015.

［55］亢梅玲，陈安筠．TPP 中知识产权强保护与中国的策应［J］．亚太经济，2013（6）：56－59.

［56］孔繁颖，李巍．美国的自由贸易区战略与区域制度霸权［J］．当代亚太，2015（2）：82－110.

［57］李·布兰斯泰特，加利·克莱德·霍夫鲍尔，谢晨月．对克鲁格曼反对 TPP 的回应［J］．国际经济评论，2015（4）：169－171.

［58］李春顶，石晓军．TPP 对中国经济影响的政策模拟［J］．中国工业经济，2016（10）：57－73.

［59］李春顶．CPTPP 的生效对中国的意义［N］．21 世纪经济报道，2019－1－12.

［60］李扣庆，王鹏，白容．"会计基础设施"助推"一带一路"［M］．北京：经济科学出版社，2017.

［61］李丽平，张彬等．TPP 的环境标准到底有多高？［N］．中国环境报，2015－12－1.

［62］李旻．后 WTO 时代 CPTPP 金融服务贸易规则的先进性研究［J］．新金融，2019（6）：31－36.

［63］李婉丽，鄢姿俏．反倾销调查和反补贴调查应对措施的有效性研究［J］．会计研究，2014（4）：42－48.

［64］李文韬．美国掌控 TPP 扩容的真实意图及中国的应对之策［J］．南开学报（哲学社会科学版），2015（1）：160.

［65］李晓玉．"竞争中立"规则的新发展及对中国的影响［J］．国际问题研究，2014（2）：129－137.

［66］李秀珍，林基．基于要素流动的环境规制贸易效应与政策研究——TPP《环境合作协议》的启示［J］．上海财经大学学报，2014（3）：103－112.

［67］李玉环．全面准确理解国际准则 进一步完善我国会计准则［J］．会计研究，2016（1）：19－24.

［68］梁意．论"超 TRIPS"边境措施及其合法性问题——以《TPP 知识产权草案》为视角［J］．国际商务（对外经济贸易大学学报），2015（2）：95－105.

［69］廖丽．美国知识产权执法战略及中国应对［J］．法学评论，2015
（5）：130－139.

［70］林毅夫．新结构经济学［M］．北京：北京大学出版社，2012.

［71］刘昌黎．日本参加 TPP 谈判的动因、制约因素与政策措施［J］．日本
学刊，2011（1）：65－78.

［72］刘春生，王力．中国对外贸易发展报告［M］．北京：社会科学文献出
版社，2018.

［73］刘峰．会计 信任 文明［J］．会计研究，2015（11）：3－10.

［74］刘家松．会计国际话语权演变的文化解读及中国文化创新路径［J］．
会计研究，2015（12）：24－30.

［75］刘朋春．TPP 背景下中韩自由贸易区的经济效应——基于 GTAP 模型
的模拟分析［J］．亚太经济，2014（5）：20－25.

［76］刘笋，许皓．竞争中立的规则及其引入［J］．政法论丛，2018（5）
52－64.

［77］刘威，陈继勇．TPP 与 RCEP 的竞争性及对中美亚"三元"贸易的影
响研究［J］．亚太经济，2014（5）：3－7.

［78］刘文，蔡智超．TPP 谈判中的劳工标准及中国的对策研究［J］．山东
社会科学，2015（2）：88－94.

［79］刘向东，李浩东．中国提出加入 CPTPP 的可行性与实施策略分析
［J］．全球化，2019（5）：57－69.

［80］刘宇．TPP 医药专利谈判最新发展及争议初探——以知识产权章节为
中心［J］．国际经贸探索，2014（12）：81－92.

［81］刘志彪．攀升全球价值链与培育世界级先进制造业集群［J］．南京社
会科学，2018（1）：13－20.

［82］刘中伟，沈家文．跨太平洋伙伴关系协议（TPP）：研究前沿与架构
［J］．当代亚太，2012（1）：35－59.

［83］刘重力，杨宏．美国重返亚洲对中国东亚地区 FTA 战略的影响——基
于 TPP 合作视角的分析［J］．东北亚论坛，2012（5）：48－58.

［84］陆建桥．我国企业会计准则国际趋同历程、最新进展与启示［J］．北

京工商大学学报（社会科学版），2013（1）：5-11.

[85] 陆建人，孙玉红. 制订亚太区域多边投资规则探索 [J]. 亚太经济，2014（6）：7-14.

[86] [美] 罗伯特·基欧汉. 霸权之后——世界政治经济中的合作与纷争 [M]. 苏长和，等译. 上海：上海世纪出版集团，2000.

[87] 罗震. PTPP 版本敲定 没有美国的 TPP 对中国威胁有多大 [J]. 中国外资，2018（4）：34-36.

[88] 毛志远. 美国 TPP 国企条款提案对投资国民待遇的减损 [J]. 国际经贸探索，2014（1）：92-100.

[89] 孟猛，郑昭阳. TPP 与 RCEP 贸易自由化经济效果的可计算一般均衡分析 [J]. 国际经贸探索，2015（4）：67-75.

[90] 彭支伟，张伯伟. TPP 和亚太自由贸易区的经济效应及中国的对策 [J]. 国际贸易问题，2013（4）：83-95.

[91] 秦荣生. 我国注册会计师行业的国际化策略研究 [J]. 会计研究，2003（10）：33-36.

[92] 邱斌，周勤，刘修岩，陈健. "一带一路"背景下的国际产能合作："理论创新与政策研究"学术研讨会综述 [J]. 经济研究，2016（5）：188-192.

[93] 饶芸燕. 模板、跳板、挡板：美国战略视角下 TPP 功能的三位一体 [J]. 世界经济研究，2013（8）：9-15.

[94] 尚妍. 数字知识产权保护的新发展——从《反假冒贸易协定》到《跨太平洋伙伴关系协定》[J]. 暨南学报（哲学社会科学版），2015（6）：71-81.

[95] 邵志勤. APEC 自由贸易区原产地规则比较研究 [J]. 亚太经济，2014（2）：78-86.

[96] 沈铭辉，李海风. 从 TPP 到 CPTPP：一个简要的评估 [J]. 中国远洋海运，2019（3）：26-29.

[97] 沈铭辉. 跨太平洋伙伴关系协议（TPP）的成本收益分析：中国的视角 [J]. 当代亚太，2012（1）：5-34.

[98] 沈铭辉. RCEP 谈判中的区域合作博弈与东北亚国家的新角色 [J]. 东

北亚学刊，2018（5）：23 - 29.

[99] 沈铭辉．"竞争中立"视角下的 TPP 国有企业条款分析 [J]．国际经济合作，2015（7）：19 - 24.

[100] 盛斌，果婷．亚太区域经济一体化博弈与中国的战略选择 [J]．世界经济与政治，2014（10）：4 - 21.

[101] 盛斌．美国视角下的亚太区域一体化新战略与中国的对策选择——透视"泛太平洋战略经济伙伴关系协议"的发展 [J]．南开学报（哲学社会科学版），2010（4）：70 - 80.

[102] 宋国友．贸易保护主义不能解决美国问题 [N]．人民日报，2017 - 02 - 26（5）

[103] 宋泓．中国加入 TPP：需要多长时间？[J]．国际经济评论，2016（2）：57 - 70.

[104] 苏庆义．TPP 影响中国的四个维度 [N]．东方早报，2016 - 2 - 9.

[105] 苏庆义．中国是否应该加入 CPTPP [J]．国际经济评论，2019（4）：107 - 127.

[106] 孙晓霓，刘晴．TPP 对我国对外贸易和投资的影响及对策——基于异质性企业理论的视角．经济经纬，2015（2）：50 - 55.

[107] 孙忆．CPTPP 生效在即：经贸规则竞争谁沉浮 [N]．参考消息网，2018 - 11 - 6.

[108] 孙玥．TPP 到 CPTPP：背景、影响及中国的对策 [J]．商业文化，2017（33）：29 - 33.

[109] 孙铮，刘浩，李琳．贸易救济会计：理论与实务 [M]．北京：经济科学出版社，2004.

[110] 谭观福．多边贸易体制下互联网的规制 [J]．现代管理科学，2019（2）：21 - 23.

[111] 唐国强，王震宇．亚太区域经济一体化的演变、路径及展望 [J]．国际问题研究，2014（1）：96 - 114.

[112] 唐国强．跨太平洋伙伴关系协定与亚太区域经济一体化研究 [M]．北京：世界知识出版社，2013.

［113］田高良.“一带一路”建设中的会计服务业发展研究［J］.会计之友，2019（1）：2-6.

［114］屠新泉，徐林鹏，杨幸幸.国有企业相关国际规则的新发展及中国对策［J］.亚太经济，2015（2）：45-49.

［115］万璐.美国 TPP 战略的经济效应研究——基于 GTAP 模拟的分析［J］.当代亚太，2011（04）：60-73.

［116］王斌，顾惠忠.内嵌于组织管理活动的管理会计：边界、信息特征及研究未来［J］.会计研究，2014（1）：13-20.

［117］王海龙，朱京安.美国重返 CPTPP 的动因、影响与应对［J］.国际经济合作，2018（10）：34-44.

［118］王金强.TPP 对 RCEP：亚太地区合作背后的政治博弈［J］.亚太经济，2013（3）：15-20.

［119］王孝松，武皖.CPTPP 建立的影响及中国的应对策略探究［J］.区域与全球发展，2018（3）：46-71.

［120］王孝松.中国对外贸易环境与贸易摩擦研究报告［M］.北京：中国人民大学出版社，2018.

［121］王中美.MEGA 与全球供应链：变化、响应与反作用［J］.世界经济研究，2017（6）：3-13.

［122］王卓.全球经济治理变革视域下的 CPTPP——兼论对中国的影响与应对［J］.国际贸易论坛，2018（4）：74-80.

［123］［美］威廉·伊斯特利.在增长的迷雾中求索［M］.姜世明，译.北京：中信出版社，2005.

［124］魏江，邬爱其，彭雪蓉.中国战略管理研究：情境问题与理论前沿［J］.管理世界，2014（12）：167-171.

［125］吴频，王忻，方琢.TPP 的进程、影响及应对策略［J］.国际经济合作，2015（10）：34-37.

［126］［日］下村治.日本作为经济大国的选择［M］.东京：东洋经济新报社，1972.

［127］夏范社，冯巧根.新贸易形势下原产地规则的冲击与对策研究——基

于会计视角 [J]. 亚太经济, 2017 (1): 71 – 76.

[128] 夏范社, 冯巧根. 原产地规则对我国自贸区的影响与会计对策研究 [J]. 华东经济管理, 2018 (6): 51 – 58.

[129] 向方宏. CPTPP 和 RCEP 对中国经济影响分析 [J]. 中国经贸, 2018 (9): 32 – 33.

[130] 肖冰, 陈瑶. 《跨太平洋伙伴关系协议 (TPP)》挑战: WTO 现象透视 [J]. 南京大学学报 (哲学·人文科学·社会科学), 2012 (5): 29 – 37.

[131] 徐家驹. 日本农业政策困境解读——从 "第三次开国" 说起 [J]. 外交评论 (外交学院学报), 2011 (3): 111 – 119.

[132] 徐世腾, 周金燕. 东盟 FTA 原产地规则比较研究 [J]. 亚太经济, 2016 (5): 57 – 63.

[133] 许和连, 孙天阳. TPP 背景下世界高端制造业贸易格局演化研究——基于复杂网络的社团分析 [J]. 国际贸易问题, 2015 (8): 3 – 13.

[134] 许培源, 魏丹. TPP 的投资区位效应及非 TPP 亚太国家的应对措施——基于多国自由资本模型的分析 [J]. 财经研究, 2015 (3): 77 – 87.

[135] 薛同锐, 周申. 后危机时代美国贸易保护对中国劳动就业的影响 [J]. 亚太经济, 2017 (1): 85 – 92.

[136] 杨丹. 欧洲非上市企业采用国际财务报告准则的研究与启示——基于英国和德国的实证分析 [J]. 会计研究, 2014 (7): 27 – 35.

[137] 杨立强, 鲁淑. TPP 与中日韩 FTA 经济影响的 GTAP 模拟分析 [J]. 东北亚论坛, 2013 (4): 39 – 47.

[138] 杨立强, 余稳策. 从 TPP 到 CPTPP: 参与各方谈判动机与贸易利得变化分析 [J]. 亚太经济, 2018 (5): 57 – 64.

[139] 杨敏, 陆建桥, 徐华新. 当前国际会计趋同形势和我国企业会计准则国际趋同的策略选择 [J]. 会计研究, 2011 (10): 9 – 15.

[140] 杨勇. 中美对亚太多边化区域贸易平台主导权的争夺 [J]. 武汉大学学报: 哲学社会科学版, 2019 (3): 16 – 28.

[141] 姚立杰, 程小可. 国际财务报告准则研究的回顾和展望 [J]. 会计研究, 2011 (6): 25 – 31.

［142］余淼杰，张睿．以我为主，为我所用：中国应积极主动寻求加入 TPP ［J］．国际经济评论，2016（2）：39 – 56．

［143］袁波．CPTPP 的主要特点、影响及对策建议 ［J］．国际经济合作，2018（12）：20 – 23．

［144］曾峻，伍中信．会计准则国际趋同提升了资本市场效率吗？——来自"一带一路"亚洲地区主要资本市场的经验证据 ［J］．湖南大学学报（社会科学版），2016（1）：89 – 95．

［145］曾雪云．预期会计的理论基础与前景——未来现金流视角 ［J］．会计研究，2016（7）：3 – 9．

［146］张弛．权力博弈、制度设计与规范建构——日本加入 TPP 后中国应对的策略思考 ［J］．国际观察，2014（2）：147 – 157．

［147］张建平．中国与 TPP 的距离有多远？ ［J］．国际经济评论，2016（2）：71 – 86．

［148］张敬伟．从 TPP 到 CPTPP：日本变烂摊子为经贸利器？［J］．中国外资，2018（4）：37 – 37．

［149］张珺，展金永．CPTPP 和 RCEP 对亚太主要经济体的经济效应差异研究——基于 GTAP 模型的比较分析 ［J］．亚太经济，2018（3）：12 – 20．

［150］张茉楠．特朗普的逆全球化冲击与机遇 ［N］．中国经营网，2017 – 2 – 12．

［151］张乃根．"一带一路"倡议下的国际贸易规则之重构 ［J］．法学，2016（5）：93 – 103．

［152］张生．CPTPP 投资争端解决机制的演进与中国的对策 ［J］．国际经贸探索，2018（12）：95 – 106．

［153］张胜满，雷昭明，丁嘉伦．我国原产地规则的应用研究——基于投入产出的分析 ［J］．天津大学学报（社会科学版），2015（3）：215 – 220．

［154］张天桂．TPP – CPTPP、RCEP 和 FTAAP：中国的角色与作用 ［J］．商业经济，2018（10）：116 – 118．

［155］张为国．国际会计准则的大趋势及我的应对之策 ［N］．陆家嘴金融网（中国金融信息中心），2017 – 12 – 5．

［156］张岩. CPTPP 发展未来可期中国应积极参与分享贸易红利［J］. 中国对外贸易，2019（3）：32 – 34.

［157］赵灵翡，郎丽华. 从 TPP 到 CPTPP：我国制造业国际化发展模拟研究——基于 GTAP 模型的分析［J］. 国际商务：对外经济贸易大学学报，2018（5）：61 – 72.

［158］赵娜. TPP 对中国出口产业的潜在威胁及对策研究［J］. 世界经济研究，2014（2）：23 – 28.

［159］赵玉意. BIT 和 FTA 框架下环境规则的经验研究——基于文本的分析［J］. 国际经贸探索，2013（9）：93 – 105.

［160］郑丹青，于津平. 外资进入与企业出口贸易增加值——基于中国微观企业异质性视角［J］. 国际贸易问题，2015（12）：96 – 107.

［161］郑丽珍. TPP 劳动标准议题的后续谈判与中国的选择［J］. 国际经贸探索，2014（3）：107 – 118.

［162］郑丽珍. TPP 谈判中的劳动标准问题［J］. 国际经贸探索，2013（9）：107 – 118.

［163］中国社会科学院世界经济与政治研究所国际贸易研究室. 《跨太平洋伙伴关系协定》文本解读［M］. 北京：中国社会科学出版社，2016.

［164］中国与全球化智库（CCG）. CPTPP，中国未来自由贸易发展的新机遇，CCG 报告［Y］，2019 – 1.

［165］中国与全球化智库（CCG）. 客观认识逆全球化 积极推进包容性全球化，CCG 报告［Y］，2016 – 12.

［166］周睿. 中国加入 TPP 的经济效应分析——基于 GTAP 模型的模拟［J］. 世界经济与政治论坛，2014（6）：45 – 57.

［167］朱立群，［意］富里奥·塞鲁蒂，卢静. 全球治理：挑战与趋势［M］. 北京：社会科学文献出版社，2014.

［168］朱民. 特朗普的经济政策 将如何影响全球？［N］. 第一财经日报，2017 – 3 – 6.

［169］竺彩华，冯兴艳. 世界经济体系演进与巨型 FTA 谈判［J］. 外交评论（外交学院学报），2015（3）：46 – 71.

[170] 竺彩华, 韩剑夫. "一带一路" 沿线 FTA 现状与中国 FTA 战略 [J]. 亚太经济, 2015 (4): 44 – 50.

[171] 庄芮, 杨亚琢, 王悦媛. APEC 与 TPP 的路径比较与中国策略分析 [J]. 亚太经济, 2014 (2): 21 – 25.

[172] 邹琪, 季帅贤. 跨太平洋伙伴关系协议对世界贸易格局的新调整——基于中国和东盟输美纺织品的数据分析 [J]. 财经科学, 2014 (1): 125 – 133.

[173] Ahmed, Neel & Wang. Does mandatory adoption of IFRS improve accounting quality? [J]. Contemporary Accounting Research, 2012, forthcoming.

[174] Ali, Shimelse, Uri Dadush. Trade in intermediates and economic policy, VoxEU. Org, 9 February, available at http: //voxeu. Org/ article/rise-trade-intermediates-policy-implications, 2011.

[175] Andersson, Anna. Export performance and access to intermediate inputs: the case of rules of origin liberalization [J]. World Economy, 2016, 39 (8): 1048 – 1079.

[176] Arrfelt M., Wiseman R., McNamara G., & Hult. Examining a key corporate role: The influence of capital allocation competency on business unit performance [J]. Strategic Management Journal, 2015, 36 (7): 1017 – 1034.

[177] Aslan, Buhara, Merve Mavus Kutuk, and Arif Oduncu. Transatlantic trade and investment partnership and Trans-Pacific Partnership: policy options of China [J]. China & World Economy, 2015, 23 (6): 22 – 43.

[178] Baldwin, Richard. 21st century regionalism: filling the gap between 21st century trade and 20th century trade rules, CEPR Policy Insight, 2011 (56).

[179] Barth, Mary E. Commentary on Prospects for Global Financial Reporting [J]. Accounting Perspectives, 2015, 14 (3): 154 – 167.

[180] Barth, Mary E., and Doron Israeli. Disentangling mandatory IFRS reporting and changes in enforcement [J]. Journal of Accounting & Economics, 2013, 56: 178 – 188.

[181] Barth, Mary E., Wayne R. Landsman, Mark Lang, and Christopher Williams. Are IFRS-based and US GAAP-based accounting amounts comparable? [J].

Journal of Accounting & Economics, 2012, 54 (1): 68 –93.

［182］Bastiaens, Ida, and Nita Rudra. Trade liberalization and the challenges of revenue mobilization: can international financial institutions make a difference? ［J］. Review of International Political Economy, 2016, 23 (2): 261 –289.

［183］Bird R. M.. Administrative Dimensions of Tax Reform ［J］. Annals of Economics and Finance, 2014, 15 (2): 963 –992.

［184］Capling A. , Ravenhill J.. Symposium: Australia – US Economic Relations and the Regional Balance of Power Australia, the United States and the Trans-Pacific Partnership: Diverging Interests and Unintended Consequences ［J］. Australian Journal of Political Science, 2013, 48 (2): 184 –196.

［185］Capling, Ann. Multilateralising regionalism: what role for the Trans-Pacific Partnership Agreement? ［J］. The Pacific Review, 2011, 24 (5): 553 –575.

［186］Cascino, Stefano, and Joachim Gassen. What drives the comparability effect of mandatory IFRS adoption? ［J］. Review of Accounting Studies, 2015, 20 (1): 242 –282.

［187］Chang, Yang-Ming, andRenfeng Xiao. Free trade areas, the limit of Rules of Origin, and optimal tariff reductions under international oligopoly: A welfare analysis. Journal of International ［J］. Trade & Economic Development, 2013, 22 (5): 694 –728.

［188］Chen, Edward. U. S. -China trade relations and economic Distrust ［J］. Chinese Economy. 2014, 47 (3): 57 –69.

［189］Cheong, Juyoung, and Shino Takayama. A trade and welfare analysis of tariff changes within the TPP. ［J］. Journal of Economic, 2016, 16 (1): 477 –511.

［190］Christensen, Hans B.. , Edward Lee, and Martin Walker. Cross-sectional variation in the economic consequences of international accounting harmonization: The case of mandatory IFRS adoption in the UK ［J］. The International Journal Of Accounting 2007, 42 (4): 341 –379.

［191］Elliot, Kimberly. How Much "Mega" in the Mega-Regional TPP and TTIP: implications for developing countries, CGD (Center for Global Development)

Policy Paper 079, 2016.

[192] Eric Yong Joong, Lee. Trans-Pacific Partnership (TPP) as a US strategic alliance initiative under the G2 system: legal and political implications [J]. Journal of East Asia & International Law, 2015, 8 (2): 323 –352.

[193] Fan H., Li Y. A., Yeaple S. R.. 2015. Trade liberalization, quality, and export prices [J]. Review of Economics and Statistics, 97 (5): 1033 –1051.

[194] Fernander A. M., C. Freund and M. D. Pierola. Exporter behavior, country size and stage of development: Evidence from the exporter dynamics database [J]. Journal of Development Economics, 2015, 119: 121 –137.

[195] Fontes, Alexandra, Lúcia Lima Rodrigues, and Russell Craig. Measuring convergence of National Accounting Standards with International Financial Reporting Standards [J]. Accounting Forum, 2005, 29 (4): 415 –436.

[196] Francis, Jere R., Shawn X. Huang, and Inder K. Khurana. The role of similar accounting standards in cross-border mergers and acquisitions [J]. Contemporary Accounting Research, 2016, 33 (3): 1298 –1330.

[197] Fukushima, Glen S.. The political economy of the trans-pacific partnership: a US perspective [J]. Japan Forum. 2016, 28 (4): 549 –564.

[198] Graham C, Neu D.. Accounting for globalization [J]. Accounting Forum, 2003, 27: 449 –471.

[199] Ho, Li-Chin Jennifer, Qunfeng Liao, and Martin Taylor. Real and Accrual-Based Earnings Management in the Pre-and Post-IFRS Periods: Evidence from China [J]. Journal of International Financial Management & Accounting, 2015, 26 (3): 294 –335.

[200] Hoekman, Bernard. Subsidies and spillovers in a value Chain world: new required? E15 initiative. geneva: international centre for trade and sustainable development (ICTSD) and world economic forum, 2015.

[201] Jeffrey J. Schott and Zhiyao (Lucy) Lu. China's potential for CPTPP membership: opportunities and challenges [N]. The 8th CF40-PIIE Economists Symposium Conference Papers, May 11, 2019.

[202] John Ravenhill (ed.). Global Political Economy [M]. Oxford: Oxford University Press: 172 – 210.

[203] Kim, Jeong-Bon, Haina Shi, and Jing Zhou. International financial reporting standards, institutional infrastructures, and implied cost of equity capital around the world [J]. Review of Quantitative Finance & Accounting, 2014, 42 (3): 469 – 507.

[204] Kimura, Shogo, and Hikaru Ogawa. A model for the convergence of accounting standards [J]. Research In Accounting Regulation, 2007, 19 (1): 215 – 229.

[205] Landsman, Maydew&Thornoc. The information content of annual earnings announcements and mandatory adoption of IFR [J]. Journal of Accounting and Economics, 2011, forthcoming.

[206] Li C., Whalley J. China and the Trans-Pacific Partnership: A Numerical Simulation Assessment of the Effects Involved [J]. The World Economy, 2014, 37 (2): 169 – 192.

[207] Lu, Sheng. Impact of the Trans-Pacific Partnership (TPP) on US textile and apparel manufacturing: A quantitative evaluation [J]. Journal of International Trade Law & Policy, 2016, 15 (2 – 3): 134 – 152.

[208] Lybecker, Kristina M.. Intellectual property protection for biologics: why the Trans-Pacific Partnership (TPP) trade agreement fails to deliver [J]. Journal of Commercial Biotechnology, 2016, 22 (1): 42 – 48.

[209] Naoi, Megumi, and Shujiro Urata. Free trade agreements and domestic Politics: The case of the Trans-Pacific Partnership agreement [J]. Asian Economic Policy Review, 2013, 8 (2): 326 – 349.

[210] Narayanan, Badri, and Sachin Kumar Sharma. An analysis of tariff reductions in the Trans-Pacific Partnership (TPP): implications for the Indian economy [J]. Margin: The Journal of Applied Economic Research, 2016, 10 (1): 1 – 34.

[211] Peter A. Petri and Michael G. Plummer. China should join the new Trans-Pacific Partnership, peterson institute for international economics policy brief 19 – 1 [OL]. January 2019, available at: https: //piie. com/system/files/documents/pb

19 - 1. pdf（2019 - 6 - 9）

[212] Peter A. Petri and Michael G. Plummer. Why the CPTPP could be the answer to the US-China Trade War [OL]. January 11, 2019, Peterson Institute for International Economics website, available at: https: //piie. com/commentary/op-eds/why-cptpp-could-be-answer-us-china-trade-war（2019 - 6 - 9）.

[213] Peter Draper. The shifting geography of global value chains: implications for developing countries and trade policy [M]. VOX CEPR's Policy Portal, 2012.

[214] Pillai, Kamala Vainy, Rajah Rasiah, and Geoffrey Williams. The impact of Trans Pacific Partnership (TPP) agreement on US and malaysian business' foreign labour practices [J]. Procedia Social and Behavioral Sciences, 2016, 219（1）: 589 - 597.

[215] Renders, Annelies, and Ann Gaeremynck. The impact of legal and voluntary investor protection on the early adoption of International Financial Reporting Standards (IFRS) [J]. De Economist, 2007, 155（1）: 49 - 72.

[216] Schipper, Katherine. The introduction of International Accounting Standards in Europe: Implications for international convergence [J]. European Accounting Review, 2005, 14（1）: 101 - 126.

[217] See Peter K. Yu. Currents and crosscurrents in the international intellectual property regime [J]. and see Laurence R. Helfer, Regime Shifting: the TRIPS agreement and new dynamics of international intellectual property lawmaking, 2004, 29: 82 - 83.

[218] See Daniel Kiselbach, Alizee Bilbey, William E. Perry, Ryan Brady, Demystifying the Trans-Pacific Partnership: an American and Canadian perspective [J]. Global Trade and Customs Journal, 2013（11）: 43.

[219] See Larry Catá Backer. The Trans-Pacific Partnership: Japan, China, the U. S. and the emerging shape of A new world trade regulatory order [J]. Washington University Global Studies Law Review, 2013, 13（1）.

[220] Sloan R. G.. Financial accounting and corporate governance: a discussion [J]. Journal of Accounting and Economics, 2001, 32（1）: 335 - 347.

[221] Sorgho, Zakaria. RTAs' proliferation and trade-diversion effects: Evidence of the "Spaghetti Bowl" Phenomenon [J]. World Economy, 2016, 39 (2): 285 – 300.

[222] Theodore H. Moran. International political risk management: exploring new frontiers [M]. Switzerland: World Bank Publications, 2011.

[223] Townsend, Belinda, Deborah Gleeson, and RuthLopert. The regional comprehensive economic partnership, intellectual property protection, and access to Medicines [J]. Asia-Pacific Journal of Public Health, 2016, 28 (8): 682 – 693.

[224] Tran, Angie Ngoc, and IreneNørlund. Globalization, industrialization, and labor markets in Vietnam [J]. Journal of The Asia Pacific Economy, 2015, 20 (1): 143 – 163.

[225] Vinod K. Aggarwal, Simon J. Evenett. A fragmenting global economy: a weakened WTO, mega FTAs, and murky protectionism [J]. Swiss Political Review, 2013, 19 (4): 550 – 557.

[226] Wang, Ying, and Michael Campbell. Earnings management comparison: IFRS vs. China GAAP [J]. International Management Review, 2012, 8 (1): 5 – 11.

[227] Yu, Gwen, AS Wahid. Accounting Standards and International Portfolio Holdings [J]. Social Science Electronic Publishing, 2014, 89 (5): 1895 – 1930

[228] Zhang, Eagle, and Jane Andrew. Rethinking China: discourse, convergence and fair value accounting [J]. Critical Perspectives on Accounting, 2016, 36: 1 – 21.